高 等 职 业 教 育
电子商务类专业
新形态一体化教材

网店数据化
运营与管理

卢彰诚　邱丽萍　朱留栓　主编

覃江凤　胡　炜　聂爽爽　葛青龙　副主编

清華大学出版社
北 京

内 容 简 介

本书是浙江省普通高校"十三五"新形态教材、浙江省职业教育在线精品课程配套教材、首批入驻国家高等教育智慧教育平台优质课程配套教材,获国家级"双高计划"建设项目和国家级职业教育教师教学创新团队建设项目重点支持。本书坚持古为今用、推陈出新,创新性地继承了中国人的为商之道,立足电子商务行业企业的最新实践,构建"古今相通、虚实贯通、中外融通"的内容体系。运用数字化手段开发了丰富多样的配套资源,注重融入新技术、新业态、新模式、新思维,支持"课堂教学+网上自学+实训促学"混合教学。本书以学习者为中心,重构教材内容,增强与行业企业需求之间的匹配度,实现"课岗融合、课赛融汇、课证融通"综合育人。

本书定位准确、立意新颖、特色鲜明、内容务实,可作为高职院校和应用型本科院校电子商务类专业的教材,也可作为相关竞赛和认证培训用书,以及电子商务从业人员的参考书籍。

图书在版编目(CIP)数据

网店数据化运营与管理/卢彰诚,邱丽萍,朱留栓主编. —北京:清华大学出版社,2023.10
高等职业教育电子商务类专业新形态一体化教材
ISBN 978-7-302-62986-3

Ⅰ.①网… Ⅱ.①卢… ②邱… ③朱… Ⅲ.①网店-运营管理-高等职业教育-教材 Ⅳ.①F713.365.2

中国国家版本馆 CIP 数据核字(2023)第 039704 号

责任编辑:左卫霞
封面设计:傅瑞学
责任校对:刘 静
责任印制:曹婉颖

出版发行:清华大学出版社
   网   址:http://www.tup.com.cn,http://www.wqbook.com
   地   址:北京清华大学学研大厦 A 座   邮 编:100084
   社 总 机:010-83470000   邮 购:010-62786544
   投稿与读者服务:010-62776969,c-service@tup.tsinghua.edu.cn
   质量反馈:010-62772015,zhiliang@tup.tsinghua.edu.cn
   课件下载:http://www.tup.com.cn,010-83470410
印 装 者:三河市人民印务有限公司
经 销:全国新华书店
开 本:185mm×260mm 印 张:15.75   字 数:382 千字
版 次:2023 年 10 月第 1 版   印 次:2023 年 10 月第 1 次印刷
定 价:49.80 元

产品编号:099996-01

前　言

党的二十大报告从战略全局上对全面建设社会主义现代化国家作出战略部署,对办好人民满意的教育提出明确要求,为新时代教材工作指明了前进方向、提供了根本遵循,报告中首次提出要"深化教育领域综合改革,加强教材建设和管理",表明了教材建设国家事权的重要属性,突显了教材工作在党和国家事业发展全局中的重要地位。《国家职业教育改革实施方案》提出,要及时将新技术、新工艺、新规范纳入教学标准和教学内容,建设一大批校企"双元"合作开发的国家规划教材,倡导使用新型活页式、工作手册式教材并配套开发信息化资源。当前,中国数字经济进入新的发展阶段,不断推动着产业升级和经济结构调整,社会对电子商务类技术技能人才的需求越来越紧迫。校企合作重构课程体系和教学内容,推进产教融合,开发新形态教材,提升教材内容供给与企业需求的匹配度,是解决电子商务人才供需结构性矛盾的必由之路。网店运营是新版《职业教育专业简介》(2022年修订)电子商务专业的核心课程,教学难度大、要求高,能较为全面地检验学生对所学电子商务知识的理解水平和运用能力。令人遗憾的是,目前真正适合复合型电子商务人才培养的网店运营新形态教材还很缺乏,因此开发一本特色鲜明的《网店数据化运营与管理》新形态教材正当其时。

作为浙江省普通高校"十三五"新形态教材、浙江省职业教育在线精品课程配套教材,本书获得国家"双高计划"电子商务专业群建设项目、国家级职业教育教师教学创新团队建设项目的重点支持。本书以落实立德树人为根本任务,在践行"探古今商道,铸网店商魂;提运营之质,增管理之效"的初心使命中形成以下特色。

(1) 构建"古今相承、虚实相接、中外相融"的内容体系。本书深入贯彻落实党的二十大精神,坚定历史自信、文化自信,坚持古为今用、推陈出新,按照"润物细无声"的课程思政育人要求,在教学内容中创新性地继承和发扬了中国传统文化的精髓与中国人的为商之道,注重培养爱国、敬业、诚信、友善等社会主义核心价值观。在教材内容编排上,立足电子商务行业企业的最新实践,体现新零售时代网络店铺与实体店铺相互融合、数据赋能的趋势,围绕"人""货""场"三大核心要素,开设网店定位谋划、网店商品运营、网店流量运营、网店客户运营、网店绩效管理、网店运营与管理综合实训六个层次分明的专题,在实训项目设计和典型案例的选取上,既涵盖淘宝网店、京东网店等国内电商领域,又涉及速卖通网店、亚马逊网店等跨境电商领域,从而形成"古今相承、虚实相接、中外相融"的内容体系。

(2) 支持"课堂教学、网上自学、实训促学"混合教学。本书注重融入新技术、新业态、新模式、新思维,积极运用数字化、信息化手段创新教材形态,开发了微课、动画、课件、题库、案例、操作视频、拓展资料等丰富多样的教学资源。本书为首批入驻国家高等教育智慧教育平台优质课程"网店运营与管理"的配套教材,在浙江省高等学校在线开放课程共享平台和中国大学 MOOC 慕课平台双平台开课,扫描本页下方二维码即可在线学习该课程。本书深化以教材为基础的"三教"改革,支持教师开展"课堂教学＋网上自学＋实训促学"的混合教学,能够让学生的网店运营专业技能和数据分析能力在"教学做"合一的教学活动中得到循序渐进的提升,将理论知识学习、实践能力培养、综合素质提高与教材应用紧密结合起来,有效畅通网店运营与管理技术技能人才的成长通道。

（3）实现"课岗融合、课赛融汇、课证融通"综合育人。本书以落实立德树人为根本任务,践行基于现代学徒制的"岗课赛证"综合育人模式,充分吸收近年来浙江商业职业技术学院电子商务专业群实施国家首批现代学徒制试点、国家骨干专业建设、国家"双高"专业群建设、国家级职业教育教师教学创新团队建设等重大项目所积累的课程建设和教材开发经验,以学习者为中心,采用校企"双元"的方式联合建设教材,引入企业岗位实战化项目资源,以电子商务技能竞赛典型任务为抓手,以赛促学、以赛促教,积极对接 1＋X 网店运营推广职业技能等级证书和电子商务数据分析职业技能证书,重构教材内容,不断增强教材内容供给与行业企业需求之间的匹配度,实现"课岗融合、课赛融汇、课证融通"综合育人。

本书由卢彰诚、邱丽萍、朱留栓担任主编,覃江凤、胡炜、聂爽爽、葛青龙担任副主编,其中卢彰诚负责全书的整体规划及编写过程中的协调管理,以及前言、第 1 章、第 6 章的编写,邱丽萍负责第 2 章、第 3 章的编写,朱留栓负责第 4 章、第 5 章的编写,覃江凤、胡炜负责相关素材收集、图片处理和数据分析等工作,聂爽爽、葛青龙参与课件、习题、案例等教学资源建设。本书由浙江商业职业技术学院张枝军教授、朱林婷副教授审稿。本书在教材建设和教材配套教学资源开发过程中,得到浙江商业职业技术学院的大力支持,也得到北京博导前程信息技术股份有限公司、中教畅享北京科技有限公司、北京鸿科经纬科技有限公司、点晶网络(浙江)股份有限公司等相关合作企业的鼎力相助,以及周佳男、申潇潇、胡旭峰、彭波、黄春燕、闵雪、徐睿涵、杜乘龙等任课老师的帮助,在此一并对他们表示诚挚的谢意。

本书定位准确、立意新颖、特色鲜明、内容务实,可作为高职高专院校、职业本科院校和应用型普通本科院校电子商务类专业学生教材和教学参考用书,也可作为电子商务技能竞赛和相关 1＋X 证书的培训用书,还可作为电子商务从业人员的参考书籍。

由于编者水平有限,书中难免存在不足之处,敬请读者批评、指正。

编　者
2023 年 4 月于杭州

国家高等教育智慧教育平台
网店运营与管理

CONTENTS

目 录

第1章

网店定位谋划

 商道传承悟思政

■**课程思政**：探古今商道，铸网店商魂。

培养学生的系统思维、谋略智慧、竞争意识、大局观、家国情怀，弘扬爱国主义精神。

■**案例内容**：孙武提出的上兵伐谋之道。

孙武(约公元前545年—约公元前470年)，字长卿，春秋末期齐国乐安(今山东省北部)人，中国春秋时期著名的军事家、政治家，被誉为百世兵家之师、东方兵学的鼻祖，人们将其尊称兵圣或孙子，如图1-1所示。孙武著有巨作《孙子兵法》十三篇，被誉为"兵学圣典"，不仅在世界军事史和哲学思想史上占有极为重要的地位，而且在商业和经济等领域也被人们广泛运用，历久弥新。《孙子兵法》云："兵者，国之大事，死生之地，存亡之道，不可不察也。"对于一个国家来说，战争是头等大事，关系到国家的生死存亡，不能不认真地观察、分析和研究。商场如战场，对于一个网店来说，战略定位是网店的灵魂，是引领网店运营与管理的主心轴，同样会影响网店的生死存亡和可持续发展。《孙子兵法》又云："谋定而后动，知止而有得。"它的意思是谋划准确周到而后行动，弄清目标定位，适可而止，这样才能有所收获。

图1-1　兵圣孙武

善经商者善于谋势，决胜负者长于筹划。网店运营与管理如同作战用兵，必须做好谋划，三思而后行，从而实现"上兵伐谋""未战而庙算胜"。

 商海遨游学本领

■**能力目标**：提运营之质，增管理之效。

理解网店运营的内涵和网店定位谋划的重要性，熟悉新零售行业的发展现状和趋势，掌握从政策法律、行业经济、社会消费、技术应用等方面进行宏观环境调研和分析的方法技巧，能够正确完成网店目标消费市场定位、竞争战略定位和视觉设计定位。

■**知识地图**：网店定位谋划的知识结构如图1-2所示。

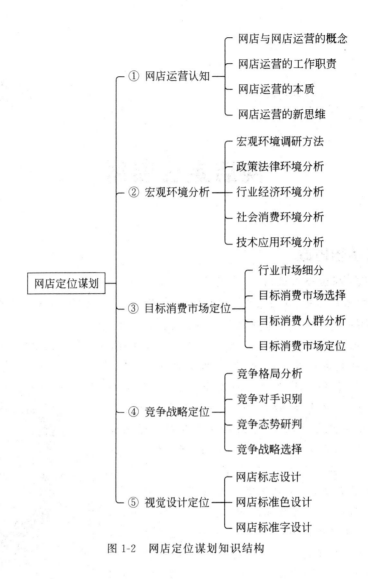

图 1-2   网店定位谋划知识结构

1.1   网店运营认知

1.1.1   网店与网店运营的概念

1. 网店的概念

在互联网高度普及的今天,在线购物正以惊人的速度渗透到普通人的生活当中。提起网店,老少皆知。但是对于网店的概念,却是众说纷纭,莫衷一是。有人认为网店顾名思义就是网上开的店铺,例如在淘宝、天猫、京东、当当等电商平台上开设的店铺。也有人认为网店是电子商务的一种形式,是一种能够让人们在浏览的同时进行实际购买,并且通过各种支付手段进行支付,完成交易全过程的网站。其实,随着互联网发展和新技术的应用,网店的形式在不断演变,网店的内涵在深化、外延在扩展,要准确表达网店的概念并不容易。

本书认为,网店是指通过互联网等信息网络从事销售商品或者提供服务的经营场所。"互联网等信息网络"包括互联网、电信网、移动互联网、物联网等,将网店所依托的技术界定在信息网络而非仅限于互联网,是遵循技术中立原则,既着眼于当前已经广泛应用的网络技术,也能在一定程度上涵盖未来新兴网络技术的发展和应用,如逐渐引起人们关注的元宇宙技术等。因此,网店不仅包括淘宝、天猫、京东、当当等国内电子商务平台上的网店,还包括速卖通、亚马逊等跨境电子商务平台上的网店,也包括拼多多、蘑菇街、抖音等新兴 App 平台上的网店,以及自己购买域名和开发建设的自建型网店,还包括通过直播载体、移动社交圈等其他网络服务场所开展销售商品或者提供交易撮合、信息发布等服务的网店。

2. 网店运营的概念

互联网作为一个新兴的行业,衍生了许多的专业名词,而这些专业名词大多源自传统的商贸流通行业。大家对"运营"这个词并不陌生,在百度等搜索引擎中进行搜索,通常都有这样的定义:运营就是负责项目运作过程中的各项计划、组织、实施和控制。那么网店运营就是负责网店运作过程中的各项计划、组织、实施和控制,也就是说做好市场分析与预测,准确定位网店,制定网店商品、流量等方面的发展规划,进行科学营销推广和客户服务,开展数据分析和改进绩效,从而达到预定运营目标的过程。简而言之,"运营"无非是"运作＋营收",通过利用各种运作手段,包括但不限于在商品和用户之间建立和维护关系所涉及的一切相关手段和方法,其最终目的是使商品价值和用户价值达到最大化,获取持续的营收。

1.1.2　网店运营的工作职责

从 2009 年以来,借助"6·18""双 11"等大型促销活动,天猫、京东等电子商务平台获得了广泛的关注,优秀的运营人员为企业带来巨大的流量或良好收益,并使网店运营成为最受欢迎的工作之一。近年来,随着社交网络、直播电商、短视频等新兴电商模式的快速崛起,网店也迎来了流量新时代,而网店运营的重要程度越来越明显。由于互联网行业门槛较低的特点,很多人都会因为网店运营岗位重要性和自身好奇心驱使而成为网店运营大军中的一员。在绝大部分中小网店中,真正的网店运营人员往往很少,甚至只有一个人负责运营工作,在很多情况下老板还亲自承担了网店运营角色。但是在大中型网店或者电商团队相对成熟的公司中,网店运营作为核心工作岗位,除网店运营总监、网店运营主管之外,一般还会有网店运营专员、网店运营助理、品牌/品类/项目运营相关岗位,大家各司其职,协同运营好一家店铺。

浙江是数字经济强省,数字产业化和产业数字化均走在全国前列,浙江的省会城市杭州更是被人们称为中国电子商务之都。在浏览器中打开浙江人才网(网址 https://www.zjrc.com/),可以看到当前正在招聘的工作岗位为 17.04 万人,尤其引人注目的是在职位搜索框中,默认的热搜职位为"运营",如图 1-3 所示。

在浙江人才网职位搜索框中输入关键词"网店运营",搜索结果显示共有 3307 条与"网店运营"相关的职位招聘信息。通过查阅搜索结果,挑选了 3 条有一定代表性的网店运营职位详情,分别如图 1-4～图 1-6 所示。

图 1-3　浙江人才网首页(2022 年 8 月 3 日截图)

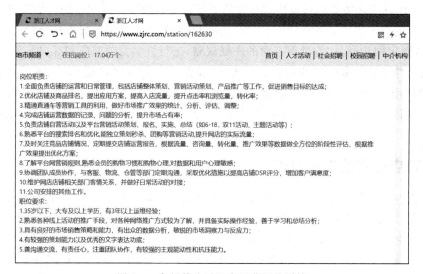

图 1-4　台州某公司网店运营职位详情

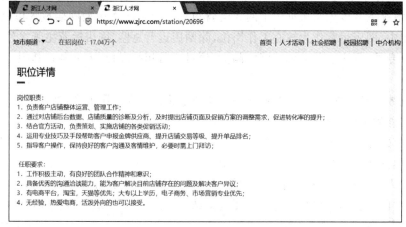

图 1-5　绍兴某公司网店运营职位详情

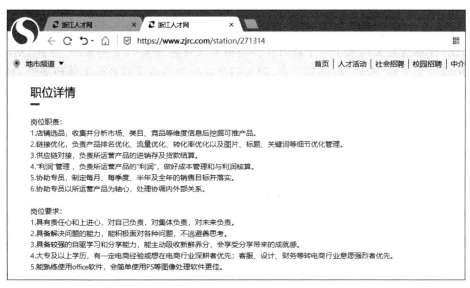

图 1-6　杭州某公司网店运营职位详情

　　从上述企业的招聘需求来看,不同企业对网店运营岗位的理解是不一样的,有的公司侧重于网店流量运营和营销推广数据分析,有的公司侧重于客户运营和客户关系维护,有的公司则更关注商品运营和供应链管理。从网店运营岗位的晋升路径来看,处于网店运营助理、网店运营专员、网店运营主管、网店运营经理、网店运营总监、店长等不同层级的人员,他们眼中的网店运营也是不一样的,基层员工主要从事网店运营的事务性工作,中层员工更多地负责网店运营的管理工作,而高层则着眼于网店运营的决策和绩效评价工作。因此,不仅企业之间对网店运营的理解有差别,学校教学和企业实践对网店运营的理解也有差别,而且学生和企业员工在不同成长阶段对网店运营的认识也是不一样的。

　　在这种情况下,很容易想起苏轼的一首诗《题西林壁》:"横看成岭侧成峰,远近高低各不同。不识庐山真面目,只缘身在此山中。"目前正在学习网店运营岗位所需的知识和技能,作为毕业生心目中的理想工作岗位,毕业后不少同学也可能从事网店运营工作,那么如何去看待网店运营岗位职责呢?是不是感觉跟看庐山一样"不识真面目"? 其实,"网店运营"岗位是一个职责边界模糊、分工繁杂、难以进行系统性描述的岗位。网店的很多工作似乎都与运营有关,运营就如同黏合剂一般,将市场、品牌、商品、营销、推广、销售、客服、供应链、技术等模块串联起来,确保各个模块的正常运转。即使工作多年的网店运营老手,往往也难以在短时间内清晰阐述自己的工作。不少运营人员在总结工作时,都会意识到自己的大量时间都耗在"打杂"上,缺乏从更高层面理解网店运营本质的思维能力,因此也难以从全局的角度审视和做好网店运营工作。

1.1.3　网店运营的本质

　　21 世纪初,当传统零售企业还未能觉察到电子商务可能会对整个商业生态圈产生颠覆性作用之时,以淘宝、京东等为代表的电子商务平台却开始破土而出。电子商务的快速发展,给传统零售行业带来了巨大的影响,并逐步占据中国零售市场的主导地位。而今,随着技术的进步和数字经济的发展,线上的电子商务和线下的传统零售将从原来的相对独立、相互冲突逐渐转化为互相促进、彼此融合,电子商务的表现形式和商业路径已经开始发生根本性的转变,使零售业又迈入了一个新时代。当所有实体零售都具有明显的"电商"基因特征之时,传统意义上的"电商"将不复存在,而人们经常抱怨的电子商务给实体经济带来的严重冲击也将成为历史。

随着新的零售模式逐步落地,各大商业巨头纷纷提出自己对未来零售业的发展设想,2016年10月阿里巴巴率先提出"新零售"的概念,随后苏宁提出"智慧零售",而京东则提出"无界零售"。2020年伊始,一场突如其来的新冠感染疫情,让人猝不及防,催生了"宅经济",并让新的零售模式获得前所未有的关注。尽管对新的零售模式称谓各异,但其本质却是大同小异,因此把新的零售模式通俗地称为"新零售"。

在新零售时代,无论是电子商务企业、传统零售企业,还是"新零售"企业,不少人都在探讨网店运营的本质。关于网店运营的本质,众说纷纭,有人认为是提供好的商品与服务,有人认为是供与需的平衡,也有些人认为是价值的创造与分享,还有些人认为是洞察需求和满足需求的过程。为什么会出现仁者见仁、智者见智的情况?主要是因为他们只看到网店运营的现象,而没有把握好网店运营的本质。习近平总书记在中央党校中青年干部培训班开班仪式上说过:"要能够透过现象看本质,做到眼睛亮、见事早、行动快。"毛泽东同志曾讲过:"我们看事情必须要看它的实质,而把它的现象只看作入门的向导,一进了门就要抓住它的实质,这才是可靠的科学的分析方法。"在认识网店运营的时候,也要运用马克思主义辩证法和方法论,透过现象去看本质,这样才能够看得清、悟得透,才能更深刻地理解网店运营的本质。

在网店运营流程中涉及网店规划、网店建设、商品采编、定价发布、网店推广、流量提升、在线客服、流量转化、销售实现、订单处理、物流送货、买家接货、售后服务、口碑维护等众多环节,如图1-7所示,仔细分析图中所列的主要环节,可以发现这些环节主要涉及"人""货""场"三个核心要素。

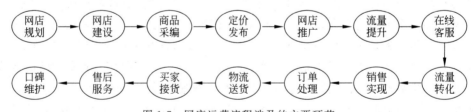

图1-7　网店运营流程涉及的主要环节

虽然时代在变,从传统零售到电子商务,再到新兴起来的新零售,但是核心要素没有变,只不过是"人"从顾客变成了用户,"货"从标准工业品变成了个性定制化商品,"场"则从商场卖场变成了场景。不同时代,人、货、场三者的关系是不同的。在物质短缺时代,"货"毫无疑问是第一位的,需大于供,任何商品都很容易卖出去。在电子商务时代,物质丰富,供给大于需求的时候,"场"便占据了核心位置,谁占据了电子商务平台的有利位置,品牌就能在商品的汪洋大海中脱颖而出。而在新零售时代,新型的营销模式则是以"人"为本,谁抓住了"人"这一决定要素,谁就能掌控未来的网店运营大势。通过对网店运营核心要素的分析,大家发现尽管技术发展不断推动商业变革,创造价值和实现价值的方式也在不断改变,未来的网店运营甚至呈现"场景无限、货物无边、人企无间"的现象,但网店运营本质并没有改变,仍然是成本、效率和体验,并通过业务流程再造、组织变革和管理创新等途径,努力实现"物流""资金流""客流"三流合一,降低运营成本、提升运营效率和改善用户体验,最终达到网店增值和盈利的目标。网店运营的价值网络如图 1-8 所示。

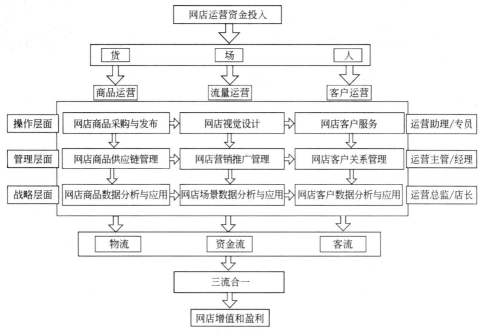

图 1-8　网店运营的价值网络

从网店运营的价值网络中,可以看到网店运营资金投入"人、货、场"三个要素上,分别产生了商品运营、流量运营、客户运营,在运营过程中涉及很多方面,包括操作层面的网店商品采购与发布、网店视觉设计、网店客户服务,管理层面的网店商品供应链管理、网店营销推广管理、网店客户关系管理,以及战略层面的网店商品、场景和客户数据的分析与应用。在"人、货、场"三个核心要素上,侧重不同要素的网店运营人员,其工作职责和工作要求的侧重点也会有所不同,有的偏重于商品运营、有的偏重于流量运营,还有的主要关注客户运营。不同层面的网店运营对应不同职级的人员,如操作层面对应网店运营助理或专员,管理层面对应网店运营主管或经理,战略层面对应网店运营总监或店长,虽然他们都是在做网店运营工作,但负责的运营内容、管理对象是不一样的。如果看懂这张网店运营价值网络图,就会明白不同企业、不同角色、不同成长阶段的网店运营人员,只是从不同角度去展开网店运营工作。"不识庐山真面目,只缘身在此山中",跳出迷局看清"庐山"的真面目,透过现象才能看清网店运营的本质,才能更好地把握网店运营现象背后的规律。

1.1.4　网店运营的新思维

电子商务发展很快,从商品为王时代,到流量为王时代,再到用户为王时代,市场营销模式在不断演变,网店运营的思维也在不断演变。在电子商务发展的初期阶段,只要把产品放到网上展示,就能获取流量。但是现如今网店运营的方式早已发生了改变,从经营商品转移到经营用户，从粗犷化运营到精细化运营，从线上、线下经营泾渭分明到线上线下融合。随着新一代信息技术的应用，"无人超市""无界零售""智慧零售""精准推送"等新商业名词层出不穷。新的基础设施、新的商业模式、新的商业组织、新的价值观正在悄然以"去中心化"的模式构建起面向未来的新零售。什么是新零售呢？雷军说："新零售，就是更高效率的零售。"这个说法通俗易懂，其实世界上哪有什么"新零售"，只有更高效率的零售。新零售，英文是 New Retailing，即企业以互联网为依托，通过运用大数据、人工智能、云计算、物联网、区块链、云宇宙等先进技术手段，对商品的生产、流通与销售过程进行升级改造，进而重塑业态结构与生态圈，并对线上服务、线下体验以及现代物流进行深度融

微课：未来的零售

合的零售新模式。新零售重构了传统零售系统中"人、货、场"的结构关系，以更高的效率和更好的体验将商品销售给终端消费者。在新零售时代，网店运营思维发挥着至关重要的作用。

1. 网店运营数据化思维

大数据时代的来临已是不可逆的事实。大数据的专业解释是指无法在可承受的时间范围内用常规软件工具进行捕捉、管理和处理的数据集合。"大数据"的起始计量单位至少是 P(1024T)、E(1024P)Y(1024E)或 Z(1024Y)，而不是经常接触的 K(1024B)、M(1024K)、G(1024M)和 T(1024G)。"大数据"涉及的数据不仅规模巨大，而且结构复杂、类型众多，既有结构化的数据，也有大量半结构化、非结构化的数据，如视频、音频、网络日志、图片、地理位置信息等。伴随着大数据的采集、传输、处理和应用而产生的相关技术，就是大数据处理技术。大数据中蕴含着巨大价值和发展潜力，充分利用大数据，可以发挥巨大的作用。随着智能手机的普及、Wi-Fi 覆盖范围的日益扩大和智能化设备的不断应用，信息感知无处不在，电子商务每天产生海量的数据，并呈几何级数增长。这些数据有的来自电子商务企业内部信息系统，有的来自外部网络零售平台和社会化媒体平台。在新零售时代，网店运营与管理越来越离不开大数据。随着互联网人口红利的消失，简单粗暴的流量时代已隐退，用户越来越难"讨好"，这种状况必定要从网店运营的角度实现根本性的改善。对于电子商务企业的来说，大数据如同水电煤一样，成为企业生存和发展所需的一种基础资源。网店运营要从过去粗犷式的流量获取转变成精细化运营，应用数据分析技术挖掘用户需求，迭代优化商品与服务，随需应变，增强网店竞争优势，借助数据化运营思维实现网店可持续发展。网店数据化运营需要同时从"精"与"细"两个维度下苦功，精要做到精品、精确、精准与精耕，细则代表细节、细致、细腻和细作。

2. 网店运营社交化思维

当前，微信、抖音等社交平台拥有大量活跃用户，在线使用时间长，触到了传统电子商务未能有效覆盖的大量用户群体。从云集到拼多多，再到社交电商的集中爆发，无一不说明这一领域存在巨大机会和潜力。在众多社交电商应用中，面对不同的服务人群，其背后的模式和机制决定了它们不同的走向，有的做精选，有的做拼团，有的依托网红，有的从垂直领域出发，运营重点和特色各不相同。但社交电商始终坚持以人为核心，将分享经济作为有力武器，将大量商家和品牌聚在同一个平台上，资源共享、互利共生，把"竞争思维"转化为"共赢思维"。例如，社交电商的典型代表拼多多，就是以人为核心发展起来的。在过去，网店运营主要关注前端捕捉更多流量，从这些泛流量中挖掘出潜在客户，再把这些潜在客户转化为成交客户，经过一系列转化过程，最后的转化率可能只有 3%(甚至 1%)，而且很少考虑用户的二次购买、三次购买，用户复购率低，难以实现持续性增长。但是，社交电商则依托于人与

人之间的社交关系,当用户产生购买行为后,自然而然地出现转介绍,从 1 人到 10 人再到 100 人,较为容易形成以粉丝和用户为核心的扩展传播,复购率、留存率往往也比较高,这就是社交式裂变模式。在网店运营社交化背景下,网店运营人员要第一时间读懂用户的兴趣爱好,用户的价值观、社交兴趣、内心诉求、商品诉求变得越来越重要。只有读懂了用户的意向,才能通过有效的消费场景把商品的核心价值传递给用户,并且持续性地和用户互动,刺激更多用户转化,最终获取持续的增值和盈利。网店运营社交化思维侧重于站在用户角度考虑问题,以用户感知为主导,将用户角色带入消费场景,收获用户的口碑,提升用户的忠诚度。

3. 网店运营协同化思维

协同一词来自古希腊语,又称协和、同步、和谐、协调、协作、合作,这些都是协同的基本范畴。协同的定义,《说文》提到"协,众之同和也。同,合会也"。所谓协同,就是指协调两个或者两个以上的不同资源或者个体,同步地完成某一目标的过程或能力。网店运营协同化主要针对多平台模式下,提供从多渠道订单管理、仓储物流、财务记账与结算、会员管理、客户服务到商品资源配备分布等各种业务形态组合的解决方案,实现统一经营、统一管理、统一监督、统一服务等有效操作。例如,不同平台的网店在同一时间会同时产生订单,为了不延误发货,网店运营人员就要在多个平台的后台切换,查看订单,这样不仅效率低下,而且非常容易出错。如果能够利用协同运营软件等手段实现网店协同化运营,就可以轻松收集多个平台的订单数据,提高工作的效率。在多平台的模式下,各个平台数据格式往往各不相同,通过协同软件可以将不同格式的数据转化为统一的数据信息,生成标准的订单数据、会员数据、交易流水数据、商品数据,不需要再考虑数据格式的多样性,同时还可以集成主流的支付平台、第三方仓储服务商,对外提供标准业务接口,方便企业完成销售平台集成、财务系统集成、第三方仓储服务商集成、独立仓储系统集成、税控集成等,大幅降低网店运营的工作量,提供多角度的运营管理结果汇总及明细统计,可以通过 PC 客户端和移动手机客户端对渠道业绩、营销活动、订单作业、仓库作业进行监测,起到类似于仪表盘的作用,让网店运营决策人员能够随时随地透视整合业务,提升决策的及时性和精准性。

1.2　宏观环境分析

1.2.1　宏观环境调研方法

新零售重构了传统零售系统中"人、货、场"的结构关系,以更高的效率和更好的体验将商品销售给终端消费者。为了更好地理解新零售背景下的宏观环境,需要采取有针对性和可操作性的方法开展调研,然后再利用 PEST 分析模型,从政策法律环境、行业经济环境、社会消费环境、技术应用环境四个方面进行宏观环境分析,准确谋划网店定位。常见的调研方法主要有四种,分别是访谈法、问卷法、文献法和观察法。

1. 访谈法

访谈法是指调查者根据需要,通过面对面口头交流的形式,向受访者提出相关问题,并根据回答收集材料,以此用于后续情况分析的一种调研方法。

访谈法的优点分别是信息获取准确、控制性强、适用范围广。访谈法是调查者通过直接的沟通获取到的调查内容和信息,相比较于其他的调研方法而言,访谈法的私密性较强,沟通更为深入,因此信息获取也相对比较准确。由于访谈大多数时候是面对面的沟通和交流,因此调查者可以适当地控制访谈环境,努力掌握访谈的主动权。市面上的很多调研方法受被调查者的文化水平、信息接收程度等方面的限制,适用范围较窄,而访谈者只需要保证受访者有基本的语言表达能力,就能够成为信息的提供者,在这一方面,访谈法大幅优于问卷调研法。

但是访谈法也有缺点,主要是对于访谈人员要求较高以及调研成本高。访谈法要求访谈人员具备基本的沟通能力、控场能力、客观记录能力等多种能力,这些能力在实际调研过程中对调研人员的选择有很高的限制性。访谈法是点对点的调研方法,相比较于其他调研方法而言,它的时间成本、人力成本都会更加高昂。

2. 问卷法

问卷法即问卷调查法,是指调查者通过设计与调研主题相关的问题表格,邀请被调查者按照表格所问填写答案,从而获取调研信息的一种调研方法。

问卷法的优点主要表现在两个方面,分别是调查范围广、成本低。问卷法是一种普适性的调研方法,它能够突破时间和空间的限制在最大范围内完成对于调研对象的调查和了解,因此其调查范围比较广泛。问卷调研只需要在前期设置好相应的问题,就可以将其投入问卷的分发和回收当中,如果调研对象远隔千里,问卷还可以通过电子版的方式进行发放,大幅节省了人力和物力成本,是一种简单、直接、成本较低的调研方式。

问卷法的缺点也体现在两个方面,分别是有效性较差以及对于被调研者有要求。问卷法和访谈法不同,它是一种缺乏互动性和可控性的调研方式,问卷发出后,调查者对于整个调研过程就失去了可控性,调查者既不能保证问卷填写者能够真实客观地填写问卷内容,也无法在问卷填写人对于问卷存疑时对于问题进行进一步的阐释说明,这样一来,问卷回收后可供参考的样本量大幅降低,从而影响到调研结果的有效性。问卷法对于被调研者有一定的能力要求。首先,被调研者至少应该具备基本的文化水平,保证能够顺利填写问卷;其次,被调研者还需要具备一定的文字理解能力和问题分析能力,能够在没有第三方解释的情况下准确理解问卷内容,选择与自身情况相匹配的选项内容。

3. 文献法

文献法,也称历史文献法,是指通过阅读、分析、整理有关文献材料,全面、正确地研究某一问题的方法。

文献法的优点主要表现在超越时空限制、非介入性调查保证调研过程的客观性、成本较低。文献法的第一个大的优势就是超越了时空限制,只要调查者想要获取,只要有相应的合适的渠道,调查者都可以从古今中外的浩如烟海的资料中搜寻到自己想要的资料,真正实现与古人对话,与名人交流。文献法是一种间接的非介入性调查,它只调查和研究各种文献,并不与被调查者联系,也不干预被调查者的任何回应,这就避免了调查者和被调查者在互动过程中可能出现的各种反应性错误,至少保证在整个调研过程中的相对客观性。文献法是一种方便、免费、安全、自由的调研方法,是在前人和他人工作成果的基础上开展的一种调研方式,也是获取信息的一种途径。它不需要大量的研究人员和专业设备,与其他的调研方式相比,它可以运用更少的人力成本、更短的时间、更有限的资金获取到更丰富的信息数据。

文献法的缺点也很明显,主要表现在资料信息可能存在过期情况、信息难以直接获取。

很多能够直接获取到的资料信息往往都是呈现过去一段时间的数据情况,现阶段的具体情况可能缺乏这方面的资料信息,因此在查阅和选择时需要调查人员仔细甄别,保证信息的时效性。无论是访谈法还是问卷法,调查者都可以直接与被调查者进行对话和互动,通过自己所设计的问题引导被调查者往自己所想要获取的信息内容方面无限趋近,但文献法是一种客观的调研方法,被调查者只能基于已有的资料信息带着自己的问题去寻找问题的答案,有些时候客观的资料信息可能并不能够直接给出调查者所想要获取的信息,需要调查者主动搜寻,从现有资料中推导和梳理出有效信息。

4. 观察法

观察法是指调研者基于一定的调研目的,梳理出对应的调研提纲,利用自己的眼睛、耳朵等感官器官,或者借助各种现代化的仪器和手段,直接观察被研究对象,从而获取资料的一种调研方法。

观察法的优点主要表现在直接性和即时性。观察法是调查者和被调查对象通过直接接触搜集获取信息的一种方式方法,这种调研方法比一般的调研方法更加直观,所获取到的信息资料也更为真实可靠。观察法所获取到的信息内容是调研者在当下时间里搜集到的正在发生的情况和信息,具有较强的时效性。

观察法的缺点主要表现在观察内容存在局限性以及观察适用范围较小。由于观察法是一种他者对于事物的外在观察,因此较适用于对外部现象及事物外部联系的研究,不适用于内部核心问题及对事物内部联系的研究。受观察范围的限制,同一时期内观察的对象是有限的,适用于样本量较小的调研工作,不适用于大范围的调研工作。

1.2.2　政策法律环境分析

零售业是商品流通的基础,是国家引导生产、扩大消费的重要载体,是繁荣市场、保障就业的重要渠道,在"调结构、惠民生"中发挥着举足轻重的作用。党的十八大以来,我国电子商务取得了划时代的发展成绩,并于2013年成为全球最大的网络零售市场。我国零售业规模持续扩大,业态不断创新,对国民经济的贡献不断增强,但也暴露出发展方式粗放、有效供给不足、运行效率不高等突出问题。受经营成本不断上涨、消费需求结构调整、网络零售快速发展等诸多因素影响,实体零售发展面临前所未有的挑战。为适应经济发展新常态,推动实体零售创新转型,释放发展活力,增强发展动力,《国务院办公厅关于推动实体零售创新转型的意见》(国办发〔2016〕78号)在2016年11月11日发布,提出要加强供给侧结构性改革,以体制机制改革构筑发展新环境,以信息技术应用激发转型新动能,推动实体零售由销售商品向引导生产和创新生活方式转变,由粗放式发展向注重质量效益转变,由分散独立的竞争主体向融合协同新生态转变,要适应消费需求新变化,扩大有效供给,减少无效供给,增强商品、服务、业态等供给结构对需求变化的适应性和灵活性,大力发展新业态、新模式,进一步提高流通效率和服务水平。此后几年,我国零售业蓬勃发展,市场规模不断扩大,电子商务与实体零售深度融合,成为新的经济增长点和结构调整的重要着力点。同时,我国电子商务已经"成年",在多个方面引领创新潮流,进入规模发展和引领发展的双重机遇期,全球电子商务也处于全面发展和联动发展的积极阶段。一方面,我国电子商务如果要取得更高的发展,必须在自律和规范发展方面有担当有抱负。另一方面,电子商务新模式、新业态和新增长方式,需要政府为电子商务持续发展壮大提供更加科学、公平的法律环境。为了促进零售业健康发展,我国从 2019 年起先后公布实施《中华人民共和国电子商务法》《中华人民共和国乡村振兴促进法》《中华人民共和国个人信息保护法》等多部重要法律。

1.《中华人民共和国电子商务法》

《中华人民共和国电子商务法》(以下简称《电子商务法》)是政府调整、企业和个人以数据电文为交易手段,通过信息网络所产生的,因交易形式所引起的各种商事交易关系,以及与这种商事交易关系密切相关的社会关系、政府管理关系的法律规范的总称。2013 年 12 月 27 日全国人大常委会正式启动了《电子商务法》的立法进程,2018 年 8 月 31 日十三届全国人大常委会第五次会议表决通过电子商务法,自 2019 年 1 月 1 日起施行。以下对《电子商务法》相关的几个重要条文进行解读。

(1) 明确电子商务的内涵。《电子商务法》第二条将电子商务界定为"通过互联网等信息网络销售商品或者提供服务的经营活动"。具体从电子商务所依托的技术、电子商务交易行为和法律属性三个维度界定电子商务的内涵。"互联网等信息网络"包括互联网、电信网、移动互联网、物联网等。将电子商务所依托的技术界定在信息网络而非仅限于互联网,是遵循技术中立原则,既着眼于网络技术现状,也能在一定程度上涵盖未来网络技术和应用的发展。因此,通过互联网、移动客户端、移动社交圈、移动应用商店等进行的经营活动也属于电子商务法的调整范围。

(2) 向"大数据杀熟"说不。《电子商务法》第十八条要求电子商务经营者根据消费者的兴趣爱好、消费习惯等特征向其提供商品或者服务的搜索结果的,应当同时向该消费者提供不针对其个人特征的选项,尊重和平等保护消费者合法权益。近年来,随着平台经济崛起,"大数据杀熟"问题日益突显。所谓"大数据杀熟",即"基于大数据和算法,根据交易相对人的支付能力、消费偏好、使用习惯等,实行差异性交易价格或者其他交易条件"。例如在网上购物、点外卖、订机票,往往老会员的价格反而比新会员高,这就是典型的"大数据杀熟"。任何技术都是一把双刃剑。只有善用法治力量,才能倒逼互联网平台用好大数据,激发科技向上、向善的动能,让消费者免于被算法"算计",让算法更好地服务于消费者。

(3) 保障消费者的知情权和选择权。《电子商务法》第十九条要求,电子商务经营者搭售商品或者服务,应当以显著方式提醒消费者注意,不得将搭售商品或者服务作为默认同意的选项。搭售也称搭配销售、捆绑销售,是指销售方在向购买方出售特定商品时,要求买方购买另外一种商品,以达成购买主要商品买卖合同的行为。由于在互联网经营中的搭售行为具有特殊性,经营者往往在网页上采取较为隐蔽的方式进行搭售,消费者对此不易发现。对此,《电子商务法》对搭售行为予以规制,保障消费者的知情权和选择权。

(4) 保证押金顺利退还。《电子商务法》第二十一条要求,电子商务经营者按照约定向消费者收取押金的,应当明示押金退还的方式、程序,不得对押金退还设置不合理条件。消费者申请退还押金,符合押金退还条件的,电子商务经营者应当及时退还。2017—2018 年,一些共享单车经营者由于某种原因造成资金链紧张,难以退还消费者交付的押金,涉及人数众多,资金总额巨大,成为社会广泛关注的热点问题。在电子商务立法中,为了回应社会关切、保护消费者合法权益,将电子商务经营者押金退还予以规制,经营者违反相关规定的,应承担相应的行政责任。

(5) 不得滥用市场支配地位。《电子商务法》第二十二条要求,电子商务经营者因其技术优势、用户数量、对相关行业的控制能力以及其他经营者对该电子商务经营者在交易上的依赖程度等因素而具有市场支配地位的,不得滥用市场支配地位,排除、限制竞争。市场支配地位是指经营者在相关市场内具有能够控制商品价格、数量或者其他交易条件,或者能够阻碍、影响其他经营者进入相关市场能力的市场地位。与传统产业不同,互联网产品与服务具有外部性特点,其用户数量越多,价值越大,竞争力越强,而且用户一旦使用,容易产生依赖性。另外,互联网具有空间无限性的特点,可以无限扩张,这就容易形成"赢者通吃"的现象。

(6)规范竞价排名。《电子商务法》第四十条明确要求,如果电子商务平台经营者通过竞价排名的方式来决定搜索结果,那么必须将相应的搜索结果显著标明为"广告"。这是一个重要的立法层面上的发展。对于未来的互联网搜索服务的规范化,会产生巨大的影响。此外该法律条文还要求电子商务平台经营者必须依据商品的销量、价格、信用等多种方式,向消费者展示搜索结果,这也在一定程度上约束了平台经营者利用其提供的搜索服务来垄断和控制信息展示渠道的影响力。

2.《中华人民共和国乡村振兴促进法》

《中华人民共和国乡村振兴促进法》(以下简称《乡村振兴促进法》)由中华人民共和国第十三届全国人民代表大会常务委员会第二十八次会议通过,公布后自 2021 年 6 月 1 日起施行。乡村振兴促进法是三农领域一部固根本、稳预期、利长远的基础性、综合性法律,对于促进乡村产业振兴、人才振兴、文化振兴、生态振兴、组织振兴和推进城乡融合发展,具有重要的里程碑意义。下面对《乡村振兴促进法》中相关的两个重要条文解读如下。

(1)促进电子商务等乡村产业发展。《乡村振兴促进法》第十九条要求,各级人民政府应当发挥农村资源和生态优势,支持特色农业、休闲农业、现代农产品加工业、乡村手工业、绿色建材、红色旅游、乡村旅游、康养和乡村物流、电子商务等乡村产业的发展;引导新型经营主体通过特色化、专业化经营,合理配置生产要素,促进乡村产业深度融合;支持特色农产品优势区、现代农业产业园、农业科技园、农村创业园、休闲农业和乡村旅游重点村镇等的建设;统筹农产品生产地、集散地、销售地市场建设,加强农产品流通骨干网络和冷链物流体系建设;鼓励企业获得国际通行的农产品认证,增强乡村产业竞争力。

(2)支持与电子商务企业建立紧密型利益联结机制。《乡村振兴促进法》第二十一条要求,各级人民政府应当建立健全有利于农民收入稳定增长的机制,鼓励支持农民拓宽增收渠道,促进农民增加收入。国家采取措施支持农村集体经济组织发展,为本集体成员提供生产生活服务,保障成员从集体经营收入中获得收益分配的权利。国家支持农民专业合作社、家庭农场和涉农企业、电子商务企业、农业专业化社会化服务组织等,以多种方式与农民建立紧密型利益联结机制,让农民享有全产业链增值收益。

3.《中华人民共和国个人信息保护法》

《中华人民共和国个人信息保护法》(以下简称《个人信息保护法》)是为了保护个人信息权益,规范个人信息处理活动,促进个人信息合理利用,根据宪法制定的法规。2021 年 8 月 20 日,十三届全国人大常委会第三十次会议表决通过《中华人民共和国个人信息保护法》。自 2021 年 11 月 1 日起施行。下面对《个人信息保护法》中相关的几条重要条文进行解读。

(1)规范自动化决策。《个人信息保护法》第二十四条明确规定,个人信息处理者利用个人信息进行自动化决策,应当保证决策的透明度和结果公平、公正,不得对个人在交易价格等交易条件上实行不合理的差别待遇。当前,越来越多的企业利用大数据分析、评估消费者的个人特征用于商业营销。有一些企业通过掌握消费者的经济状况、消费习惯、对价格的敏感程度等信息,对消费者在交易价格等方面实行歧视性的差别待遇,误导、欺诈消费者。其中,最典型的就是社会反映突出的"大数据杀熟"。

（2）严格保护敏感个人信息。《个人信息保护法》第二十八条第二款中规定"只有在具有特定的目的和充分的必要性,并采取严格保护措施的情形下,个人信息处理者方可处理敏感个人信息"。个人信息保护法将生物识别、宗教信仰、特定身份、医疗健康、金融账户、行踪轨迹等信息列为敏感个人信息。值得关注的是,为保护未成年人的个人信息权益和身心健康,《个人信息保护法》特别将不满十四周岁未成年人的个人信息确定为敏感个人信息予以严格保护。

（3）强化个人信息处理者义务。《个人信息保护法》设专章明确了个人信息处理者的合规管理和保障个人信息安全等义务,要求个人信息处理者按照规定制定内部管理制度和操作规程,采取相应的安全技术措施,指定负责人对其个人信息处理活动进行监督,定期对其个人信息活动进行合规审计,对处理敏感个人信息、利用个人进行自动化决策、对外提供或公开个人信息等高风险处理活动进行事前影响评估,履行个人信息泄露通知和补救义务等。

1.2.3　行业经济环境分析

1. 行业发展历程与趋势分析

《旧唐书·魏徵传》中有一句话写得好:"夫以铜为镜,可以正衣冠;以史为镜,可以知兴替;以人为镜,可以明得失。"对于网店运营与管理来说也是同样的道理,以史为鉴,可以知兴替。要用历史映照现实、远观未来,从

微课:行业经济
环境分析

零售行业的发展历程中看清楚过去企业为什么能够成功、弄明白未来企业怎样才能继续成功,从而在新零售的征程上更加坚定、更加自觉地把握发展趋势。

作为电子商务企业,需要经常对所处行业的市场发展趋势进行分析,以评估目前的市场发展状态并调整自身发展策略。市场趋势分析一般可以通过查看行业研究报告展开,行业研究报告通过对特定行业的长期跟踪监测获取相关数据,根据行业生命周期、附加值提升空间、产业发展环境、行业运行状况、过去几年市场情况和行业竞争状况等分析数据,判断并预测行业市场未来发展状况。

同时,根据行业的市场历史数据,判定行业目前所处的发展阶段,才能更好地继往开来。从1852年全球第一家百货公司成立至今的零售发展史来看,发展路径基本上是通过零售业态与组织形态的创新,以及应用现代科技成果,实现自我改进,自我提升,自我完善。在经济学界虽然把百货公司、连锁经营、超级市场、无店铺销售的出现称为零售业的四次革命,其实这仅是变化与变革。由技术与需求引发的网络零售,才是真正的"革命",而且对零售来说,这更像是一次"改朝换代"。自改革开放以来,我国零售业主要经历了三个发展阶段:1978—1995年,这是从传统到现代的起步阶段;1996—2008年,这是实体店的发展由快变慢的时期;2009年至今,这是从两线独立发展向融合发展转变的时期。各个阶段之间没有明显的分割,存在交叉现象。

（1）1978—1995年:替代性竞争阶段。这一阶段发展过程分为两个路径:一是国有商业与供销合作社改革路径;二是社会商业崛起路径。国有商业与供销合作社的改革路径,先

是学习农村承包经营的经验,实施柜组承包,最后发展到商场承包与企业经营机制转换。社会商业的崛起路径,先学习,后引进,再赶超,内资完胜外资,超市连锁迅猛发展。20 世纪 90 年代初,日本与中国香港地区的连锁商业以食品超市形式进入我国沿海发达城市,如在上海引进了八佰伴超市、阿霍德顶顶鲜(TOPS)等外资超市,而内资超市依靠区域优势与自身努力,很快在门店数量上赶超外资,在规模上取得了领先地位。

(2) 1996—2008 年:国际化竞争阶段。这一阶段伴随着入世进程与我国零售业对外资全面开放,政府机构以及内资零售企业都感觉到"狼来了",为了把规模做大,企业"撒向全国",政府"组建集团",目的是与外资抗衡。2001 年加入世贸组织,承诺 2004 年向外资全面开放。于是,从中央到地方,政府重点做了两件事:一是通过行政性合并,成立规模更大的国有商业集团,如 2001 年"北京首联"、2003 年"上海百联"、2007 年"武商联";二是培育"流通航母",2004 年 7 月商务部曾公布了一份我国流通领域重点培育的全国 20 家大型商业企业集团名单。通过培育大型流通企业,应对市场全面开放以后的国际化竞争环境。

(3) 2009 年至今:两线竞合阶段。这个阶段我国零售业的变化与以往任何一个阶段都截然不同,最显著的变化是三个方面:一是消费者变得越来越具有主动权;二是零售业越来越依靠现代技术;三是跨界投资零售业,零售业出现"站队"问题。这是一个"改朝换代"的时代,更是一个零售创新的时代。这个阶段的变化源于需求与技术的变化,其表现形式是互联网与社交媒体的发展,起源于世纪之交,起步于 2009 年,转折发生在 2014 年,转变发生在 2016 年。

① 2009—2011 年:两线分离。中国三大互联网公司百度公司(Baidu)、阿里巴巴集团(Alibaba)、腾讯公司(Tencent)的影响可以用三句话来概括:阿里巴巴改变了购物方式,腾讯改变了沟通方式,百度改变了思考方式。以淘宝为代表的网购平台与网购节日的诞生,彻底改变了中国消费者的购物习惯,网购成为日常消费生活新常态。在这个时期,虽然电商的销售占比逐步提升,店商也渐渐感觉了客户分流的压力,但网商与电商仍然处于两个世界之中,一个在线上,一个在线下,消费者也基本上分为线上与线下两大类。

② 2012—2015 年:两线融合。我国电商与店商的两线融合,是从学习与践行 O2O 模式开始的。O2O 模式的优势在于把线上和线下的优势有机结合,让消费者在享受线上优惠价格的同时,又可享受线下贴心的服务。对商家而言,O2O 模式有助于获得更多的宣传、展示机会,吸引更多新客户到店消费,推广效果可查,每笔交易可跟踪,降低线下实体对黄金地段旺铺的依赖,大幅减少租金支出。对用户而言,O2O 模式有助于获取更丰富、全面的商家及服务内容信息,更加便捷地向商家在线咨询并进行预售,能够获得相比线下直接消费较为便宜的价格。然而,为跟踪分析消费行为,实施大数据营销与个性化服务,O2O 模式客观上要求交易实现全程数字化。但我国很多经营者和投资者仅把 O2O 当作一种新的"商业模式"和"赚钱模式",设想了很多"伪需求""伪模式",最终大部分 O2O 项目与全渠道设想未能落地。

③ 2016 年至今:数据聚合。2016 年 1 月 15 日,阿里巴巴投资的支付宝会员店"盒马鲜生"首店在上海金桥地区悄然开张,2016 年 10 月提出"新零售",并与百联结为战略联盟。2017 年,阿里巴巴又与高鑫零售等企业牵手,引发了零售"站队"问题。从 2017 年开始,以便利店为主导业态的无人零售成为行业热点,阿里巴巴、苏宁、京东等公司都瞄准了面向众多小店的 B2B 业务。新零售可总结为"线上＋线下＋物流",其核心要义在于数据聚合,以消费者为中心的会员、支付、库存、服务等方面数据的全面打通,推动线上与线下一体化,使

线上的互联网力量和线下的实体店终端形成真正意义上的合力,完成电商平台和实体零售店面在商业维度上的优化升级。

2. 行业市场容量分析与预测

市场容量也称市场规模,是指在不考虑产品价格或者供应商的前提下,市场在一定时期内能够吸纳某种产品或劳务的单位数目,市场容量是由使用价值需求总量和可支配货币总量两大因素构成。市场容量分析的目的是研究行业的整体规模,分析的对象是目标行业在指定时间内的销售额。电子商务企业进行市场容量分析能够了解选定行业的前景状况,并有利于制订销售计划与目标,市场容量的大小决定了行业的天花板,如果销售目标定得过高,会导致库存积压,资金占用;如果销售目标定得过低,可能导致错过市场机会,不利于企业成长。可通过以下几个步骤展开行业市场容量分析与预测。

(1)明确分析需求。明确分析需求是指要明确通过市场容量分析想要达成的目标,是了解行业市场容量历年来的变化趋势,还是预测未来几年的市场容量,据此制订发展计划及目标。这里以预测未来两年市场容量为例。

(2)整合数据资源。通过整合不同来源渠道的数据,完成数据计算和分析。一般为了保证分析结果的客观性和科学性,数据采集人员会通过不同途径和渠道多方面获取数据,常见的数据采集渠道有 IT 桔子、艾瑞网、艾媒网、中国产业信息网等发布的年度报告,以及淘宝网、京东网、当当网等目标销售平台采集的交易数据,也可以搜集整理一些个性化商品的数据,如百度指数、360 趋势等。

(3)市场容量分析。根据采集整合的数据进行市场容量分析。从艾媒网所发布的报告可以采集到的女装连衣裙行业市场容量数据,2018—2022 年的市场容量分别是 357 亿元、402 亿元、445 亿元、487 亿元、517 亿元,说明连衣裙行业市场规模稳步上升,接下来可以采用图表趋势预测法中的线性趋势线预测 2023 年、2024 年的市场容量。

(4)绘制市场规模折线图。可以把采集到的 2018—2022 年的市场容量输入 Excel 表格中,如图 1-9 所示,选中数据所在的单元格区域,选择菜单栏中的"插入"→"全部图表"选项,在弹出的图表对话框中选择"折线图",单击右侧小图标中的"图表元素"→"趋势线",可以得到 2023 年、2024 年的趋势图。

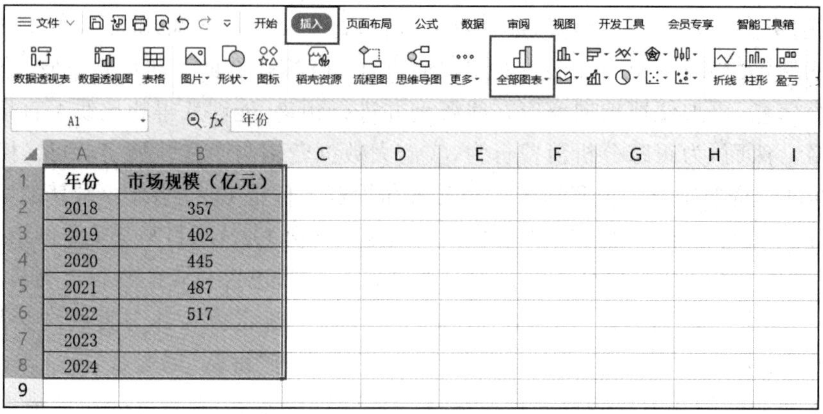

图 1-9　利用 Excel 表格绘制市场规模折线图

（5）预测市场容量。双击 Excel 表格中的趋势线，页面右侧将弹出"趋势线选项"属性对话框，调整趋势线各项数据，在"趋势预测"中输入"向前"推两个周期，勾选"显示公式""显示 R 平方值"复选框，如图 1-10 所示。

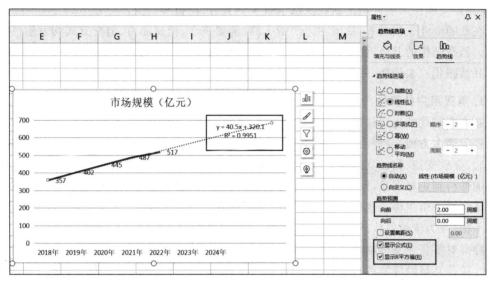

图 1-10　利用 Excel 表格预测市场容量

通过图 1-10 可以看到预测公式为 $y=40.5x+320.1$，$R^2=0.9951$，接近于 1，说明使用预测公式预测结果可靠性高。式中，x 为每个年份对应的数据点；y 为市场规模数。由于 2023 年和 2024 年分别对应第 6 个数据点和第 7 个数据点，将 $x=6$、$x=7$ 分别代入，得

$$2023 \text{ 年市场规模} = 40.5 \times 6 + 320.1 = 563.1（亿元）$$
$$2024 \text{ 年市场规模} = 40.5 \times 7 + 320.1 = 603.6（亿元）$$

除使用线性预测法预测市场容量外，还可以通过收集平台数据推导出未来市场容量状况。需要注意的是，由于市场发展是动态的，因此要实时监控并分析市场容量变化。

1.2.4　社会消费环境分析

人类的文明史始于文字的发明，发展至今不过七八千年，这几千年虽然只占人类史的 1%，但是，因为环境的变化、时代的变迁，有的文明被继续传承，并且发扬光大，有的则逐渐衰落，被新的文明所替代。农业时代造就的文明形态是乡土文明，那时的人们是以村落为居住单位群聚在一起生活，传播和交流方式仅限于口口相传。交际圈的狭窄和几乎终生定点居住

微课：社会消费
环境分析

的现状，无意中减小了对居民在诚信方面的管理难度，同时还加强了居民之间相互的监管力度，因为必须朝夕相处的生活状态使居民们必须依靠诚信的口碑才能长期在这个熟悉的圈子里生存。随着科技和社会生产力的空前发展，人类从农业时代跨入了工业时代，人类的文明也从乡土文明开始转向了工业文明。这一时期经济的快速增长需要提高生产率，而提高生产率则需要发达的分工，因此，人类的职业转换开始变得频繁，迁徙自由和择业自由被视为基本人权。由于人类居住和活动范围的扩大，信息交流不再像以前那样方便，所以，对信息传播的方式也有了新的要求，这时，广告传播方式就应运而生了。时至今天，在经历了

5000 多年的农业时代,又经历了 300 多年的工业时代以后,人类社会的发展开始步入互联网时代。新的时代必然有新的文明诞生,互联网的高效、快捷颠覆了原有的信息传播方式,它的开放和透明还原了人与人之间信任的基础,口口相传也再次以互联网的风格和特点回归,新商业文明使人们开始重新收获诚信带来的赞誉、商机和价值。

在新的商业文明时代,我国主力消费人群、消费观念、消费能力、消费方式均发生巨大的变化。消费结构的升级,使零售业社会消费环境呈现消费用户社群化、消费场景多元化、消费商品情感化三大趋势,并倒逼传统零售和电商企业的变革。

1. 消费用户社群化

新商业时代的生态构建将涵盖网上页面、实体店面、支付终端、数据体系、物流平台、营销路径等诸多方面,并嵌入购物、娱乐、阅读、学习等多元化功能,进而推动企业线上服务、线下体验、金融支持、物流支撑四大能力的全面提升,使消费者对购物过程便利性与舒适性的要求能够得到更好满足,并由此增加用户黏性。当然,以自然生态系统思想指导而构建的商业系统必然是由主体企业与共生企业群以及消费者所共同组成的,且表现为一种联系紧密、动态平衡、互为依赖的状态。

社群对零售业发挥越来越大的影响,如社群电商、社区拼团、社区买菜等,尤其是在下沉市场。随着县域经济发展和乡村振兴,人均可支配收入持续增长,结合慢节奏的生活环境,三线及以下城市与乡镇等"下沉市场"活力无限。拼多多在三线、四线、五线城市用户占64%(含乡镇在内的下沉市场则超过 70%),而快手、趣头条等公司的 65% 用户也在下沉市场。淘宝开始以社群电商发力下沉市场。

2. 消费场景多元化

在新商业时代,人们对购物过程中个性化、即时化、便利化、互动化、精准化、碎片化等要求逐渐提高,而满足上述需求则在一定程度上需要依赖于"智慧型"的购物方式。可以肯定,在产品升级、渠道融合、客户至上的新零售时代,人们经历的购物过程以及所处的购物场景必定会具有典型的多元化、智慧化特征。未来,智能试装、隔空感应、拍照搜索、语音购物、VR 逛店、无人物流、自助结算、虚拟助理等图景都将真实地出现在消费者眼前,甚至获得大范围的应用与普及。零售企业不再过度依赖搜索式购物,而是更注重发现式购物,人货匹配的底层逻辑是从"人找货"演变为"货找人",通过人工智能、大数据等新技术与商业逻辑深度融合,以消费者为中心、以极致体验为追求,在多元化场景下实现零售企业"人、货、场"三要素的最优化匹配。而且在现实生活中,人们对某个品牌的认知和理解往往会更多地来源于线下的实地体验或感受,而"体验式"的经营方式就是通过利用线下实体店面,将产品嵌入所创设的各种真实生活场景之中,赋予消费者全面深入了解商品和服务的直接机会,从而触发消费者视觉、听觉、味觉等方面的综合反馈,在增进人们参与感与获得感的同时,也使线下平台的价值得以进一步发现。零售企业通过对线上与线下平台、有形与无形资源进行高效整合,以"全渠道"方式清除各零售渠道间的种种壁垒,模糊经营过程中各个主体的既有界限,打破过去传统经营模式下所存在的时空边界、产品边界等现实阻隔,促成人员、资金、信息、技术、商品等的合理顺畅流动,进而实现整个商业生态链的互联与共享。由于基于消费体验的重构、基于消费场景的延伸和基于供应链效率的提升,消费场景多元化的新零售迅速发展。

3. 消费商品情感化

随着我国城镇居民人均可支配收入的不断增长和物质产品的极大丰富,消费者主权得以充分彰显,人们的消费观念将逐渐从价格消费向价值消费进行过渡和转变,购物体验的好坏将愈发成为决定消费者是否进行买单的关键性因素。伴随着互联网成长的新兴消费群体"80 后""90 后""00 后"成为社会消费主力,他们有着更强的购买欲望和更高的商品品质追求,更加享受消费过程中的服务和极致体验。依托企业的无界化零售体系,新兴消费群体的购物入口将变得非常分散、灵活、可变与多元,他们可以在任意的时间、地点以任意的可能方式,随心尽兴地通过诸如实体店铺、网上商城、电视营销中心、自媒体平台甚至智能家居等一系列丰富多样的渠道,与企业或者其他消费者进行全方位的咨询互动、交流讨论、产品体验、情境模拟以及购买商品和服务。内容化、娱乐化、定制化成为新的消费增长引擎,直播带货、短视频带货、图文带货等形式受到市场追捧。后疫情时代,"宅经济"兴起,无接触服务受到市场追捧,直播带货迅猛发展。

1.2.5　技术应用环境分析

邓小平同志曾提出"科学技术是第一生产力"的著名论断。为了更好地发展生产力,推动新技术与传统产业结合,2015 年国家实施"互联网＋"行动计划,给网络零售行业带来新的发展动力。物联网、云计算、大数据、人工智能、区块链、元宇宙等新技术的应用,不断推动着零售行业向前发展,并对网店运营与管理产生了深远的影响。

1. 物联网技术

物联网的概念是在 1999 年提出的,是指把所有物品通过射频识别技术(RFID)、传感器技术、纳米技术、智能嵌入技术等信息传感设备与互联网连接起来,以实现智能化识别、定位、跟踪、监管等功能。物联网把新一代信息技术充分运用在各行各业之中,具体地说,就是把信息传感设备嵌入和装备到生产和生活中的各种物体,然后将物联网与现有的互联网整合起来,实现人类社会与物理系统的整合,并对整合网络内的人员、机器、设备和基础设施实施实时的管理和控制,在此基础上,人类可以以更加精细和动态的方式管理生产和生活,达到"智慧"状态,提高资源利用率和生产力水平,改善人与自然之间的关系。毫无疑问,如果"物联网"时代来临,人们的日常生活将发生翻天覆地的变化。目前二维码与电子价签在零售业的逐步推广应用,不仅让线上线下场景融合成为可能,也让线上线下价格同步成为可能,在物联网技术和其他相关新兴技术的协同作用下,零售业正朝着全链路数字化运营发展。2017 年,天猫无人超市首次现身于上海"双 11 新零售空间",大幅提升了消费者的购物体验,并在当时引发大家对物联网等新技术在零售业应用的热议。首先,通过图像识别技术,天猫无人超市将对消费者进行快速面部特征识别、身份审核,完成"刷脸进店";其次,通过物品识别和追踪技术,再结合消费者行为识别,天猫无人超市能判断消费者的结算意图;最后,通过智能闸门完成"无感支付"。天猫无人超市打通了线上的数据系统和线下的购物系统,实现线上和线下深度融合。例如,通过数字化自动运营的"电子价签",天猫无人超市可以自动关联商品价格,实现线下价签、线上价格的同步更新,同款同价,让"拿了就走,走了就付"成为现实。

2. 云计算技术

云计算技术是分布式计算技术的一种,其最基本的概念,是透过网络将庞大的计算处理程序自动分拆成无数个较小的子程序,再交由多部服务器所组成的庞大系统经搜寻、计算分析之后将处理结果回传给用户。稍早之前的大规模分布式计算技术即为"云计算"的概念起源。透过这项技术,网络服务提供者可以在数秒之内达成处理数以千万计甚至亿计的信息,达到和"超级计算机"同样强大效能的网络服务。在新零售时代,零售业面临着日益复杂的挑战,不仅要支持业务的运营需求,还要满足日益增长的客户群的数字需求。利用云计算技术,零售企业可以拥有灵活的、可扩展的网络解决方案,以满足他们在当今动态环境中的特定需求,加速数字转型。

3. 大数据技术

大数据是一种规模大到在获取、存储、管理、分析方面大幅超出了传统数据库软件工具能力范围的数据集合,具有海量的数据规模、快速的数据流转、多样的数据类型和价值密度低四大特征。随着云时代的来临,大数据吸引了越来越多的关注。从技术上来看,大数据与云计算的关系就像一枚硬币的正反面一样密不可分。大数据必然无法用单台的计算机进行处理,必须采用分布式架构。它的特色在于对海量数据进行分布式数据挖掘。但它必须依托云计算的分布式处理、分布式数据库和云存储、虚拟化技术。大数据技术的战略意义不在于掌握庞大的数据信息,而在于对这些含有意义的数据进行专业化处理。换言之,如果把大数据比作一种产业,那么这种产业实现盈利的关键,在于提高对数据的"加工能力",通过"加工"实现数据的"增值"。大数据技术可以帮助网店更好地了解客户特征、消费行为,并为客户提供更加个性化的服务,同时基于数据的分析有助于网店做出正确的决策、把握市场趋势并应对不确定性。

4. 人工智能技术

人工智能是计算机科学的一个分支,它企图了解智能的实质,并生产出一种新的能以人类智能相似的方式做出反应的智能机器,该领域的研究包括机器人、语言识别、图像识别、自然语言处理和专家系统等。人工智能从诞生以来,理论和技术日益成熟,应用领域也不断扩大,可以设想,未来人工智能带来的科技产品,将会是人类智慧的"容器"。人工智能可以对人的意识、思维的信息过程进行模拟。人工智能不是人的智能,但能像人那样思考,也可能超过人的智能。在未来的零售业中,运用人工智能可以让网店更好地根据客户需求提供商品和服务。人工智能可以串联起零售业的整个产业链:在前端提高效率、高精准,取代以往零售业那些更多靠人管理的职能,同时增加更多更加个性化、智能化的服务,吸引更多的客流,提高成交率和销售额;在后台则是极大缓解库存压力,大幅提高供应链效率,同时让物流技术进化到高度自动化的阶段,从而让整个零售场景实现数字化和无缝化,帮助网店和消费者实现共赢。

5. 区块链技术

2019 年 1 月 10 日,国家互联网信息办公室发布《区块链信息服务管理规定》。2019 年10 月 24 日,在中央政治局第十八次集体学习时,习近平总书记强调"把区块链作为核心技术自主创新的重要突破口""加快推动区块链技术和产业创新发展"。"区块链"进一步走入大众视野,成为社会关注的焦点。从本质上讲,区块链是一个共享数据库,存储于其中的数据或信息,具有不可伪造、全程留痕、可以追溯、公开透明、集体维护等特征。基于这些特征,区块链技术奠定了坚实的"信任"基础,创造了可靠的"合作"机制,具有广阔的运用前景。区块链起源于比特币,虽然世界对比特币的态度起起落落,但作为比特币底层技术之一的区块链技术日益受到重视。在未来的零售中,可以利用区块链来重塑坚实的"信任"基础。区块链可以监控软件的状态和完整性,并确保系统所传输的数据没有被篡改。另外智慧供应链管理也是区块链一个很有前景的应用方向,通过区块链还可以降低物流成本,追溯物品的生产和运送过程,并且提高供应链管理效率。

6. 元宇宙技术

微课:元宇宙技术

　　元宇宙是利用科技手段进行链接与创造的,与现实世界映射和交互的虚拟世界,具备新型社会体系的数字生活空间。元宇宙本质上是对现实世界的虚拟化、数字化过程,需要对内容生产、经济系统、用户体验以及实体世界内容等进行大量改造。但元宇宙的发展是循序渐进的,是在共享的基础设施、标准及协议的支撑下,由众多工具、平台不断融合、进化而最终成形。它基于扩展现实技术提供沉浸式体验,基于数字孪生技术生成现实世界的镜像,基于区块链技术搭建经济体系,将虚拟世界与现实世界在经济系统、社交系统、身份系统上密切融合,并且允许每个用户进行内容生产和世界编辑。元宇宙一词诞生于 1992 年的科幻小说《雪崩》,小说描绘了一个庞大的虚拟现实世界,在这里,人们用数字化身来控制,并相互竞争以提高自己的地位,在目前看来,描述的还是超前的未来世界。关于"元宇宙",比较认可的思想源头是美国数学家和计算机专家弗诺·文奇教授,在其 1981 年出版的小说《真名实姓》中,创造性地构思了一个通过脑机接口进入并获得感官体验的虚拟世界。元宇宙入选"2021 年度十大网络用语"。2021 年年初,Soul App 在行业内首次提出构建"社交元宇宙"。2021 年 3 月,被称为元宇宙第一股的罗布乐思(Roblox)正式在纽约证券交易所上市。5 月,微软首席执行官萨蒂亚·纳德拉表示公司正在努力打造一个"企业元宇宙"。8 月,海尔率先发布的制造行业的首个智造元宇宙平台,涵盖工业互联网、人工智能、增强现实、虚拟现实及区块链技术,实现智能制造物理和虚拟融合,融合"厂、店、家"跨场景的体验,实现了消费者体验的提升。10 月,美国社交媒体巨头脸书(Facebook)宣布更名为"元"(Meta),来源于"元宇宙"(Metaverse)。11 月,中国民营科技实业家协会元宇宙工作委员会揭牌。但是作为一种多项数字技术的综合集成应用,元宇宙场景从概念到真正落地还需要实现两个技术突破:第一个突破是扩展现实、数字孪生、区块链、人工智能等单项技术的突破,从不同维度实现立体视觉、深度沉浸、虚拟分身等元宇宙应用的基础功能;第二个突破是多项数字技术的综合应用突破,通过多技术的叠加兼容、交互融合,凝聚形成技术合力推动元宇宙稳定有序发展。在未来的元宇宙时代,网店不仅能够通过各种技术塑造别样的购物体验,全面实现眼、耳、鼻、舌、身体、大脑六类需求(视觉、听觉、嗅觉、味觉、触觉、意识),而且能够通过供给刺激需求创造需求。

1.3 目标消费市场定位

1.3.1 行业市场细分

微课：行业市场
细分

1. 市场细分的概念

市场细分是指企业按照某种标准将市场上的客户划分成若干个客户群，每一个客户群构成一个子市场，不同子市场之间，需求存在着明显的差别。市场细分是选择目标市场的基础，通过选择一个或多个细分市场并作为网店的目标市场，设计正确的商品、服务、价格、促销和分销系统"组合"，能够更好地满足细分市场内客户的欲望和需求。

市场细分的概念是美国市场学家温德尔·史密斯（Wendell Smith）于 1956 年提出来的，是美国众多产品市场由卖方市场转化为买方市场的背景下企业营销思想和营销战略的新发展，也是企业贯彻以消费者为中心的现代市场营销观念的必然产物。按照消费者欲望与需求把因规模过大导致企业难以服务的总体市场划分成若干具有共同特征的子市场，处于同一细分市场的消费群被称为目标消费群，相对于大众市场而言，这些目标子市场的消费群就是分众了。著名学者兰晓华认为市场细分有两种极端的方式——完全市场细分与无市场细分，在该两种极端方式之间存在一系列的过渡性市场细分模式。

（1）完全市场细分。完全市场细分是指市场中的每一位消费者都单独构成一个独立的子市场，企业根据每位消费者的不同需求为其生产不同的产品。理论上说，只有一些小规模的、消费者数量极少的市场才能进行完全细分，这种做法对企业而言是不经济的。尽管如此，完全细分在某些行业，如飞机制造业等行业还是大有市场，而且近几年开始流行的"定制营销"就是企业对市场进行完全细分的结果。

（2）无市场细分。无市场细分是指市场中的每一位消费者的需求都是完全相同的，或者是企业有意忽略消费者彼此之间需求的差异性，而不对市场进行细分。

（3）过渡性市场细分。按一个标准细分是对于通用性较大，挑选性不太强的产品，指定对购买者影响最强的标准进行细分，如儿童图书市场，影响此市场的主要因素是年龄，可首先根据年龄把市场分为学前儿童市场、学龄儿童市场、少年图书市场。但是，大多数产品是受消费者多种因素影响的。企业细分市场时可能要选择两个以上标准，同时从多个角度对整个市场进行细分。例如，奶粉市场可以选择年龄、追求的利益、使用时机进行细分。

2. 市场细分的动因

（1）客户需求的差异性。客户需求的差异性是指不同的客户之间的需求是不一样的。在市场上，消费者总是希望根据自己的独特需求去购买产品，根据消费者需求的差异性可以把市场分为"同质性需求"和"异质性需求"两大类。同质性需求是指由于消费者的需求的差异性很小，甚至可以忽略不计，因此没有必要进行市场细分。而异质性需求是指由于消费者所处的地理位置、社会环境不同、自身的心理和购买动机不同，造成他们对产品的价格、质量、款式的需求具有一定的差异性。这种需求的差异性就是市场细分的基础。

（2）客户需求的相似性。在同一地理条件、社会环境和文化背景下的人们形成有相对类似的人生观、价值观的亚文化群，他们的需求特点和消费习惯大致相同。正是因为消费需求在某些方面的相对同质性，市场上绝对差异的消费者才能按一定标准聚合成不同的群体。

所以消费者的需求的绝对差异造成了市场细分的必要性,消费需求的相对同质性则是使市场细分有了实现的可能性。

(3)企业有限的资源。现代企业由于受到自身实力的限制,不可能向市场提供能够满足一切需求的产品和服务。为了有效地进行竞争,企业必须进行市场细分,选择最有利可图的目标细分市场,集中企业的资源,制定有效的竞争策略,以取得和扩大竞争优势。

3. 市场细分变量

(1)行业类目细分变量。按照网络零售平台对商品或服务划分的各级类目来细分市场。例如,淘宝、京东、当当等平台的一级类目、二级类目、三级类目。淘宝网汽车用品类目划分如图 1-11 所示。

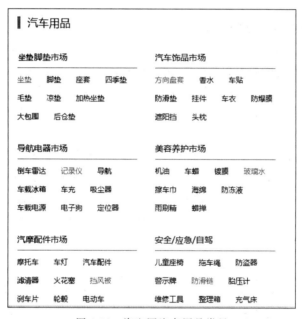

图 1-11　淘宝网汽车用品类目

(2)地理环境细分变量。根据消费者所处的地理位置、自然环境等地理环境变量来细分市场。例如,国家、地区、城市规模、农村农业、地形地貌、气候、人口密度、交通运输等。

(3)人口信息细分变量。人口信息变量是反映消费者个人基本特点的变量。例如,年龄、家庭规模、家庭生命周期、性别、收入、职业、阶层、受教育程度、宗教信仰、民族、种族、国籍等。

(4)心理个性细分变量。心理细分就是按照消费者的个人心理因素来细分市场。例如,兴趣爱好、观念、性格、价值观、偏好、生活方式、个性等。

(5)购买行为细分变量。按照消费者购买或使用某种产品的行为特征细分市场。例如,购买或使用产品的时机、追求利益、品牌偏好、忠诚度、消费数量、购买步骤、产品使用率等。

4. 有效市场细分的条件

(1)可衡量性。细分市场的大致轮廓如购买力大小、市场规模等方面,是可以加以测量的(有关细分市场的资料必须是可取得、可衡量的)。

（2）可达到性。所形成的细分市场必须是企业可以有效进入并为之服务的市场。

（3）经济性。所形成的细分市场的规模必须使网店能获得足够的经济利益,即这个细分市场值得网店为它设计一套营销方案。

（4）可区分性。所形成的细分市场之间是可以识别的,对不同的营销组合方案有不同的反应。

（5）可防卫性。细分市场应具备防卫性,有潜在的先发优势,竞争者不能轻易进入或立即跟进这一细分市场。

1.3.2 目标消费市场选择

微课:目标消费市场识别

1. 目标消费市场选择的基本策略

（1）市场集中化策略。企业选择一个细分市场,集中力量为之服务,如图 1-12 所示。较小的企业可以采取市场集中化策略填补市场的某一部分。集中营销使企业深刻了解该细分市场的需求特点,采用针对的产品、价格、渠道和促销策略,从而获得强有力的市场地位和良好的声誉,但同时也隐含较大的经营风险。

（2）产品专业化策略。企业集中生产一种产品,并向所有客户销售这种产品,如图 1-13 所示。例如,鞋业公司向浙江沪、珠三角、中西部的消费者销售拖鞋,但是不销售凉鞋、雨鞋等其他种类的鞋子。这样,企业在高档服装产品方面树立很高的声誉,但一旦出现其他品牌的替代品或消费者流行的偏好转移,企业将面临巨大的威胁。

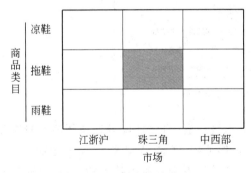
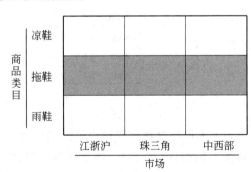

图 1-12　市场集中化策略　　　　　　　　图 1-13　产品专业化策略

（3）市场专业化策略。企业专门服务于某一特定客户群,尽力满足他们的各种需求,如图 1-14 所示。例如,鞋业公司专门为珠三角地区消费者提供各种类型的鞋子。企业专门为这个客户群服务,能建立良好的声誉。但一旦这个客户群的需求潜量和特点发生突然变化,企业要承担较大风险。

（4）选择专业化策略。企业选择几个细分市场,每一个对企业的目标和资源利用都有一定的吸引力,如图 1-15 所示。但各细分市场彼此之间很少或根本没有任何联系。这种策略能分散企业经营风险,即使其中某个细分市场失去了吸引力,企业也能在其他细分市场盈利。

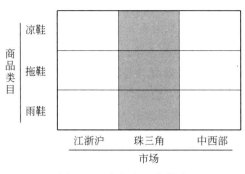
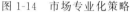

图 1-14　市场专业化策略

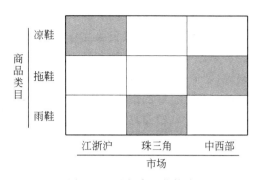

图 1-15　选择专业化策略

（5）市场全面化策略。企业力图用各种产品满足各种客户群体的需求，即以所有的细分市场作为目标市场，例如，鞋业公司为不同地区的客户提供各种类型的鞋子，如图 1-16 所示。一般只有实力强大的大企业才能采用这种策略。例如，IBM 公司在计算机市场、可口可乐公司在饮料市场开发众多的产品，满足各种消费需求。

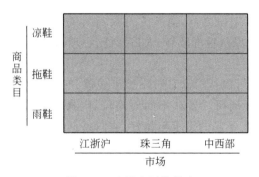

图 1-16　市场全面化策略

2. 目标消费市场选择的标准

（1）有一定的规模和发展潜力。企业进入某一市场是期望能够有利可图，如果市场规模狭小或者趋于萎缩状态，企业进入后难以获得发展，此时，应审慎考虑，不宜轻易进入。当然，企业也不宜以市场吸引力作为唯一取舍，特别是应力求避免"多数谬误"，即与竞争企业遵循同一思维逻辑，将规模最大、吸引力最大的市场作为目标市场。大家共同争夺同一个客户群的结果是造成过度竞争和社会资源的无端浪费，同时使消费者的一些本应得到满足的需求遭受冷落和忽视。现在国内很多企业动辄将城市尤其是大中城市作为其首选市场，而对小城镇和农村市场不屑一顾，很可能就步入误区，如果转换一下思维角度，一些目前经营尚不理想的企业说不定会出现"柳暗花明"的局面。

（2）细分市场结构的吸引力。细分市场可能具备理想的规模和发展特征，然而从赢利的观点来看，它未必有吸引力。波特认为有五种力量决定整个市场或其中任何一个细分市场的长期的内在吸引力。这五个群体是同行业竞争者、潜在的新参加的竞争者、替代产品、购买者和供应商。

（3）符合企业目标和能力。一方面，某些细分市场虽然有较大吸引力，但不能推动企业实现发展目标，甚至分散企业的精力，使之无法完成其主要目标，这样的市场应考虑放弃。

另一方面,还应考虑企业的资源条件是否适合在某一细分市场经营。只有选择那些企业有条件进入、能充分发挥其资源优势的市场作为目标市场,企业才会立于不败之地。在现代市场经济条件下,制造商品牌和经销商品牌之间经常展开激烈的竞争,也就是所谓品牌战。一般来说,制造商品牌和经销商品牌之间的竞争,本质上是制造商与经销商之间实力的较量。在制造商具有良好的市场声誉,拥有较大市场份额的条件下,应多使用制造商品牌,无力经营自己品牌的经销商只能接受制造商品牌。相反,当经销商品牌在某一市场领域中拥有良好的品牌信誉及庞大的、完善的销售体系时,利用经销商品牌也是有利的。因此进行品牌使用者决策时,要结合具体情况,充分考虑制造商与经销商的实力对比,以求客观地做出决策。

1.3.3　目标消费人群分析

目标消费人群是指需要网店商品或服务,并且有购买能力的消费者,是网店提供商品、服务的对象。对目标消费人群开展调查并分析其特征和行为,制定具有针对性的营销举措,有助于快速赢得消费者的心,舍弃不符合消费需求的商品,更精准地服务消费者。

1. 目标消费人群调查

在进行网店消费市场定位之前,需要先开展有针对性的消费人群调研。消费人群调研通常可以从地理环境、人口特征、心理因素、购物行为四个角度开展。

微课:网络消费者调研

(1)地理环境调研。可以从国家、地区、城市规模、气候、人口密度、地形地貌等方面开展消费者调研。处在不同地理位置、自然环境下的消费者,对于同一类产品往往有不同的需求与偏好,他们对企业采取的营销策略与措施会有不同的反应。

(2)人口特征调研。可以按年龄、性别、家庭规模、收入、职业、教育程度、家庭生命周期、宗教、种族、国籍等人口特征进行消费者调研,尤其是年龄、性别、收入、职业与教育、家庭生命周期五个方面,对消费人群定位有着重要影响。

① 年龄。不同年龄的消费者有不同的需求特点,例如青年人对服饰的需求与老年人的需求就有差异,青年人需要鲜艳、时髦的服装,老年人则需要端庄素雅的服饰。

② 性别。由于生理上的差别,男性与女性在产品需求与偏好上有很大不同,例如在服饰、发型、生活必需品等方面均有差别。

③ 收入。低收入和高收入消费者在产品选择、休闲时间的安排、社会交际与交往等方面都会有所不同。

④ 职业与教育。消费者职业的不同、所受教育的不同也会导致所需产品的不同。例如,农民购买自行车偏好载重自行车,而学生、教师则喜欢轻型、样式美观的自行车。

⑤ 家庭生命周期。一个家庭,按年龄、婚姻和子女状况,可分为单身、新婚、满巢、空巢和孤独五个阶段。在不同阶段,家庭购买力、家庭成员对商品的兴趣与偏好也会有很大的差别。

(3)心理因素调研。从消费者所处的社会阶层、生活方式、个性特点等心理因素进行调研。

① 社会阶层。在某一社会中具有相对同质性和持久性的群体。处于同一阶层的成员具有类似的价值观、兴趣爱好和行为方式,而不同阶层的成员对所需的产品也各不相同。识

别不同社会阶层消费者所具有的不同特点,将为消费者人群定位提供重要依据。

② 生活方式。人们追求的生活方式的不同也会影响他们对产品的选择。例如有的追求新潮时髦,有的追求恬静、简朴,有的追求刺激、冒险,有的追求稳定、安逸。例如,服装企业为"简朴的妇女""时髦的妇女"和"有男子气的妇女"分别设计不同的服装;烟草公司针对"挑战型吸烟者""随和型吸烟者"及"谨慎型吸烟者"推出不同品牌的香烟,均是依据生活方式来定位消费者人群。

③ 个性特点。个性特点是指一个人比较稳定的心理倾向与心理特征,它会导致一个人对其所处环境做出相对一致和持续不断的反应。一般来说,个性会通过自信、自主、支配、顺从、保守、适应等性格特征表现出来。例如化妆品、香烟、啤酒、保险等商品,企业以个性特点为基础进行消费者人群定位很容易取得成功。

(4) 购物行为调研。根据消费者对商品的了解程度、态度、使用情况及反应等将他们划分成不同的群体。很多人认为,购物行为能更直接地反映消费者的需求差异,因而消费者人群定位前应该先进行购物行为调研。

2. 目标消费人群特征分析

(1) 年龄定位分析。18～24 岁,消费者基本上还是学生,或者是刚刚踏入社会的年轻人。他们对于品质不会有太多要求,考虑更多的是款式的新潮和价位。25～35 岁,消费者基本上已经进入职场且有一定的经济能力和消费能力,在选款的时候可以挑选一些品质稍微好些、价格稍微高点的商品。中老年消费者有一定的经济基础,但是在消费的时候会更多考虑商品的性价比,要多做前期的市场调查和分析,选择有优势的货源。

(2) 职业定位分析。以服装为例,对于学生来说,更多的是考虑衣服的款式新潮、价格不能太高,更多会关注第一感觉。对上班族,在挑选货源的时候可以选择品质好、有一定档次、成熟稳重一些、价格稍微高些的商品。对宝妈,在价格方面也不会考虑太多,但是一定要安全,细节做到位,最大限度地对宝宝有好处。

(3) 地域定位分析。网店在进行目标消费人群地域定位时,可以结合不同地区的用户搜索量情况及用户特点,进行运营定位、选款和营销推广。

(4) 价格定位分析。价格是商品价值的货币表现,应该根据商品价值和供求关系的变化做好目标消费人群的价格定位。市场供求是形成商品价格的重要参数,当市场需求扩大时,商品价格处于上涨趋势,高于价值;当供求平衡时,价格相对稳定,符合价值;当需求萎缩时,商品价格趋跌,低于价值。

(5) 品牌偏好定位分析。品牌偏好是品牌力的重要组成部分,指某一市场中客户对某些品牌的喜爱程度,是对客户品牌选择意愿的了解。品牌偏好是多个因素综合影响客户态度的结果。在进行客户品牌偏好分析时,可通过生意参谋、京东商智等平台工具采集指定行业热销品牌榜数据。

(6) 属性偏好定位分析。商品属性偏好同样影响客户的选择,以女装毛衣为例,通过阿里指数综合分析 1688 市场女装毛衣的热门属性,可以间接了解客户对女装毛衣在风格、领型、面料等方面表现出的属性偏好。但是,还需要结合网店所在平台,进一步明确客户属性偏好,例如可以通过生意参谋中女装毛衣的属性洞察,分别了解客户在功能、厚薄、图案、尺码等方面的偏好。

3. 目标消费人群行为分析

通过 5W2H 分析模型,分析目标消费人群购买行为的相关数据,可以使网店更加精确地了解消费者的购买行为特征,提炼出消费者的诉求,提高服务质量,为网店目标消费人群行为定位的精准化提供有力的数据支持。下面以手机消费者为例,通过 5W2H 分析模型分析其购买行为和定位过程,如图 1-17 所示。

图 1-17   5W2H 分析模型

(1)网店的主要客户人群是谁?如何针对该商品或网店整体推广投放人群进行调整及再优化。

(2)购买的主要渠道是什么、用户从哪些渠道了解网店和商品信息?如何加大或缩小渠道的曝光投入。

(3)用户购买时更关注商品的哪些因素?商品文案是否需要调整,以突出消费者偏好信息。

(4)用户通常在什么时间购买?如何优化商品上下架时间,调整 SEM 推广的时间段。

(5)网店中的热销款和利润款分别是哪款商品?如何优化商品组合、如何打造爆款、如何打造形象款。

(6)购买后经常遇到的问题是什么?如何优化常见问题的 FAQ 设置、详情页面相关文案。

(7)客户购买的数量和价格是多少?如何进行关联营销,提升客单价。

1.3.4   目标消费市场定位

市场定位是根据目标市场现有商品所处的地位,以及目标消费人群对商品某种特征、属性和核心利益的重视程度,强有力地塑造出网店商品与众不同的、给人印象深刻、鲜明的个性或形象,并通过一套特定的市场营销组合把这种形象迅速、准确而又生动地传递给客户,影响客户对该商品的总体感觉,从而确定网店商品、形象在目标市场上的适当位置。

1. 市场定位的实质

市场定位并不是你对一件商品本身做些什么,而是你在潜在消费者的心目中做些什么。市场定位的实质是使自己与其他网店严格区分开来,使客户明显感觉和认识到这种差别,从而在客户心目中占有特殊的位置,也就是让网店的商品和形象在目标客户的心理上占据一个独特、有价值的位置。简而言之,市场定位的实质是寻找有意义的差异化。

(1) 商品差异化。商品可以分为标品和非标品,而非标品更容易实现差异化。标品是指商品本身无差异或差异小,如电视、手机等,原则上各商家的货都是一样的。非标品是指商品无法统一标准及规格,差异性很大,如女装、农特商品、服务类商品等,各商家的商品是不同的,独一无二的。

(2) 类目差异化。站在商品的角度选择适合自己网店的类目,这样不但有利于网店的分类选品,同时也有利于网店的差异化经营。可以多参考一下平台有特色的网店,学习和借鉴它们的类目选择方法和原则。

(3) 平台差异化。不同平台拥有不同的用户群体,从而使各平台上的网店具有相应的差异性。京东用户收入水平分布相对平均,词频搜索中多数为手机和计算机等数码 3C 商品。苏宁的用户年龄段明显偏高,中等收入人群份额偏大,可见大量的原门店客户被成功导流至线上。天猫用户收入水平相对较高,用户群体相对优质。拼多多用户的年龄分布在两端,即家庭妇女、学生党和社会新鲜人。

(4) 服务差异化。服务差异化是网店在服务内容、服务渠道和服务态度等方面有别于竞争对手而又突出自己的特征。

(5) 形象差异化。形象差异化是指在商品的核心部分与竞争者类同情况下塑造不同的商品形象以获得差别优势,塑造形象差异化的工具有商品名称、颜色、标识、标语、环境、活动等。

2. 市场定位的步骤

市场定位的关键是企业要设法在自己的产品上找出比竞争者更具有竞争优势的特性。竞争优势一般有两种基本类型:一是价格竞争优势,就是在同样的条件下比竞争者定出更低的价格。这就要求企业采取一切努力来降低单位成本。二是偏好竞争优势,即能提供确定的特色来满足客户的特定偏好。这就要求企业采取一切努力在产品特色上下功夫。因此企业市场定位的全过程可以通过以下三大步骤完成。

(1) 识别潜在竞争优势。识别潜在竞争优势的中心任务是要回答以下三个问题:一是竞争对手产品定位如何? 二是目标市场上客户欲望满足程度如何以及确实还需要什么? 三是针对竞争者的市场定位和潜在客户的真正需要的利益要求企业应该及能够做什么? 要回答这三个问题,企业市场营销人员必须通过一切调研手段,系统地设计、搜索、分析并报告有关上述问题的资料和研究结果。通过回答上述三个问题,企业就可以从中把握和确定自己的潜在竞争优势在哪里。

(2) 选择核心竞争优势。竞争优势表明企业能够胜过竞争对手的能力。这种能力既可以是现有的,也可以是潜在的。选择竞争优势实际上就是一个企业与竞争者各方面实力相比较的过程。比较的指标应是一个完整的体系,只有这样,才能准确地选择相对竞争优势。通常的方法是分析、比较企业与竞争者在经营管理、技术开发、采购、生产、市场营销、财务和产品七个方面究竟哪些是强项,哪些是弱项。借此选出最适合此企业的优势项目,以初步确定企业在目标市场上所处的位置。例如,"七喜"汽水的定位是"非可乐",强调它是不含咖啡因的饮料,与可乐类饮料不同。"泰宁诺"止痛药的定位是"非阿司匹林的止痛药",显示药物成分与以往的止痛药有本质的差异。

(3)制定营销战略。制定营销战略的主要任务是企业要通过一系列的宣传促销活动,将其独特的竞争优势准确传播给潜在客户,并在客户心目中留下深刻印象。首先,应使目标客户了解、知道、熟悉、认同、喜欢和偏爱此企业的市场定位,在客户心目中建立与该定位一致的形象。其次,企业通过各种努力强化目标客户形象,保持对目标客户的了解,稳定目标客户的态度和加深目标客户的感情来巩固与市场一致的形象。最后,企业应注意目标客户对其市场定位理解出现的偏差或由于企业市场定位宣传上的失误而造成的目标客户模糊、混乱和误会,及时纠正与市场定位不一致的形象。我国曾有一家生产"曲奇饼干"的厂家,最初将其产品定位为家庭休闲食品,后来发现不少客户购买曲奇饼干是为了馈赠,又将之定位为礼品。

3. 市场定位的方式

(1)避强定位。避强定位是企业避免与强有力的竞争对手发生直接竞争,而将自己的产品定位于另一市场的区域内,使自己的产品在某些特征或属性方面与强势对手有明显的区别。这种策略可使自己迅速在市场上站稳脚跟,并在消费者心中树立起一定的形象。由于这种做法风险较小,成功率较高,常为多数企业所采用。

(2)对抗定位。对抗定位是企业根据自身的实力,为占据较佳的市场位置,不惜与市场上占支配地位、实力最强或较强的竞争对手发生正面竞争,从而使自己的产品进入与对手相同的市场位置。由于竞争对手强大,这一竞争过程往往相当引人注目,企业及产品能较快地被消费者了解,达到树立市场形象的目的。这种策略可能引发激烈的市场竞争,具有较大的风险。因此,企业必须知己知彼,了解市场容量,正确判定凭自己的资源和能力是不是能比竞争者做得更好,或者能不能平分秋色。

(3)重新定位。重新定位是企业对销路少、市场反应差的产品进行二次定位。初次定位后,如果由于客户的需求偏好发生转移,市场对此企业产品的需求减少,或者由于新的竞争者进入市场,选择与此企业相近的市场位置,这时,企业就需要对其产品进行重新定位。一般来说,重新定位是企业摆脱经营困境,寻求新的活力的有效途径。例如,某日化厂生产婴儿洗发剂,以强调该洗发剂不刺激眼睛来吸引有婴儿的家庭,但随着出生率的下降,销售量减少,为了增加销售量,该企业将产品重新定位,强调使用该洗发剂能使头发松软有光泽,以吸引更多、更广泛的购买者。此外,企业如果发现新的产品市场范围,也可以进行重新定位。

1.4　竞争战略定位

1.4.1　竞争格局分析

1. 波特五力模型

学习竞争格局分析,不得不提到迈克尔·波特(Michael Porter)。波

微课:竞争状况分析

特是当今世界最有影响力的管理学家之一,是竞争战略和竞争力方面公认的权威,被誉为"竞争战略之父"。他有三部经典著作《竞争战略》《竞争优势》《国家竞争优势》,被称为竞争

三部曲。在书中,他提出了著名的"五种竞争力量"和"三种竞争战略",其中基于五种竞争力量的五力模型常用于分析竞争格局。波特五力模型认为行业中存在着决定竞争规模和程度的五种力量,这五种力量综合起来影响着产业的吸引力以及现有企业的竞争战略决策。五种力量分别为同业竞争者的竞争能力、供应商的议价能力、购买者的议价能力、潜在竞争者进入的能力、替代品的替代能力。通常,波特五力模型也可用于创业能力分析,揭示企业在本行业中具有何种盈利空间。

(1)同业竞争者的竞争能力。同行业中的企业,相互之间的利益都是紧密联系在一起的,企业竞争战略的目标都在于使自己的企业获得相对于竞争对手的优势,所以,在实施中就必然会产生冲突与对抗现象,这些冲突与对抗就构成了同行业现有企业之间的竞争。现有企业之间的竞争常常表现在价格、广告、产品介绍、售后服务等方面,其竞争强度与许多因素有关。

(2)供应商的议价能力。供应商主要通过其提高投入要素价格与降低单位价值质量的能力来影响行业中现有企业的盈利能力与产品竞争力。供应商议价能力的强弱主要取决于他们所提供给购买者的是什么投入要素,当供方所提供的投入要素的价值构成了购买者产品总成本的较大比例、对买主产品生产过程非常重要或者严重影响买主产品的质量时,供方对于买主的潜在的讨价还价力量就大幅增强。一般来说,满足如下条件的供应商会具有比较强大的议价能力:供方行业为一些具有比较稳固市场地位而不受市场激烈竞争困扰的企业所控制,其产品的买主很多,以至于每一单个买主都不可能成为供方的重要客户;供方各企业的产品各具有一定特色,以至于买主难以转换或转换成本太高,或者很难找到可与供方企业产品相竞争的替代品;供方能够方便地实行前向联合或一体化,而买主难以进行后向联合或一体化。

(3)购买者的议价能力。购买者主要通过其压价与要求提供较高的产品或服务质量的能力来影响企业的盈利能力。一般来说,满足如下条件的购买者会具有比较强大的议价能力:购买者的总数较少,而每个购买者的购买量较大,占了卖方销售量的很大比例;卖方行业由大量相对来说规模较小的企业所组成;购买者所购买的基本上是一种标准化产品,同时向多个卖主购买产品在经济上也完全可行;购买者有能力实行后向一体化,而卖主不可能实行前向一体化。

(4)潜在竞争者进入的能力。潜在竞争者进入一个行业,在给行业带来新生产能力、新资源的同时,也希望在已被现有企业瓜分完毕的市场中赢得一席之地,这就有可能会与现有企业发生原材料与市场份额的竞争,最终导致行业中现有企业盈利水平降低,严重的话还有可能危及这些企业的生存。竞争性进入威胁的严重程度取决于两方面的因素,这就是进入新领域的障碍大小与预期现有企业对于进入者的反应情况。进入障碍主要包括规模经济、产品差异、资本需要、转换成本、销售渠道开拓、政府行为与政策、不受规模支配的成本劣势、自然资源、地理环境等方面,这其中有些障碍是很难借助复制或仿造的方式来突破的。预期现有企业对进入者的反应情况,主要是采取报复行动的可能性大小,这取决于有关厂商的财力情况、报复记录、固定资产规模、行业增长速度等。总之,新企业进入一个行业的可能性大小,取决于进入者主观估计进入所能带来的潜在利益、所需付出的代价与所要承担的风险这三者的相对大小情况。

(5)替代品的替代能力。两个处于不同行业中的企业,可能会由于所生产的产品是互为替代品,从而在它们之间产生相互竞争行为,这种源自替代品的竞争会以各种形式影响行业中现有企业的竞争战略。替代品价格越低、质量越好、用户转换成本越低,其所能产生的竞争压力就越强。这种来自替代品的竞争压力强度,可以通过考察替代品销售增长率、替代品厂家生产能力与盈利扩张情况来加以具体描述。

2. 赫芬达尔指数

赫芬达尔指数(Herfindahl-Hirschman Index,HHI)是一种测量行业市场集中度的综合指数,可以反映某个行业的饱和度、垄断程度。HHI越大,表示行业集中程度越高,垄断程度越高;HHI越小,说明行业的集中度越小,趋于自由竞争。当市场有一家企业独占,HHI指数=1;企业数足够多且规模越是接近,HHI指数就越接近于零。

$$HHI = \sum_{i=1}^{N}(X_i/X)^2 = \sum_{i=1}^{N}S_i^2$$

$$S_i = \frac{X_i}{X}$$

式中,X 为市场的总规模;X_i 为 i 企业的规模;S_i 为第 i 个企业的市场占有率;N 为该产业内的企业数。

赫芬达尔指数的计算步骤如下。

(1) 获取行业内竞争者的市场份额,可忽略市场份额较小的竞争者。

(2) 计算市场份额的平方值。

(3) 将竞争者的市场份额平方值相加。

赫芬达尔指数对规模较大企业的市场份额反应比较敏感,而对众多小企业的市场份额小幅度的变化反应很小。此外,该指数可以不受企业数量和规模分布的影响,较好地测量行业的集中度变化情况。

网店在利用赫芬达尔指数进行行业集中度分析时,可进入后台采集相应的数据(如生意参谋等),采集选定行业排名前50个品牌的交易指数,随后计算出各自的市场份额(交易指数占比),并进一步完成行业集中度的计算。

1.4.2　竞争对手识别

网店的竞争对手,常常被简称为竞店,是指对网店自身发展可能造成威胁的相关企业(网店),具体是指与本企业生产销售同类商品或替代品,提供同类服务或替代服务,以及价格区间相近,目标客户类似的相关企业(网店),或者是争夺客户资源、营销资源、生产资源、物流资源或者人力资源的相关企业(网店)。初步识别竞争对手的方法包括以下几个方面。

微课:竞争
对手识别

(1) 通过关键词初步识别竞争对手。根据自身所在的电商平台,搜索经营品类相似的卖家,初步识别可能的竞争对手。例如店铺商品以羽绒服为主,可在搜索页面输入"学院风羽绒服"进行圈定。

(2) 通过目标人群初步识别竞争对手。通过目标人群也能够初步识别竞争对手。例如同为"学院风羽绒服",但20～29岁与50岁以上人群是完全不同的竞争体系,可以通过设定"适用年龄"来进行查找。

(3) 通过销量及价格初步识别竞争对手。以销售量、销售额和单价、客单价为维度在电商平台搜索页面找出同类卖家,然后找到销售量、销售额或商品单价、客单价最接近的店铺作为竞争对手。

(4)通过推广活动初步识别竞争对手。根据自身店铺参与的平台线上活动或开展的促销活动,选择参与同类型推广活动并且销售品类相近的卖家作为竞争对手。

在初步识别竞争对手后,还需要根据层级和自己的经营目标进一步筛选出真正的竞争对手,即选择和自身层级相近的网店,或比自身层级稍高的、通过努力在短时间内可以达到的网店作为竞争对手。需要注意的是,比自身层级高许多的网店准确来说不是竞争对手,而应是学习的标杆。然后,再从竞争对手的店铺属性数据、商品类目、销售量、推广活动、上下架时间、畅销商品、客单价、服务政策等多维度、各个角度进行竞争店铺情报的搜集,更好地进行竞争对手分析和识别,为网店竞争策略制定和调整提供数据支持,知己知彼、百战不殆。

1.4.3　竞争态势研判

在进行网店竞争态势研判时,通常需要使用 SWOT 分析法。SWOT 是由 S(strengths)、W(weaknesses)、O(opportunities)、T(threats)四个单词的首字母组成,分别代表优势、劣势、机会、威胁。所谓 SWOT 分析法,就是基于内外部竞争环境和竞争条件下的态势分析,将与研究对象密切相关的各种主要内部优势、劣势和外部的机会、威胁等,通过调查列举出来,并依照矩阵形式排列,然后用系统分析的思想,把各种因素相互匹配起来加以分析,从中得出一系列相应的结论,而结论通常带有一定的决策性。运用 SWOT 分析法,可以对研究对象所处的情景进行全面、系统、准确的研究,从而根据研究结果制定相应的发展战略、计划及对策等。

1. SWOT 分析法的内涵

按照企业竞争战略的完整概念,战略应是一个企业"能够做的"(即组织内部的优势和劣势)和"可能做的"(即环境的机会和威胁)之间的有机组合。SWOT 分析法,就是在综合了前面两者的基础上,以资源学派学者为代表,将公司的内部分析(即 20 世纪 80 年代中期管理学界权威们所关注的研究取向)与以能力学派为代表的产业竞争环境的外部分析(即更早期战略研究所关注的中心主题,以安德鲁斯与迈克尔·波特为代表)结合起来,形成了自己结构化的平衡系统分析体系。SWOT 分析法的优点在于考虑问题全面,是一种系统思维,而且可以把对问题的"诊断"和"开处方"紧密结合在一起,条理清楚,便于检验。SWOT 分别代表了优势、劣势、机会、威胁,其主要内涵如下。

(1)优势。它是组织机构的内部因素。具体包括:有利的竞争态势;充足的财政来源;良好的企业形象;技术力量;规模经济;产品质量;市场份额;成本优势;广告攻势等。

(2)劣势。它是组织机构的内部因素。具体包括:管理混乱;缺少关键技术;研究开发落后;资金短缺;经营不善;设备老化;产品积压;竞争力差等。

(3)机会。它是组织机构的外部因素。具体包括:新产品;新市场;新需求;外国市场壁垒解除;竞争对手失误等。

(4)威胁。它是组织机构的外部因素。具体包括:新的竞争对手;替代产品增多;市场紧缩;行业政策变化;经济衰退;客户偏好改变;突发事件等。

2. SWOT 分析法的应用步骤

(1)分析环境因素。运用各种调查研究方法,分析出公司所处的各种环境因素,即外部环境因素和内部环境因素。外部环境因素包括机会因素和威胁因素,它们是外部环境对公司的发展直接有影响的有利和不利因素,属于客观因素;内部环境因素包括优势因素和劣势因素,它们是公司在其发展中自身存在的积极和消极因素,属于主观因素。在调查分析这些因素时,不仅要考虑历史与现状,而且更要考虑未来发展问题。

（2）构造 SWOT 矩阵。将调查得出的各种因素根据轻重缓急或影响程度等排序方式构造 SWOT 矩阵。在此过程中,将那些对公司发展有直接的、重要的、大量的、迫切的、久远的影响因素优先排列出来,而将那些间接的、次要的、少许的、不急的、短暂的影响因素排列在后面。

（3）制订行动计划。在完成环境因素分析和 SWOT 矩阵的构造后,便可以制订出相应的行动计划。制订计划的基本思路是发挥优势因素,克服劣势因素,利用机会因素,化解威胁因素;考虑过去,立足当前,着眼未来。运用系统分析的综合分析方法,将排列与考虑的各种环境因素相互匹配起来加以组合,得出一系列公司未来发展的可选择对策。

1.4.4　竞争战略选择

竞争战略是企业在同一使用价值的竞争上采取进攻或防守的长期行为,属于企业战略的一种。竞争战略由迈克尔·波特系统提出,他提供了总成本领先战略、差别化战略和集中化战略三种卓有成效的竞争战略。

1. 总成本领先战略

总成本领先战略是网店通过实现规模经营,提高生产率,强化管理,千方百计地降低和控制总成本,使自己在行业内平均总成本最低化,以创造和赢得竞争优势的战略。该战略要求坚决地建立起高效规模的运营管理设施,在经验的基础上全力以赴降低成本,抓紧成本与管理费用的控制,以及最大限度地减少产品研发、客户服务、营销推广等方面的成本费用。为了达到这些目标,就要在管理方面对成本给予高度的重视。尽管质量、服务以及其他方面也不容忽视,但贯穿于整个战略之中的是使成本低于竞争对手。如果网店的成本较低,意味着当别的网店在竞争过程中已失去利润时,网店依然可以获得利润。赢得总成本最低的有利地位通常要求具备较高的相对市场份额或其他优势,易于保持一个较宽的相关产品线以分散固定成本,以及为建立起批量而对所有主要客户群进行服务。如果希望该战略取得较好的实施效果,往往需要满足以下几个适用条件。

（1）市场需求具有较大的价格弹性,并且以标准化产品居多,价格因素决定了网店的市场地位。

（2）实现产品差异化的途径很少。

（3）多数用户以相同的方式使用产品。用户购买产品时,从一个网店改变为另一个网店时,转换成本很小,因而倾向于购买价格最优惠的产品。

2. 差别化战略

差别化战略是网店千方百计地使自己有别于竞争者,凸显并形成鲜明的个性和特色,以创造和提升竞争优势的战略。该战略要求网店形成一些全行业范围中具有独特性的优势。实现差别化战略的方式多种多样,包括但不限于品牌形象、技术、性能特点、客户服务、商业网络及其他方面的独特性。最理想的情况是网店在上述几个方面都有其差别化特点。如果差别化战略成功地实施了,它就成为在一个产业中赢得高水平收益的积极战略,因为它建立起防御阵地对付五种竞争力量,虽然其防御的形式与成本领先有所不同。波特认为,推行差别化战略有时会与争取占有更大的市场份额的活动相矛盾。推行差别化战略往往要求公司对于这一战略的排他性有思想准备。这一战略与提高市场份额两者不可兼顾。在建立公司的差别化战略的活动中总是伴随着很高的成本代价,有时即便全产业范围的客户都了解公司的独特优点,也并不是所有客户都将愿意或有能力支付公司要求的高价格。如果希望该战略取得较好的实施效果,往往需要满足以下几个适用条件。

(1) 有多种使商品或服务差异化的途径,而且这些差异化是被某些用户视为有价值的。

(2) 消费者对商品的需求是不同的。

(3) 奉行差异化战略的竞争对手不多。

3. 集中化战略

集中化战略网店将经营重点集中在市场或产品的某一部分,主攻某个特殊的客户群、某产品线的一个细分区段或某一地区市,在此特定市场中独领风骚而成王者的竞争战略。这一战略依靠的前提思想是:企业经营的集中化能够以高的效率、更好的效果为某一狭窄的战略对象服务,从而超过在较广阔范围内竞争的对手们。迈克尔·波特认为这样做的结果是企业或者通过满足特殊对象的需要而实现了差别化,或者在为这一对象服务时实现了低成本,或者两者兼得。这样的企业可以使其赢利的潜力超过行业的普遍水平。这些优势保护企业抵御各种竞争力量的威胁。但集中化战略常常意味着限制了可以获取的整体市场份额。集中化战略必然地包含着利润率与销售额之间互以对方为代价的关系。如果希望该战略取得较好的实施效果,往往需要满足以下几个适用条件。

(1) 网店能够以更高的效率、更好的效果为某一狭窄的目标消费群体服务,从而超过更广范围内的竞争对手。

(2) 尽管从整个市场的角度看,集中战略未能取得低成本和差异优势,但它却在狭窄的目标市场中获得了一种或两种优势地位。

1.5　视觉设计定位

视觉识别的传播与感染力最具体、最直观、最强烈。网店视觉识别系统将企业理念、企业价值观,通过静态的、具体化的、视觉化的传播系统,有组织、有计划和正确、准确、快捷地传达出去,并贯穿在企业的经营行为之中,使企业的精神、思想、经营方针、经营策略等主体性的内容,通过视觉表达的方式得以外显化。使社会公众能一目了然地掌握企业的信息,产生认同感,进而达到企业识别的目的。网店的视觉识别系统应以建立企业的理念识别为基础。换句话说,视觉识别的内容,必须反映企业的经营思想、经营方针、价值观念和文化特征,并广泛应用在企业的经营活动和社会活动中进行统一的传播,与企业的行为相辅相成。因此,网店的视觉识别设计的首要问题是网店必须从社会和竞争的角度,对自己进行定位,并以此为依据,认真整理、分析、审视和确认自己的经营理念、经营方针、企业使命、企业哲学、企业文化、运行机制、企业特点以及未来发展方向,使之演绎为视觉的符号或符号系统。其次是将具有抽象特征的视觉符号或符号系统,设计成视觉传达的基本要素,统一地、有控制地应用在企业行为的方方面面,达到建立企业形象之目的。

在网店视觉识别设计过程中,从形象概念到设计概念,再从设计概念到视觉符号,是两个关键的阶段。这两个阶段把握好了,企业视觉传播的基础就具备了。就网店视觉识别设计的内容而言,主要是基本要素和应用要素两大类。基本要素主要包括网店标志、标准字、标准色、精神标语、企业造型、象征图案及基本要素的组合设计。应用要素主要包括在办公事务用品、广告规范、招牌旗帜、服装、产品包装、建筑物外观、室内设计、交通运输工具等媒体上的展示应用设计,并最后完成 CIS 手册,即企业识别系统手册。下面将重点阐述网店标志设计、网店标准色设计和网店标准字设计。

1.5.1　网店标志设计

微课:网店标志
设计

网店标志是通过造型简单、意义明确的统一标准的视觉符号,将经营理念、企业文化、经营内容、企业规模、产品特性等要素,传递给社会公众,使之识别和认同企业的图案和文字。对生产销售商品的网店而言,标志通常也是商品的商标图案。网店标志是视觉形象的核心,它构成企业形象的基本特征,体现企业内在素质。网店标志不仅是调动所有视觉要素的主导力量,也是整合所有视觉要素的中心,更是社会大众认同企业品牌的代表。因此,企业标志设计在整个视觉识别系统设计中具有重要的意义。

1. 网店标志的特征

(1)识别性。识别性是网店标志的基本功能。借助独具个性的标志,来区别网店及产品的识别力,是现代企业市场竞争的“利器”。因此通过整体规划和设计的视觉符号,必须具有独特的个性和强烈的冲击力,在视觉识别设计中,标志是最具有企业视觉认知、识别的信息传达功能的设计要素。

(2)领导性。网店标志是网店视觉传达要素的核心,也是网店开展信息传达的主导力量。标志的领导地位是企业经营理念和经营活动的集中表现,贯穿和应用于网店的所有相关的活动中,不仅具有权威性,还体现在视觉要素的一体化和多样性上,其他视觉要素都以标志构成整体为中心而展开。

(3)同一性。标志代表着网店的经营理念、企业文化、企业规模、经营的内容和特点,因而是企业精神的具体象征。因此,可以说社会大众对于标志的认同等于对企业的认同。只有网店的经营内容或网店的实态与外部象征——网店标志一致时,才会容易获得社会大众的一致认同。

(4)造型性。网店标志设计表现的题材和形式丰富多彩,如中外文字体、具备图案中外文字体、具备图案、抽象符号、几何图形等,因此标志造型变化就显得格外活泼生动。标志图形的优劣,不仅决定了标志传达企业情况的效力,而且会影响消费者对商品品质的信心与企业形象的认同。

(5)延展性。网店标志是应用最为广泛、出现频率最高的视觉传达要素,必须在各种传播媒体上广泛应用。标志图形要针对印刷方式、制作工艺技术、材料质地和应用项目的不同,采用多种对应性和延展性的变体设计,以产生切合、适宜的效果与表现。

(6)系统性。网店标志一旦确定,随之就应展开标志的精致化作业,其中包括标志与其他基本设计要素的组合规定。目的是对未来标志的应用进行规划,达到系统化、规范化、标准化的科学管理。从而提高设计作业的效率,保持一定的设计水平。此外,当视觉结构走向多样化的时候,可以用强有力的标志来统一各关系企业,采用统一标志不同色彩、统一外形不同图案或统一标志图案不同结构方式,来强化关系企业的系统化精神。

（7）时代性。网店面对发展迅速的社会,日新月异的互联网技术,日趋激烈的市场竞争形势,其标志形态必须具有鲜明的时代特征。特别是许多老企业,在上线网店和开展网络营销时,有必要对现有标志形象进行检讨和改进,在保留旧有形象的基础上,采取清新简洁、明晰易记的设计形式,这样能使标志具有鲜明的时代特征。通常,标志形象的更新以十年为一期,它代表着企业求新求变、勇于创造、追求卓越的精神,避免企业的日益僵化、陈腐过时的形象。

2. 网店标志设计的原则

网店标志设计不仅是一个图案设计,而且是要创造出一个具有商业价值的符号,并兼有艺术欣赏价值。标志图案是形象化的艺术概括。设计师需以自己的审美方式,用生动具体的感性形象去描述它、表现它,促使标志主题思想深化,从而达到准确传递企业信息的目的。就如同商标一样,标志是网店特色和内涵的集中体现,看见标志就让大家联想起你的网店。注意不要把这里的标志仅看作 88X31 的小图标,因为它是网店的标志,代表了网店。网店标志设计的难点是如何准确地把形象概念转化为视觉形象,而不是简单得像什么或表示什么。既要有新颖独特的创意,表现企业个性特征,还要用形象化的艺术语言表达出来。一般来说,网店标志设计遵循以下原则。

（1）网店标志的设计,应该考虑注入企业深刻的思想与理念内涵,方能传达出具有鲜明独特的优良企业形象,达成差异化战略目的。例如同样是在天猫商城上经营女装产品,但是由于不同网店的战略目标定位不同,其网店标志也就不同。图 1-18 是网店"天使之城"的标志,天使之城的定位策略是偶像追随,时尚指导,所以更侧重小 A 的形象传播。图 1-19 是网店"韩都衣舍"的标志,韩都衣舍定位是韩版靓衣,侧重于风格和款式,所以更突出品牌名字。

图 1-18　网店"天使之城"的标志　　　　图 1-19　网店"韩都衣舍"的标志

（2）网店标志在形式上重视简约、高度概括,以简洁的符号化的视觉艺术形象把网店的形象和理念长留于人们心中。随着商业信息传递与科技文化交流速度加快,一切传播行为都极其讲求效率,视觉传播的文字和商业符号也一样,都朝着这个共同方向发展。

（3）遵循人们的认识规律,突出主题、引人注目,同时讲求造型美观、大方、具有个性。能够在方寸之间概括出站点的理念,保持视觉平衡、讲究线条的流畅,使整体形状美观,用反差、对比或边框等强调主题。

（4）外观尺寸要根据网店页面的整体版面设计来确定,选择恰当的字体,注意留白,给人想象空间。

（5）在色彩运用上基色要相对稳定,强调色彩的形式感、记忆感和感情规律。合理使用色彩的对比关系,重视色彩的注目性。

3. 网店标志的形式来源和创作过程

网店标志形式一般源于自然图像、文字、几何图形及组合,它们各有利弊。自然图像的标志记忆深刻,文字的标志传播容易(尤其适用于网络搜索),几何图形的标志则应用范围广泛。需要根据自己的实际情况进行选择。图 1-20 是一个源于文字的网店标志创作过程。该标志为七格格网店标志,所用的字体是 Century Gothic (世纪哥特体),它是一款简洁厚重的字体,适合七格格硬派潮牌的形象,在字体原型的基础上,通过删减细节、个性化、调整间距,从而完成标志的创作。

微课:网店标准色设计

1.5.2　网店标准色设计

网店给人的第一印象来自视觉冲击,确定网店的标准色彩是相当重要的一步。不同的色彩搭配产生不同的效果,并可能影响访问者的情绪,如图 1-21 所示。"标准色彩"是指能体现网店形象和延伸内涵的色彩。例如 IBM 的深蓝色,肯德基的红色条型,Windows 视窗标志上的红蓝黄绿色块,我们觉得很贴切,很和谐。

图 1-21 彩图

图 1-20　源于文字的网店标志的创作过程

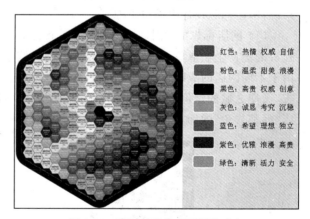

图 1-21　不同色彩代表不同的意义

网页色彩由主颜色、副颜色、点缀色组成。主颜色是网页的主要颜色,起到在显示网页整体基调和风格的作用,通常不超过两种颜色。副颜色在网页中是辅助主颜色的次要颜色,通常为 1~3 种颜色。点缀色在网页中用于突出、强调显示,主要用于网店标志、范围较小的按钮、标签等,通常为 1~2 种颜色。

1. 网店主颜色的使用

主颜色是整个网店的基调色,是网页色彩设计的关键颜色。如图 1-22 所示的网店,其主颜色是红色,可以看到页面中用到深浅不一的红色,还有深浅不一的灰色,这样的页面看起来色彩统一,而且有很强的层次感。如果大家以后多分析由专业设计师装修的店铺,就会发现这种配色的技巧。需要先选定一种色彩,然后调整透明度或者饱和度,说得通俗些就是将色彩变淡或者加深,产生新的色彩,用于网页,这样整个网店页面看起来就会色彩统一、有层次感。

图 1-22　主颜色为红色的网店

图 1-22 彩图

配制主颜色的方法有如下几种。

（1）用色彩的意象来配制主颜色。譬如要为一家果园开发网站，可以选绿色或橙色。绿色有生长、希望的意象，又是大自然色，果树都是绿色的。而橙色寓意果实累累，丰收的景象。

（2）用行业色来配制主颜色。每个行业都有自己的标准色，例如 IT 行业总是用蓝色来表现，而医药行业总是用绿色来表现。因此 IT 行业的网站主颜色可以用蓝色，医药行业的网站主颜色可以用绿色。

（3）用商品色来配制主颜色。所谓"商品色"是指某些或某类商品在消费者的心目中已经形成的、固定不变的色彩形象。在长期的广告宣传作用下，某些商品的包装、色彩等外观形态已经与商品的内在特性融为一体，成为不可分离的基本特征。例如为上岛咖啡设计网页，就可以采用咖啡的褐色调子作为主颜色。

（4）用浏览者的偏爱来配制主颜色。每种网页都有自己不同的受众群，不同的浏览者对色彩的喜好大相径庭。例如针对儿童的网站主颜色可采用鲜艳、活泼的粉红或粉蓝，而为白领女性服务的网页，可采用各种高级灰色作为主颜色。

（5）用流行色来配制主颜色。设计流行元素的站点，可以参照本年度的流行色进行配色，使网页配色前卫、时尚。

2. 网店副颜色的使用

副颜色的配色主要是主颜色与副颜色所形成的对比关系，可以有明度对比、色相对比、纯度对比、冷暖对比。明度对比、色相对比、纯度对比和冷暖对比是主颜色与副颜色对比的基本形式。在网页色彩设计中往往四种配色方法结合使用，这样才能使网页结构的色彩关系既统一协调又有所变化。

（1）明度对比。明度对比是指主颜色与副颜色因明度差别而形成的色彩对比。色彩的层次感、立体感、空间关系，主要靠色彩的明度对比来实现，由于明度倾向和明度对比程度不同，会形成高调、中调、低调。高明度基调轻快、活泼、柔软、辉煌。色相的明度提高后，色彩的明度和色相的对比度相对降低，产生了统一的感觉，整体色调明快柔和，但要注意其明度差，以造成一定的节奏感。中明度基调刚强、有力量、丰富感。由于明度差距小，给人以含蓄厚重的感觉，为了避免过分软弱无力，可在色相和纯度上略加变化。低明度基调朴素、丰富、宏大，有寂寞感与后退感。由于色相对比和纯度对比都较弱，明度差异最小，容易取得调和的效果。但在具体配色时应注意各色彩之间的明度差和纯度差，尽力消除单调与沉闷之感。单独的明度对比调和的页面有一个很显著的缺点，画面沉闷。因此明度对比调和在很多情况下不是单独存在的，它往往需要结合其他调和方式，作为一种辅助的调和方式存在。如果以明度对比调和作为主要调和方式的页面需要在其他辅助色的用色上多多考虑，用辅助色打破沉闷的感觉。明度对比强时，给人的感觉是光感强，体感也强，页面的清晰度高，明度对比弱时，给人的感觉是光感弱，体感也弱，页面不清晰，不易看清楚；如果明度对比太强，则会给人生硬、空洞、简单化的感觉。

（2）色相对比。色相对比是指主颜色与副颜色因色相差别而形成的色彩对比。各色相由于在色相环上的距离不同而形成不同的色相比，形成同类色、类似色、对比色、互补色。主颜色与副颜色是同类色的关系，总体上会给人一种安静、协调、整齐的感觉。同一色相里不同明度与纯度色彩的对比，色相感显得单纯、柔和、高雅、文静。主颜色与副颜色是类似色的关系，色相虽不同，但比较接近，页面色彩和谐、统一，更蕴含变化的效果。此种配色也可搭配白色，使画面更明亮；或以灰色搭配，让画面较柔和；或用黑色来增加厚实感。两个类似色对比调和要注意与无彩色相结合，即黑和白，这样的页面会比较干净、大众化，是门户网站用色方式的较好选择。用类似色的色相可表现出细微不同的感觉，为了避免单调，在配色时应注意选择具有明确色相的色彩组合，并合理调整其间的明度差。主颜色与副颜色是对比色的关系，使页面色彩感鲜明、强烈、饱满、丰富，营造出一种强弱分明的氛围。影响这种配色方案效果的最大因素在于所选的颜色在整体画面中所占的比例。由于色彩感觉较强烈，可加入无彩色缓和，以增加调和与统一之感。运用对比色相间的组合，易产生生动活泼的感觉，但有时会缺少调和感，在具体配色时可根据情况利用明度和纯度的变化进行调和。主颜色与副颜色是互补色的关系，使页面色彩感完整、丰富、富有激情，呈现强烈的相互辉映的视觉效果，如红色与绿色、黄色与青色、橙色与紫色成对组合在一起配色时，具有很强烈的视觉冲击力。由于补色的对抗较强，在具体配色时，常常通过改变对比双方的面积比，或通过中间色过渡，或以黑、白、灰、光泽色来间隔，加强其统一的因素。两个补色对比调非常容易树立风格，能给人留下强烈的印象，既不失个性，又比较容易让人接受，是信息发布类商业站点的首选。在具体配色时，大多结合明度对比调和与类似色对比调和。

（3）纯度对比。纯度对比是指因色彩纯度差别而形成的色彩对比。不同色相的纯度差别较大，可笼统地分为高调、中调、低调。高纯度基调冲动、快乐、热闹、活泼，给人以鲜艳夺目、华丽、强烈的感觉。它常以儿童、青少年、女性为诉求对象，或表现商品单纯、活泼、新鲜个性的网页内容，较易获得认同感。虽然强烈的、高纯度的色彩设计有激发消费者购买欲望和引起注意的作用，但是如果运用不当，或依经验行事，也会给人以残暴、恐怖、疯狂感，流于肤浅和俗气,失去其优势和特点。中纯度基调显得稳重大方、含蓄而明快,给人以成熟、信任之感,适用于门户类、商业类的站点,常用来表现高档商品、理性消费的商品或价格档位较高的商品,可给人一种高档次的感觉。中等纯度的色彩配制,要注意色相和明度的差异性应控制在统一的前提下,对比太强则失去其稳定的特点,色相变化太多也会觉得与其风格不符。低纯度基调给人以老成与干练之感,是男性化的独具一格的配色方法。在这种配色方法中,明度关系起决定性作用,色相往往只作倾向性提示。纯度弱的含灰色彩,具有文静、含蓄、柔和、深远、不醒目等特点。

（4）冷暖对比。冷暖对比是指因色彩冷暖差别而形成的色彩对比。红、橙、黄等色为暖色类,使人联想到烈火、阳光、血等,产生热烈、欢乐、开朗、活跃、恐怖等感情反应。蓝、青等色为冷色类,让人联想到海洋、蓝天、冰雪、绿水、夜色等,产生宁静、清凉、深远、悲凉等感情反应。采用冷色调的网页给人以寒冷、清爽、空间感;采用暖色调的网页则给人以热烈、热情、有力、喜庆感。在实际的调配和使用中,错综复杂的冷暖色感只能在比较中相对地加以区别。以红色为例,朱红与玫瑰红的冷暖色感,在相互对比的情况下,朱红中带有黄色,具有暖色感;玫瑰红中带有紫色,具有冷色感。

3. 网店点缀色的使用

点缀色通常色彩鲜艳,在整个网页中起强调作用。点缀色的配制方法与副颜色的配制方法相同,但更强调与其他颜色的反差。

1.5.3　网店标准字设计

标准字体是指经过设计的专用以表现企业名称或品牌的字体。标准字体是企业形象识别系统中基本要素之一,应用广泛,常与标志联系在一起,具有明确的说明性,可直接将企业或品牌传达给观众,与视觉、听觉同步传递信息,强化企业形象与品牌的诉求力,其设计的重要性与标志具有同等重要性。经过精心设计的标准字体与普通印刷字体的差异性在于,除外观造型不同外,更重要的是,它是根据企业或品牌的个性而设计的,对策划的形态、粗细、字间的连接与配置,统一的造型等都做了细致严谨的规划,与普通字体相比更美观、更具特色。在实施企业形象战略中,许多企业和品牌名称趋于同一性,企业名称和标志统一的字体标志设计,已形成新的趋势。企业名称和标志统一,虽然只有一个设计要素,却具备了两种功能,达到视觉和听觉同步传送信息的效果。

网店标准字体常用于网店标志、标题、主菜单的特有字体。一般网页默认的字体是宋体。为了体现站点的"与众不同"和特有风格,可以根据需要选择一些特别字体。例如,为了体现专业可以使用粗仿宋体,体现设计精美可以用广告体,体现亲切随意可以用手写体等。你可以根据自己网店所表达的内涵,选择更贴切的字体。目前常见的中文字体有二三十种,常见的英文字体有近百种,网络上还有许多专用英文艺术字体下载,要寻找一款满意的字体并不算困难。需要说明的是,如果使用非默认字体,只能用图片的形式,因为很可能浏览者的计算机里没有安装你的特别字体,那么你的辛苦设计制作便会付之东流。

1. 网站标准字体设计原则

（1）网页中的文字需有一个整体基调。也就是要分清主次,把握文字总体的特征惯向,不能让各种文字自成风格,各行其是。基调应是在整体协调的基础上,包含局部的对比,寓变化于统一之中,造成和谐统一的效果。

（2）注重文字的可读性,适应人们的阅读习惯。文字的主要功能是通过视觉向大众传达信息,而要达到此目的,必须考虑让文字给人以清晰的视觉印象。要依据文字变化的规律,不能过于修饰而导致难以识别,要避免繁杂、零乱,应减去不必要的装饰和变化。文字的精排细列,是为了增强其视觉传达功能,赋予美感,并方便人们进行阅读查看。因此,在排列组合方式上一定要顺应人们的心理感受和顺序,形成良好的视线诱导效果。

（3）考虑字体的外形特征。不同的字体样式具有不同的视觉动向,针对不同的视觉动向对文字进行有意识的处理,会使平面更富有方向性与秩序美感。例如,扁体字有左右流动的动感,适合做横向编排组合;长体字有上下流动的动感,适合做竖向编排组合;斜体字有向前或向一定角度倾斜流动的感觉,适合做横向或斜向编排组合。

（4）文字的字体建议使用缺省字体。因为如果客户端没有安装非缺省字体,则浏览时会影响网页的效果。如果一定要用一些特殊文字效果,最好使用图形文本或 Flash 文本来表现,以保证视觉效果不变形。

（5）注重空白的作用。版面上的空白,如字间距、行间距及周围空白的处理,对于文字的编排也有很大的影响。不同内容文字的空间要做适当集中,并利用空白加以区分。像大小标题,在平面上就应作为一类构成要素进行紧凑组合,以便与正文内容之间留出较多空白。不能将平面上所有文字空白都做等比例处理,应有主有次、有多有少,有集中、有分散地区别对待。若以图为主要设计要素,则文字应紧凑排列,相对集中,不能过于分散,以免造成视觉流动的混乱。

2. 中文字体设计的要点和技巧

在网店标志设计中,中文字体一般包括书法字体和装饰字体,常用的几款经典字体如图 1-23 所示。

```
• 汉仪咪咪简体        • 方正综艺简体
• 汉仪菱心简体        • 文鼎霹雳体
• 汉仪秀英简体        • 文鼎CS大黑
• 汉仪雁翎简体        • 文鼎CS大宋
• 汉真广标简体        • 华康海报体
• 微软雅黑
• 方正粗活意简
• 方正准圆简体
```

图 1-23　网店设计中常用的几款经典字体

书法字体设计,是相对标准印刷字体而言,设计形式可分为两种:一种是针对名人题字进行调整编排,如中国银行、中国农业银行等标准字体;另一种是设计书法或者说是装饰性的书法体,是为了突出视觉个性,特意描绘的字体,这种字体是以书法技巧为基础设计的,介于书法和描绘之间。书法是我国具有 3000 多年历史的汉字表现艺术的主要形式,既有艺术性,又有实用性。目前我国一些企业主要用政坛要人、社会名流及书法家的题字作为企业名称或品牌标准字体,例如中国国际航空公司、健力宝等。有些设计师尝试设计书法字体作为品牌名称,有特定的视觉效果,活泼、新颖、画面富有变化。但是,书法字体也会给视觉系统设计带来一定困难,首先是与商标图案相配的协调性问题,其次是是否便于迅速识别。

装饰字体是在基本字形的基础上进行装饰、变化加工而成的。它的特征是在一定程度上摆脱了印刷字体的字形和笔画的约束,根据品牌或企业经营性质的需要进行设计,达到加强文字的精神含义和富于感染力的目的。装饰字体在视觉识别系统中,具有美观大方,便于阅读和识别,应用范围广等优点。海尔、科龙的中文标准字体就属于这类装饰字体设计。装饰字体表达的含意丰富多彩。例如,细线构成的字体,容易使人联想到香水、化妆品之类的产品;圆厚柔滑的字体,常用于表现食品、饮料、洗涤用品等;浑厚粗实的字体则常用于表现企业的实力强劲;而有棱角的字体,则易展示企业个性等。总之,装饰字体设计离不开产品属性和企业经营性质,所有的设计手段都必须为企业形象的核心——标志服务。它运用夸张、明暗、增减笔画形象、装饰等手法,以丰富的想象力,重新构成字形,既加强文字的特征,又丰富了标准字体的内涵。同时,在设计过程中,不仅要求单个字形美观,还要使整体风格和谐统一,理念富有内涵和易读性,以便于信息传播。

3. 英文字体设计的要点和技巧

英文一共有 26 个字母,大小写加上 10 个数字,一共要设计 62 个字,字体设计相对工作量小,字体也就非常丰富。图 1-24 是 Fonts.com 上销售排名前 20 的字体,而 Fonts.com 和 Myfonts 是目前最权威的两个英文字体网站。

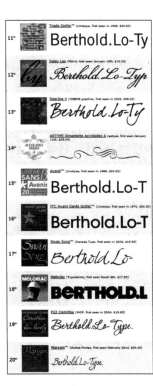

图 1-24　Fonts.com 上销售排名前 20 的英文字体

从设计的角度看,英文字体根据其形态特征和设计表现手法,大致可以分为四类:一是等线体,字形的特点几乎都是由相等的线条构成;二是书法体,字形活泼自由、显示风格个性,但识别性差,不常用于标准字体,常用于人名,或非常简短的商品名称;三是装饰体,对各种字体进行装饰设计,变化加工,达到引人注目,富于感染力的艺术效果,应用非常广泛;四是光学体,是由摄影特技和印刷用网纹技术原理构成。由于标准字是网店视觉设计的基本要素之一,其设计成功与否至关重要。当企业、公司、品牌确定后,在着手进行标准字体设计之前,应先实施调查工作,调查要点包括:是否符合行业、产品的形象;是否具有创新的风格、独特的形象;是否能为商品购买者所喜好;是否能表现企业的发展性与值得依赖感。调查资料加以整理分析后,就可从中获得明确的设计方向。

 ## "岗课赛证"融通专题训练

一、单选题

1. 下列不属于竞争对手的是(　　)。
 A. 销售儿童保温杯的不同网店
 B. 造成自身网店客户流失的其他网店
 C. 销售女士棉衣的网店和销售女士羽绒服的网店
 D. 销售电视的网店和销售智能音响的网店

2. 以下属于电子商务平台自身提供的数据分析工具(　　)。
 A. 百度指数　　　　B. 生意参谋　　　　C. 店侦探　　　　D. 逐鹿工具箱

3. 在 ITMC 系统中把消费人群划分为四种类型,下列(　　)不属于这四种类型。
 A. 品牌人群　　　　B. 固定人群　　　　C. 低价人群　　　　D. 综合人群

4. SWOT 竞争态势分析法中的"W"指的是(　　)。
 A. 优势　　　　　　B. 挑战　　　　　　C. 劣势　　　　　　D. 机会

5. 小林家在秦岭山下,最近家中的鲜核桃成熟,小林打算开一家淘宝 C 店,现在需要对整个店铺进行装修,请问小林的店铺应该设计成的最佳风格是(　　)。
 A. 主色调为橙色,设计一种活泼欢快的风格
 B. 主色调为白色,代表干净纯洁,白色简洁大方
 C. 主色调应该为土黄色,一方面代表大山,另一方面代表核桃皮的颜色,是一种朴实的乡村风
 D. 主色调为绿色,加核桃绿叶点缀,与鲜核桃相得益彰,表示鲜核桃新鲜、绿色、无公害

二、多选题

1. 网店标志具有以下(　　)特征。
 A. 识别性　　　　　B. 同一性　　　　　C. 系统性　　　　　D. 造型性

2. 主流网店的开设平台包括(　　)。
 A. 天猫平台　　　　B. 京东平台　　　　C. 抖音平台　　　　D. 速卖通平台

3. 选择目标市场的常用策略包括(　　)。
 A. 市场集中化策略　　　　　　　　　　B. 产品专业化策略

    C. 市场专业化策略 　　　　　　　　　D. 市场全面化策略

4. 生意参谋可以看到下列(　　)数据。

    A. 店铺的新老顾客比例 　　　　　　　B. 访客的地域分布

    C. 访客的男女比例 　　　　　　　　　D. 商品的关键词

三、判断题(对的打"√",错的打"×")

1. 网店运营主要是指网店运作过程中的各项计划、组织、实施和控制。　　　(　　)

2. 网店有定位了才能方便货源的寻找与确定店铺装修风格等,如果网店定位高,那么所找的货源必须是高质、高价的,装修风格也一定要走精装、高贵、典雅的路线。　(　　)

3. 在新零售时代,网店运营与管理离不开大数据。　　　　　　　　　　　(　　)

4. 店铺转化率低肯定是因为产品的问题。　　　　　　　　　　　　　　　(　　)

5.《电子商务法》自 2019 年 1 月 1 日起施行。　　　　　　　　　　　　(　　)

6. 网页色彩由主颜色、副颜色、点缀色组成。　　　　　　　　　　　　　(　　)

7. "网店运营"岗位是一个职责边界模糊、分工繁杂、难以进行系统性描述的岗位。

                                                   (　　)

8. 物联网、大数据、人工智能等新技术的应用,不断推动着零售行业向前发展。(　　)

9. 新零售重构了传统零售系统中"人、货、场"的结构关系,以更高的效率和更好的体验将商品销售给终端消费者。　　　　　　　　　　　　　　　　　　　　　(　　)

10. 网店市场定位是让网店的商品和形象在目标客户的心理上占据一个独特、有价值的位置。　　　　　　　　　　　　　　　　　　　　　　　　　　　　　　(　　)

四、填空题

1. 网店视觉识别设计的基本要素包括网店标志、_____、标准字。

2. _____分析法又称竞争态势分析法,是一种对企业内外部条件各方面内容进行综合和概括,进而分析企业的优劣势、面临的机会和威胁的方法。

3. 网店是指通过互联网等_____从事销售商品或者提供服务的经营场所。

4. 总成本领先战略、_____和集中化战略是三种卓有成效的竞争战略。

5. 经常用于分析竞争格局的五力模型常是_____提出的。

五、案例分析题

    目前网络零售是中国零售市场经济的风向标,几乎每天都会有新的名词、新的模式出现,也不断会有很多模式消亡。所谓大浪淘沙,最终留下来的模式是更符合市场需求和消费者切身利益的。这几年大家耳熟能详的新零售、智慧零售、无界零售便是其中的典型代表,它们反映了中国零售行业的高速发展。2016 年 10 月召开的云栖大会第一次提出了新零售的概念,一石激起千层浪。新零售依然是以互联网为依托,但更注重运用大数据、人工智能等先进技术手段,优化商品的生产及销售流程,同时对商家的线上服务、客户的线下体验以及与现代物流进行深度融合。阿里巴巴收购线下的百货超市,例如银泰、大润发等,全面打通线上线下,向新零售进发,通过 VR 购物、无人收银等新科技提升用户体验。2017 年 3 月,苏宁公司在全国"两会"期间提出智慧零售的概念。苏宁从 1990 年创立于线下,2010 年又推出线上平台苏宁易购,因此无论是线上还是线下销售都积攒了非常丰富的经验,对如何融合线上线下模式相比传统的互联网电商企业有明显的优势。智慧零售强调要充分利用互联网新技术为零售行业开拓渠道,要从 B2C 转向 C2B,更多地以消费者为主导,利用大数据预测消费趋势,运用社交化客服精准营销,从而引导生产制造,提供个性化服务。苏宁公司认为,智慧零售就是将零售行业回归到人本主义,将消费者看作未来的零售核心。伴随着科技进步和消费升级,用户对更人性化、更个性化、更多样性的购物体验需求越发强烈,因此打造场景化消费已经成为零售新时代的一个大趋势。在他看来,要想实现零售行业整体的智慧升级,必须整合全行业、全渠道的力量,打破场景壁垒、实现不同场景之间的优势互补,让每个企业都能在智慧零售体系中拥有自己的位置,并能在智慧零售的进程中获益。2017 年 7月,京东公司在《财经》杂志发表署名文章《第四次零售革命》,提出了无界零售的概念。京东公司认为,新技术正在给各行各业带来巨大冲击,也把零售业推到了风口浪尖。但是技术的应用从来都没有在根本上改变零售的本质,仍然是成本、效率、体验。那么改变的又是什么?其实当下有很多讨论,思维还停留在互联网时代。过去 20 年的互联网只是整个零售数字化进程拉开的一个"序幕"。互联网改变了交易端,但对供应端的影响还很小。数字化进程的下一幕是物联网和智能化,它对行业的改变会更加深刻、彻底。在即将跨入智能时代,实现成本、效率、体验的方式将变得完全不同。这也是未来零售业创新和价值实现的机会所在。下一个 10 年到 20 年,零售业将迎来第四次零售革命。这场革命改变的不是零售,而是零售的基础设施。零售的基础设施将变得极其可塑化、智能化和协同化,推动"无界零售"时代的到来,实现成本、效率、体验的升级。

（案例内容摘自搜狐网《一文读懂｜新零售、智慧零售、无界售三种零售模式!》）

根据上述案例内容,分析讨论以下三个问题。

1. 新零售、智慧零售、无界零售是近几年经常被提到的热门词汇,分别代表了阿里巴巴、苏宁、京东等企业对未来零售业发展的思考和实践,分析三者之间的区别和联系。

2. 下载并认真阅读最新发布的《中国互联网络发展状况统计报告》,分析大数据、云计算、物联网、人工智能、元宇宙等新兴技术对零售业的影响,并描述十年后零售业的未来场景。

3. 思考和讨论面向未来零售,网店应该如何定位?

六、专项技能实训

登录"ITMC 电子商务综合实训与竞赛系统",利用系统提供的数据魔方和辅助工具,调研和分析各商品的市场需求状况（如各城市的需求数量、市场平均价格等）,然后选择合适的商品,正确识别和定位目标消费城市、目标消费人群,分析竞争对手,研判竞争态势,思考如何制定适合自己的竞争战略。

第2章

网店商品运营

 商道传承悟思政

■**课程思政**：探古今商道，铸网店商魂。

培养学生的质量意识、辩证思维、进取精神、务实精神，彰显关爱民生、诚信经商的社会责任。

■**案例内容**：范蠡提出的"三略"经商要义。

范蠡(公元前536—公元前448年)，字少伯，华夏族，楚国宛地三户(今南阳淅川县滔河乡)人，春秋末期政治家、军事家和实业家，后人尊称"商圣"(图2-1)。他出身贫寒，但博学多才，曾辅佐越国勾践兴越国，灭吴国，一雪会稽之耻，功成名就之后急流勇退，遨游于七十二峰之间。其间他三次经商成巨富，三散家财，自号陶朱公，乃我国儒商之鼻祖。世人誉之："忠以为国，智以保身，商以致富，成名天下。""三谋三略"是范蠡经商致富的要义。范蠡的"三略"即《货略》《价略》《市略》，可以归纳为三点：务完物，审贵贱，无息币。意思是说，货物的品质要完美，要注意价格变化规律，莫要使货币停止流动。务完物是《货略》的核心，范蠡认为："以物相贸易，腐败而食之货勿留，无敢居贵。"他非常注重商品质量，因为商品质量关系到商家的信誉和市场竞争力，也关系到消费者的切身利益。审贵贱是《价略》的核心，范蠡主要强调："论其有馀不足，则知贵

图2-1　商圣范蠡

贱。贵上极则反贱，贱下极则反贵。贵出如粪土，贱取如珠玉。"范蠡精辟地揭示了商品价格和市场供求之间的平衡关系，他指出了价格变化中物极必反的规律，"贵出如粪土，贱取如珠玉"乃是范蠡经营商业的名言。《市略》主要讲资金营运策略。范蠡的"无息币"就是说货物、资金都要不停地循环、运转。他说，如此"则币欲其行如流水"。币即钱，钱即泉，川流不息，乃至大汇。范蠡提出的"三略"经商思想，历经2000年而不衰，对今天的网店商品运营仍然具有很强的指导意义，涉及商品选择、商品定价和促销、商品供应链管理等方面。

商海遨游学本领

■能力目标：提运营之质，增管理之效。

　　理解网店数据化选品和品类策略的重要性，熟悉商品定价的基本方法和常见策略，掌握商品卖点提炼方法、展示页面设计和展示视频设计，能够进行促销活动策划和实施，能够通过行业数据分析和竞品数据分析，提升和优化商品获客能力。

　　■知识地图：网店商品运营的知识结构如图 2-2 所示。

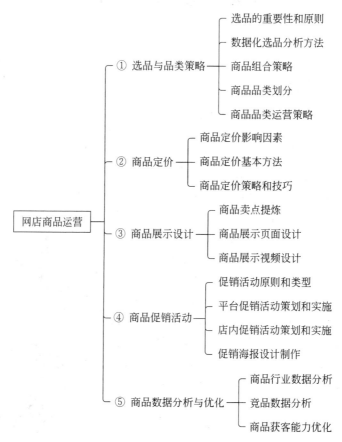

图 2-2　网店商品运营知识结构

2.1　选品与品类策略

2.1.1　选品的重要性和原则

1. 选品的重要性

　　商品是在网店经营活动中，消费者所期望的能满足自己需求的所有有形实物和无形服务的总和。它包括实物、服务、场所、思想、主意、策划和观念等。在电子商务环境下，商品可以划分为五个层次，分别是核心层、形式层、期望层、延伸层、潜在层。核心层是商品满足顾客需要的核心内容,即能提供给顾客的、顾客追求的最基本的实际效用和利益;形式层是核心商品的载体、实现形式、具体表现形态,是商品出现在市场上的外貌,包括商品的品质、特色、包装、品牌、结构、式样;期望层是购买者在购买商品时期望得到的与产品密切相关的一整套属性和条件;延伸层是顾客购买形式商品和期望商品时,附带获得的各种利益的总和,包括说明书、保证、安装、维修、送货、技术培训等;潜在层是现有商品包括所有附加商品在内的,可能发展成为未来最终商品的潜在状态的商品。商品分层体现了以消费者为中心的理念,为网店开发适合消费者需要的商品和挖掘市场机会提供了思路,为网店选品的差异化提供了新的线索,因此网店选品必须对商品层次予以考虑。

商品的生命也是有限的。商品从进入市场到被淘汰退出市场的全部运动过程,可以分为导入期、成长期、成熟期、衰退期,这就是商品生命周期。在商品生命周期的不同阶段,有不同的特点,对商品运营也有不同的要求。受消费者需求与新技术的影响,商品在不同阶段的市场竞争能力、获客能力、盈利能力有明显差别,因此网店选品也必须对商品所处的生命周期予以考虑。

商品种类繁多,据不完全统计,市场上流通的商品有 25 万种以上。需对众多的商品进行科学分类,以商品的功能、材质、规格、生产方法、使用状态等商品属性或特征作为分类标志,将商品集合总体科学、系统地逐级划分为门类、大类、中类、小类,乃至品类、品种、单品。为了方便消费者购买,提高运营与管理水平,网店选品时,还需要对商品分类予以恰当的考虑。

正如"方向不对,努力白费"这句话所讲的,网店选品至关重要,不仅影响着网店盈利与否,更是整个网店的定位与发展的决定性因素。但是网店选品受到众多因素的制约,需要对商品层次、商品生命周期、商品分类等方面综合考虑,审慎选择。一旦选品失误,后期运营一般,则事倍功半甚至血本无归,而如果选品得当,则能事半功倍。

2. 选品的原则

网店选品很重要,也非常有必要,但是要遵循一定的原则。下面从市场趋势、地理优势、自身条件三个层次阐述选品原则。

(1) 根据市场趋势选择商品遵循的原则。对市场趋势进行调查是网店在开业前非常重要的一个环节。网店可通过对用户画像分析了解消费群体具备的特征,再结合行业采购需求趋势、主要消费群体的特征、商品属性搜索趋势、销量发展趋势和价格带分布,为不同的消费群体提供满足其需求的商品,提升网店商品的整体竞争力。

① 市场容量保障原则。有充分市场需求的商品,才能带来可观的销量。选择商品不能只考虑眼前利益,要考虑这种商品的需求趋势。网店可通过对行业采购趋势及对比数据、商品销售趋势等数据的分析,发掘蓝海市场。如图 2-3 所示,在百度指数上搜索"扫地机"近 3 年的搜索趋势,可以发现该品类的搜索趋势整体在上涨。一般蓝海市场用户需求庞大,具有流量红利,相对容易切入。而红海市场也许当前大卖单品和店铺很多,整体需求也非常大,但是竞争也同样激烈,选择这样的品类要慎重。

② 符合用户搜索属性原则。网店的商品必须是符合市场需求的适销商品。适销商品是指在类目、价格、质量属性参数等方面与消费需求相适应的商品。也就是说,网店销售的商品要满足用户热搜属性及销售数据的特点,能够刺激客户的购买意愿,且成交率越高越好。如图 2-4 所示,在百度指数上搜索"鸡爪"当前的热搜属性,可以发现无骨鸡爪、虎皮鸡爪、红烧鸡爪等是比较受欢迎的单品。

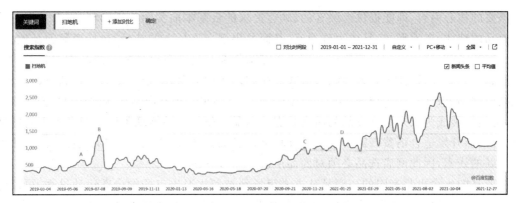

图 2-3　百度指数"扫地机"搜索趋势

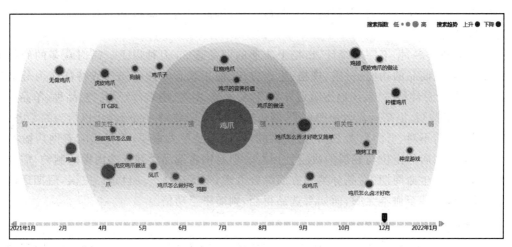

图 2-4　百度指数中的鸡爪搜索需求图谱

③ 质量保障原则。在信息对称、发达的网络环境下,买家通过搜索自主学习商品知识和掌握其他用户信息反馈,对商品质量的鉴别能力明显增强,以往低质高价的商品必然会被淘汰,因此选品的一大原则必然是质量保障。

④ 利润导向原则。选择的商品利润不可以过低,一种商品的售价、利润太低就意味着盈利的空间狭小,投资回报率低。网店运营实践中销量的维护需要大量运营成本支撑,利润太低会导致无利可图,因此选品时要在保证质量的情况下寻找利润率更高的货源。

(2) 根据地理优势选择商品遵循的原则。商家在选择网店的主营商品时,应该考虑地理环境这一因素,针对不同地区不同的地理优势,采取因地制宜的方法。例如,网店所在的区域是全国著名的"小商品之都",其主营商品就可首选小商品一类的产品。因地制宜主要体现在以下两个方面。

① 地方特产优先原则。我国地大物博,物产种类极其丰富。每个地区的特产各有千秋。例如,北京烤鸭、新疆吐鲁番葡萄、山东烟台苹果等都具有地方特色。网店可以把所在地区的地方特产作为主营商品,因为地方特产独具特色,市场竞争力相对较小,而且便于商家熟悉货源市场,可以直接从供应商进货,减少进货成本。尤其是新手商家,只要把握好市场的供求关系,就很容易在众多的竞争者中脱颖而出。

② 地域文化特色推荐原则。许多极具地域特色的商品,如民族服饰、头饰、乐器、手工制作品等,往往因为色彩艳丽、纹饰讲究而深受买家的青睐,大部分买家会选择服饰、帽子、手链作为装饰品或赠送亲朋好友的礼物。因此,具有地域文化特色的商品既可以作为艺术品收藏,又可以作为普通商品出售。商家必须看准商机,抓住不同买家的不同需求,打造独具地域特色的商品。

(3) 根据自身条件选择商品遵循的原则。网店应客观地根据自身的经济情况、喜好等因素选择主营商品。经济情况决定网店的经营程度,自身的喜好决定自己感兴趣的领域。

① 经济条件适用原则,网店可以根据自身实际的经济情况选择合适的商品。一般网店运营主要由产品成本、运营费用、推广营销费用等组成,三者占比分别约为 30%、40%、30%。商家可据此评估经营成本以及自身的可接受程度。

② 兴趣爱好导向原则。网店可根据自身的兴趣爱好选择主营的商品,做熟不做生。对于完全不熟悉、完全不了解的商品,不建议选择。发挥自己的专业优势,选择自己熟悉或者喜欢的产品,能够更顺利地持续运营并获得成功。

2.1.2　数据化选品分析方法

互联网发展至今,数据就是石油,这些数据石油里,蕴藏着消费者的需求、痛点、偏好和习惯。数据化管理已经深入网店运营与管理的所有环节当中,从过去的拍脑袋决策变成现在的用数据说话。作为能够发挥决定性作用的选品环节,一样也是要科学地运用数据找到制胜之道。因而"数据化选品"成为商品经理的必备技能。所谓数据化选品,指的是从消费者购物行为中采集处理数据,并挖掘提炼消费者的需求偏好和消费趋势,从而对产品进行改进优化,或者选择新兴商品。运用恰当的数据分析方法,可以更好地发现当前产品存在的问题、与消费者需求之间的差距。常用的数据分析方法有对比分析法、趋势分析法和多指标分析法。

1. 选品数据的采集

那么如何有效地挖掘到有价值的数据呢?对专注国内市场的网店来说,数据来源主要有店铺后台的生意参谋(图 2-5)、百度指数、阿里指数、店铺生意参谋、艾瑞咨询(图 2-6)、网

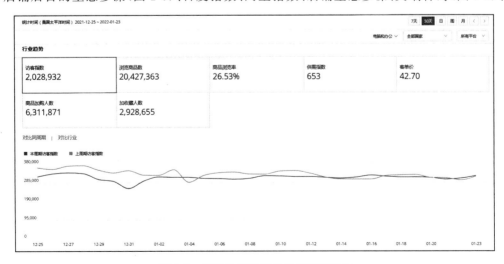

图 2-5　网店生意参谋的数据界面截图

经社、Alexa、友盟、DCCI互联网数据中心等。对专注跨境电商的网店来说,数据来源主要有 Google 指数、雨果网、Facebook、Twitter、YouTube、速卖通大学,以及跨境电商平台如亚马逊和 Wish 的管理后台等。从这些网站,可以分析商品的基本属性、热搜属性、搜索趋势、转化趋势、成交情况、竞争程度等。

图 2-6　艾瑞咨询网站截图

2. 对比分析法

对比分析法是最常用的分析方法之一,通过品类对比的方式来找出趋势差异。图 2-7 所示为速卖通后台生意参谋中的市场大盘功能显示的同一层级下的打印机和扫描设备之间的数据差异,可以发现前者的行业访客指数几乎是后者的 2 倍。

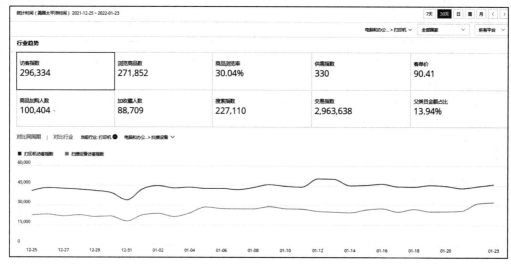

图 2-7　对比分析法选品

3. 趋势分析法

趋势分析法是对一定时间内的商品指标的变化趋势进行分析,从中发现问题或者趋势,为商品选品和运营决策提供数据支撑的一种分析方法。例如,通过对某商品搜索指数的趋势分所,可对商品在不同时间段设置不同的价格策略和营销活动。如图 2-8 展现的是谷歌指数上 mybatis 和 JPA 的趋势图,并能发现两者在中国、韩国、日本、中国香港和中国台湾之间的分布结构,这为选择产品或者服务以及主要客户提供了重要的数据支撑。

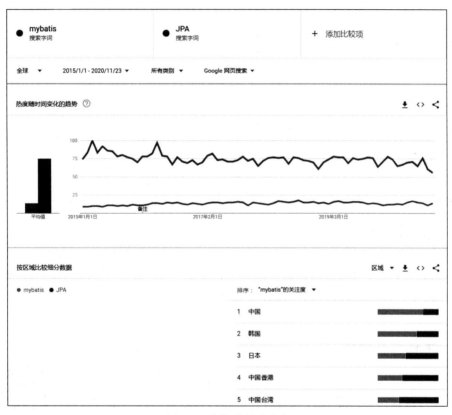

图 2-8　趋势分析法选品

4. 多指标分析法

不同的指标代表着不同的含义,正所谓"横看成岭侧成峰,远近高低各不同",根据不同指标做出的选择往往不一样。因而在做选品数据分析时,应该将不同的指标运用科学的数理模型使之保留产品的各个核心数据代表的信息,从而得到一个较为恰当准确的结果,才能有利于产品的优化和选择。如表 2-1 是速卖通生意参谋下载某一类目的热搜词及各个指标的分析表格,运用综合指数对各个指标进行换算(综合指数搜索指数×点击率×支付转化率/供给需求率),得到的综合指数能够更全面地反映各个关键词的热搜程度。对综合指数按照降序排列,在选品的时候,尽量选择综合指数较高、热搜指数排在前列并且供给需求率(供给/需求)较低的关键词所代表的产品,如果支付转化率不低的话,那是非常理想的选择了。

表 2-1　多指标分析法选品的数据

keyword 关键词	搜索指数	点击率	支付转化率	供给需求率	综合指数
эндоскоп(Endoscope 内窥镜)	179 346	0.4885	0.0281	10.1463	241.635 802 2
webcam(摄像头)	130 016	0.2914	0.0061	1.1991	192.735 085 2
эндоскоп для андроида(Endoscope android)	63 254	0.5499	0.0307	8.453	126.327 883 6
энлоскоп автомобнльный(Endoscope cars)	102 338	0.469	0.0201	8.2008	117.638 534 3
зкщен камера(Action camera 动作相机)	157 494	0.3033	0.0011	0.6885	76.317 680 78
led	40 641	0.1861	0.0024	0.254	71.464 158 43
зкщн камера(Action camera 动作相机)	104 202	0.3034	0.0011	0.4973	69.930 374 98
sd card	37 055	0.4739	0.0113	2.8746	69.029 471 53
endoscope 内窥镜	59 882	0.4628	0.0568	24.9673	63.047 287 02
usb c	3288	0.2945	0.0297	0.4615	62.316 327 63

5. 多维度分析法

维度是人们观察事物的角度,同样的数据从不同的维度进行观察,可能会得到不同的结果,同时也使人们更加全面和清楚地认识事物的本质。当数据有了维度的区分后,便可对数据进行多维度分析操作,常见的多维度分析操作主要有钻取(上钻和下钻)、切片、切块、旋转。

2.1.3　商品组合策略

商品组合是指网店根据目标消费人群的需要,对经营的商品品类、品种、单品进行选择和相互搭配,形成富有竞争力的商品结构,体现出自身的经营特色,从而求得生存与发展。品类是网店中体现具有若干共同性质或特征商品的总称,如饼干、糕点、软糖等品类。品种即 SPU(标准产品单位),是商品信息聚合的最小单位。品种体现为具体的商品名称或品牌,是对商品品类的进一步划分,如小米电视、TP-LINK 路由器等品种。单品即 SKU(stock keeping unit),是物理上不可分割的最小存货单元,不同的商品规格、花色、等级等构成不同的单品,可以对商品进行详细区分。

微课:商品组合

1. 商品组合决策

商品组合包括商品组合的宽度、广度、深度和关联度四个因素,这四个因素构成不同的商品组合。商品组合决策就是网店根据内外部环境和条件对商品组合的宽度、长度、深度和关联性方面做出的决策。

(1)商品组合的宽度。商品组合的宽度又称商品组合的广度,是指网店经营的商品线或者商品品类的数量。宽度越广,客户的选择范围越大。

（2）商品组合的长度。商品组合的长度是指经营的全部商品线或者品类中所包含的商品品种总数。

（3）商品组合的深度。商品组合的深度是指每一个商品品种包含的单品（SKU）数量。例如佳洁士牌牙膏有大、中、小三种规格以及普通味和薄荷味两种配方，其深度就是 6。SKU 数越多，专业程度越高，客户越容易找到适合的商品。

（4）商品组合的关联度。商品组合的关联度是指密度或相关性，即网店经营的各品类在最终用途、供应链、销售渠道及其他方面联系的密切程度。

2. 商品组合调整策略

在网店商品运营过程中，需要定期对商品组合进行适当调整。商品组合调整的步骤包括：明确商品组合分析目标；采集分析指标的数据；通过指标对比，分析商品组合现状，找出不合理的地方；针对不合理的问题，给出优化建议。

（1）扩充商品组合策略。扩充商品组合的宽度，能为消费者提供更多的价值选择，最大限度地满足不同层级消费者的需求，也能使网店资源得到充分利用，分散经营风险。当网店预测现有品类的销售额和利润在未来一段时间将会下降时，就应该拓展或者变更品类。扩充商品组合的长度和深度，是指在原有商品品类中增加新的品种或单品，有利于适应不同顾客需要和爱好，占领同类商品更多的细分市场。

（2）商品组合缩减策略。从商品组合中剔除那些获利很少甚至不获利的品类或者品种，使网店可以集中力量发展获利多的品类和品种。缩减商品组合时，先减深度，再减宽度。因为宽度是为满足消费者的不同需求，而深度则为消费者在一种需求下提供多个单品的选择。通过缩减商品组合深度，减少可替代性较强的单品数量，提高单品销售贡献度，提升资源效率。缩减商品组合时，还需要考虑加强商品组合的关联性，可以使网店在目标市场中加强竞争，赢得良好的声誉。

2.1.4　商品品类划分

一个网店中，不同的商品由于其特性不同、成本利润各异等因素，需要划分成不同的类别，并有差异化地进行管理。某些商品像兵蚁，用来抵御竞争对手；而有些商品则像工蚁，能够满足绝大多数主要客户群体的需求；有些商品像蚁后，是店铺的利润源泉，有着持续的可观回报，需要重点投资和运作。商品分类决定了网店中不同品类的优先顺序和重要性，代表着不同的资源分配，更意味着不一样的投资回报效果。下面介绍常用的商品品类划分方法：卖方导向的商品分类法、买方导向的商品分类法和跨品类分析的商品分类法。

1. 卖方导向的商品分类法

卖方导向的商品分类的方法之一是销售/利润品类角色矩阵。在销售/利润品类角色矩阵中，可将毛利率划分为高和低，同时将商家销售额中排名前 50%、前 30% 和末位 20% 作为标准分为高、中、低三个层次，可将品类划分为旗舰品类、吸引客流品类、提款机品类、受压潜力品类、维持观望品类、待救伤残品类六种类型。

2. 买方导向的商品分类法

买家需求是开展一切电商运营活动的起点和终点，因而买家的需求也是品类管理的本质所在。根据商品的消费者占比和购买频率对品类进行分类，在比例/频率品类矩阵中，可将品类划分为主要品类、差异品类、补充品类、必备品类四种类型。

3. 跨品类分析的商品分类法

跨品类分析是一种比较科学、合理、全面的划分品类角色的方法,目前被普遍应用。根据此法,网店的品类通常被分为引流款品类、目标性品类、常规性品类、季节性/偶然性品类和便利性品类。

2.1.5　商品品类运营策略

在制定商品品类运营策略之前,首先需要了解想要达成的品类目标。对商品进行全面的内部以及外部分析,了解市场、买家、竞争对手等情况,进而明确各个品类的经营目标,一般品类目标包括提高市场份额和销售业绩、增加利润、提高投资回报率、提升顾客满意度等。明确品类目标后,结合网店经营的总体策略,制定出符合市场、适合自己店铺的品类策略。

1. 引流款品类策略

引流款通常具有很高的搜索流量和人气,所以前期主要依靠付费手段快速积累销量并抢占排名,获得大量的网店流量,同时进行产品关联或者搭配,实现品类组合,运用增加 V、提升 PV、刺激顾客购买、提高市场渗透率、提高消费量、提高利润、优化库存等策略。例如,引流款是毛衣,网店就可以围绕这个引流款开发一些可以搭配的外套或者裤子,使流量价值最大化。

2. 目标性品类策略

目标性品类是最能代表店铺形象、满足消费者需求、销售业绩最好的产品。目标性品类作为店铺最核心的产品,应该位于网店首页重要位置,作为本店形象代表,配以广告图片进行展示。可参与平台商品展销活动,增加商品曝光机会,达到提高消费者认知、保持市场份额、提升忠诚度、增加现金流等效果。目标性品类在店铺中的占比通常为 $10\% \sim 20\%$。图 2-9 所示为速卖通某品牌男包的官方店,店铺首页将最能彰显品牌特色、销量最好的一款男包,重点进行了美工设计,并且进行了打折促销的活动。

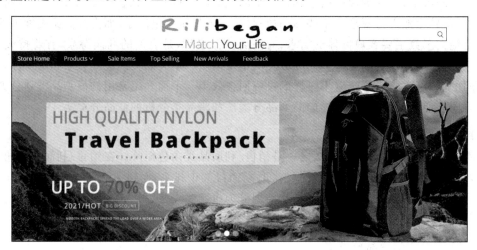

图 2-9　某品牌男包网店的目标性品类

3. 常规性品类策略

网店店中用来吸引客流、抵御竞争，满足不同层次消费者多方面需求并能带来一定利润的品类被称为常规性品类，属于行业普需品类，占比为 $60\%\sim70\%$。常规款中通常孕育着具有较高潜力的爆款，并且常规款的种类和数量较多，因而网店需要建立翔实的数据分析方法，持续地跟踪常规款的表现，以便更快地发现爆款，充分挖掘店铺品类策略的价值。图 2-10 所示为速卖通某品牌男包的官方店的"大包"界面，"大包"属于常规款式，单价相对不高，利润率也不太高，但是搜索量和点击频率较高。"大包"系列品类可用来吸引客流、抵御竞争，属于能够满足不同层次消费者多方面需求并能带来一定利润的品类。

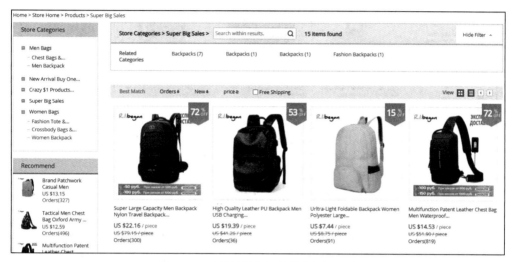

图 2-10　某品牌男包网店的常规性品类

4. 季节性/偶然性品类策略

购买频率低但购买比例较高的品类或与季节/假日有关的品类常常被称为偶然性/季节性品类，是特定时期/特定活动中网店利润增长点的来源，占比为 $10\%\sim15\%$。图 2-11 所示为速卖通某品牌男包的官方店的"女包"，由于店铺主打男包，因而女性消费者较少，销量也较低，订单一般来自偶然性的女性消费者或者买给女性亲朋好友的男性消费者。季节性/偶然性品类的消费趋势波动较大，客户群体也比较特殊。因而对顾客群进行精准分析后，无论在标题优化，还是在付费推广和详情页优化方面，都要以精准的方式切入，考虑目标人群的特性，运用刺激购买，提高客单价、贡献利润，增加现金流等策略。

5. 便利性品类策略

便利性品类是指满足消费者随时购买、具有增进消费者从事某项活动的便利性的品类。该品类强化零售商在目标顾客中"一站式消费"的印象，在创造利润和提高边际贡献方面发挥重要作用。便利性品类属于网店小众品类，可采用提高客单价、组合打包销售的方式提高综合回报率，该品类商品适合展示于网店首页尾部，运用提升顾客满意度、贡献利润、增加现金流等策略。

图 2-11　某品牌男包网店的偶然性品类

2.2　商 品 定 价

价格是商品同货币交换比例的指数,或者说,价格是价值的货币表现。价格是商品的交换价值在流通过程中所取得的转化形式。在经济学及营商的过程中,价格是一项以货币为表现形式,为商品、服务及资产所订立的价值数字。价格是商品的重要因素之一,在吸引消费者、加强竞争优势、传递品牌形象方面有着不容低估的作用。价格也是竞争的重要手段,商品一旦在制定价格策略上失误,会给商品竞争力、公司盈利能力及活力带来直接的负面影响。

2.2.1　商品定价影响因素

传统领域有许多既定的定价策略和方法,其基本思想与互联网产品的定价方式存在共通性,其不同点可以对照参考。互联网商品的关键性不同在于,商品的成本和收入结构相对复杂,与实体商品的定价方式不同,互联网可以创造出各种交叉补贴的盈利模式。此外,用户对价格会产生决定性作用。一方面,产品价值受用户心理因素影响,定价方式灵活。另一方面,人群对互联网产品的价格极为敏感。影响商品定价的因素可以分为内在因素和外在因素。

1. 内在因素

内在因素主要考虑商品的成本,然后根据经营目标制定策略。例如,考虑目标人群和定位,商品的市场定位决定了价格区间。另外,还要看商品在财务上是否追求盈利。如果不以利润为目标,价格可以略低。

2. 外在因素

外在因素中,第一是需求弹性,需求弹性＝需求量变动的百分比/价格变动的百分比。大部分互联网商品的需求弹性大,收费提价时用户会大量流失。第二是市场情况,行业的发展水平越高,享受的价格红利越少。第三是环境因素、整体社会经济水平、政策环境、宏观法律调控手段等。若商品要经过渠道销售,需要为中间商留出利润空间。

2.2.2　商品定价基本方法

商品定价方法是企业在特定的定价目标指导下,依据对成本、需求及竞争等状况的研究,运用价格决策理论,对产品价格进行计算的具体方法。定价方法主要包括成本导向定价法、竞争导向定价法和顾客导向定价法三种类型。

微课:商品定价
基本方法

1. 成本导向定价法

以产品单位成本为基本依据,再加上预期利润来确定价格的成本导向定价法,是企业最常用、最基本的定价方法。成本导向定价法又衍生出了总成本加成定价法、目标收益定价法、边际成本定价法、盈亏平衡定价法等几种具体的定价方法。

(1)总成本加成定价法。总成本加成定价法把所有为生产某种产品而发生的耗费均计入成本的范围,计算单位产品的变动成本,合理分摊相应的固定成本,再按一定的目标利润率来决定价格。

(2)目标收益定价法。目标收益定价法又称投资收益率定价法,是根据企业的投资总额、预期销量和投资回收期等因素来确定价格。

(3)边际成本定价法。边际成本是指每增加或减少单位产品所引起的总成本变化量。由于边际成本与变动成本比较接近,而变动成本的计算更容易一些,所以在定价实务中,多用变动成本替代边际成本,而将边际成本定价法称为变动成本定价法。

(4)盈亏平衡定价法。在销量既定的条件下,企业产品的价格必须达到一定的水平才能做到盈亏平衡、收支相抵。既定的销量就称为盈亏平衡点,这种确定价格的方法就称为盈亏平衡定价法。科学地预测销量和已知固定成本、变动成本是盈亏平衡定价的前提。

2. 竞争导向定价法

在竞争十分激烈的市场上,企业通过研究竞争对手的生产条件、服务状况、价格水平等因素,依据自身的竞争实力,参考成本和供求状况来确定商品价格,这种定价方法就是竞争导向定价法。竞争导向定价主要包括以下三种类型。

(1)随行就市定价法。在垄断竞争和完全竞争的市场结构条件下,任何一家企业都无法凭借自己的实力在市场上取得绝对优势,为了避免竞争,特别是价格竞争带来的损失,大多数企业都采用随行就市定价法,即将本企业某产品价格保持在市场平均价格水平上,利用这样的价格来获得平均利润。此外,采用随行就市定价法,企业就不必去全面了解消费者对不同价差的反应,也不会引起价格波动。

(2)产品差别定价法。产品差别定价法是指企业通过不同营销行为,使同种同质的产品在消费者心目中树立起不同的产品形象,进而根据自身特点,选取低于或高于竞争者的价格作为本企业产品价格。因此,产品差别定价法是一种进攻性的定价方法。

（3）密封投标定价法。在国内外,许多大宗商品、原材料、成套设备和建筑工程项目的买卖和承包,以及出售小型企业等,往往采用发包人招标、承包人投标的方式来选择承包者,确定最终承包价格。一般来说,招标方只有一个,处于相对垄断地位;而投标方有多个,处于相互竞争地位。标的物的价格由参与投标的各个企业在相互独立的条件下来确定。在买方招标的所有投标者中,报价最低的投标者通常中标,它的报价就是承包价格。这种竞争性的定价方法就被称为密封投标定价法。

3. 顾客导向定价法

现代市场营销观念要求企业的一切生产经营必须以消费者需求为中心,并在产品、价格、分销和促销等方面予以充分体现。根据市场需求状况和消费者对产品的感觉差异来确定价格的方法叫作顾客导向定价法,又称"市场导向定价法""需求导向定价法"。需求导向定价法主要包括理解价值定价法、需求差异定价法和逆向定价法。

（1）理解价值定价法。所谓理解价值,是指消费者对某种商品价值的主观评判。理解价值定价法是指企业以消费者对商品价值的理解度为定价依据,运用各种营销策略和手段,影响消费者对商品价值的认知,形成对企业有利的价值观念,再根据商品在消费者心目中的价值来确定价格。

（2）需求差异定价法。所谓需求差异定价法,是指产品价格的确定以需求为依据,强调适应消费者需求的不同特性,而将成本补偿放在次要的地位。这种定价方法对同一商品在同一市场上制定两个或两个以上的价格,或使不同商品价格之间的差额大于其成本之间的差额。其好处是可以使企业定价最大限度地符合市场需求,促进商品销售,有利于企业获取最佳的经济效益。

（3）逆向定价法。逆向定价法主要不是考虑产品成本,而重点考虑需求状况,依据消费者能够接受的最终销售价格,逆向推算出中间商的批发价和生产企业的出厂价格。逆向定价法的特点是价格能反映市场需求情况,有利于加强与中间商的良好关系,保证中间商的正常利润,使产品迅速向市场渗透,并可根据市场供求情况及时调整,定价比较灵活。

4. 各种定价方法的运用

定价方法有很多,企业应根据不同经营战略和价格策略、不同市场环境和经济发展状况等,选择不同的定价方法。

成本导向定价法是一种卖方定价导向。它忽视了市场需求、竞争和价格水平的变化,有时候与定价目标相脱节。此外,运用这一方法确定的价格均是建立在对销量主观预测基础上的,从而降低了价格确定的科学性。因此,在采用成本导向定价法时,还需要充分考虑需求和竞争状况,来确定最终的市场价格水平。

竞争导向定价法是以竞争者的价格为导向的定价方法。它的特点包括:价格与商品成本和需求不发生直接关系;商品成本或市场需求变化了,但竞争者的价格未变,就应维持原价;反之,虽然成本或需求都没有变动,但竞争者的价格变动了,则应相应地调整其商品价格。当然,为实现企业的定价目标和总体经营战略目标,谋求企业的生存或发展,企业可以在其他营销手段的配合下,将价格定得高于或低于竞争者的价格,并不一定要求和竞争对手的产品价格完全保持一致。

顾客导向定价法是以市场需求为导向的定价方法,价格随市场需求的变化而变化,不与成本因素发生直接关系,符合现代市场营销观念要求,企业的一切生产经营以消费者需求为中心。

2.2.3　商品定价策略和技巧

价格是企业竞争的主要手段之一,企业除了根据不同的定价目标,选择不同的定价方法,还要根据复杂的市场情况,采用灵活多变的方式确定产品的价格。

1. 新产品定价

(1) 有专利保护的新产品的定价可采用撇脂定价法和渗透定价法。

① 撇脂定价法。新产品上市之初,将价格定得较高,在短期内获取厚利,尽快收回投资。就像从牛奶中撇取所含的奶油一样,取其精华,因此这种定价方法被称为撇脂定价法。

撇脂定价法适合需求弹性较小的细分市场。其优点是:新产品上市,顾客对其无理性认识,利用较高价格可以提高身价,适应顾客需求心理,有助于开拓市场;主动性强;产品进入成熟期后,价格可分阶段逐步下降,有利于吸引新的购买者;价格高,限制需求量增加过快,使其与生产能力相适应。缺点是:获利大,不利于扩大市场,并很快招来竞争者,会迫使价格下降,好景不长。

② 渗透定价法。在新产品投放市场时,价格定得尽可能低一些,其目的是获得最高销售量和最大市场占有率。

当新产品没有显著特色,竞争激烈,需求弹性较大时,宜采用渗透定价法。其优点是产品能迅速为市场所接受,打开销路,增加产量,使成本随生产规模的扩大而下降;低价薄利,使竞争者望而却步、减缓竞争,获得一定市场优势。对于网店来说,采取撇脂定价还是渗透定价,需要综合考虑市场需求、竞争、供给、市场潜力、价格弹性、产品特性、企业发展战略等因素。

(2) 仿制品的定价。仿制品是企业模仿国内外市场上的畅销货而生产出的新产品。仿制品面临着产品定位问题,就新产品质量和价格而言,有九种可供选择的战略:优质优价、优质中价、优质低价;中质高价、中质中价、中质低价;低质高价、低质中价、低质低价。

2. 系列产品定价策略

系列产品定价策略是指企业根据产品的系列来制定产品价格,从而使整个产品系列获取更大经济收益的一种定价策略。企业在制定或调整某系列中某一产品价格时,不仅要考虑价格对该产品本身利润和成本的影响,还需要考虑由该价格对该系列产品中其他产品的利润和成本所造成的影响。常见的系列产品定价策略有产品线定价策略、替代产品定价策略和互补产品定价策略。

(1) 产品线定价策略。产品线定价是指针对整个产品线制定价格,而非对单个产品定价。当企业生产的系列产品存在需求和成本的内在关联性时,为了充分发挥这种内在关联性的积极效应,可采用产品线定价策略。在制定产品价格线时,可根据产品线内不同产品之间的成本差异,来确定产品的价格。

(2) 替代产品定价策略。替代产品是指基本用途相同,可以相互代替的产品。具有替代关系的产品,降低一种产品的价格,不仅会使该产品的销售量增加,而且会同时降低替代产品的销售量。假设产品 1 和产品 2 是一组替代产品,提高产品 1 的价格,产品 1 的需求量就会下降,对应的产品 2 的需求就会相应地上升。企业可以利用这种效应来调整产品结构。

(3) 互补产品定价策略。互补产品是在功能上互相补充,需要配套使用的产品。一般而言,某种商品的互补商品价格的上升,将会因为互补商品需求量的下降而导致该商品需求量的下降。假设产品 1 和产品 2 之间存在着互补关系,那么当产品 1 价格引起对产品 1 的需求下降后,对应的产品 2 的需求也会降低。企业可以利用这种关系,降低某产品尤其是基础产品的价格来占领市场,再通过增加其互补产品的价格使总利润增加。

3. 折扣定价

大多数企业通常都酌情调整其基本价格,以鼓励顾客及早付清货款、大量购买或增加淡季购买。这种价格调整叫作价格折扣和折让,主要包括以下五种。

(1) 现金折扣。现金折扣是对及时付清账款的购买者的一种价格折扣。例如"2/10,净30",表示付款期是 30 天,如果在成交后 10 天内付款,给予 2% 的现金折扣。许多行业习惯采用此法以加速资金周转,减少收账费用和坏账。

(2) 数量折扣。数量折扣是企业给那些大量购买某种产品的顾客的一种折扣,以鼓励顾客购买更多的产品。大量购买能使企业降低生产、销售等环节的成本费用。例如:顾客购买某种商品 100 单位以下,每单位 10 元;购买 100 单位以上,每单位 9 元。

(3) 职能折扣。职能折扣也叫贸易折扣,是制造商给予中间商的一种额外折扣,使中间商可以获得低于目录价格的价格。

(4) 季节折扣。季节折扣是企业鼓励顾客淡季购买的一种减让,使企业的生产和销售一年四季能保持相对稳定。

(5) 推广津贴。为扩大产品销路,生产企业向中间商提供推广津贴。如零售商为企业产品刊登广告或设立橱窗,生产企业除负担部分广告费外,还在产品价格上给予一定优惠。

4. 心理定价

心理定价是根据消费者的消费心理进行的定价,主要有以下三种。

(1) 尾数定价。许多商品的价格,宁可定为 0.98 元或 0.99 元,而不定为 1 元,这是适应消费者购买心理的一种取舍,尾数定价使消费者产生一种"价廉"的错觉,比定为 1 元的反应积极,促进销售。相反,有的商品不定价为 9.8 元,而定为 10 元,同样会使消费者产生一种错觉,迎合消费者"便宜无好货,好货不便宜"的心理。

(2) 声望性定价。声望性定价法有两个目的:一是提高产品的形象,以价格说明其名贵质优;二是满足消费者的购物档次需要,适应购买者的消费心理。

(3) 习惯性定价。某种商品由于同类产品多,在市场上形成了一种习惯价格,个别生产者难于改变。降价易引起消费者对品质的怀疑,涨价则可能受到消费者的抵制。

5. 差别定价

根据不同顾客、不同时间和场所来调整产品价格,实行差别定价,即对同一产品或服务定出两种或多种价格,但这种差别不反映成本的变化,主要有以下几种形式。

(1) 对不同顾客群制定不同的价格。

(2) 对不同的花色品种、式样的产品制定不同的价格。

(3) 对不同的部件制定不同的价格。

(4) 在不同时间制定不同的价格。

实行差别定价的前提条件：市场必须是可细分的且各个细分市场的需求强度是不同的；商品不可能转手倒卖；高价市场上不可能有竞争者削价竞销；不违法；不引起顾客反感。

2.3　商品展示设计

2.3.1　商品卖点提炼

商品卖点是指商品具备了前所未有、别出心裁或与众不同的特点。图 2-12 所示为某网店的一款网络监控摄像机，其显著的特点中，"儿童哭声监测""双向通话""1080P 超清像素""湿度和温度监测"等都可以称为卖点，并在产品主图的第一张图中进行了展示，能让消费者快速了解该产品的独特优势，有助于提升产品的访问量和转化率。

图 2-12　某网店网络监控摄像机的卖点

微课：商品详情页文案

有竞争力的卖点就是可以抓住消费者注意力的核心卖点，可以帮助商品在市场上脱颖而出。商品卖点的提炼对整体的 SEO 以及网店推广都有着非常大的影响，特别是影响人群定向和创意质量。这里介绍一个实际应用较为广泛的卖点提炼方法——FAB 卖点提炼法。F（feature）代表商品属性和表象特征，A（advantage）代表商品的作用和功能优势，B（benefit）代表商品能给用户带来的利益，是否满足用户的需求。

结合目前市场上的商品，F、A、B 分别主要包括以下具体属性。

F 主要包括商品的外观（包装、形状、颜色）、材质（原材料、材质结构、材质来源）、工艺（工艺原理、专利、过程）、地域（特定地形、气候、地区等）、数字（时间、距离、特定的属性等）。

A 主要指商品的功能（功能属性、功效）。

B 主要包括商品的设计理念（消费理念、商品理念）、情怀（商品人格化、情感共鸣）、人群（面向的性别、年龄、特殊体质等）。

F、A、B 三个元素看起来类似，但实际上相差甚异。怎么理解呢？现举例如下。

一只猫非常饿想大吃一顿。这时销售员推过来一摞钱，但是这只猫没有任何反应，这个时候这一摞钱只是一个属性（feature），猫无法理解你为什么给它钱。

猫躺在地上非常饿，销售员过来说："猫先生，我这儿有一摞钱，可以买很多鱼。"买鱼就是这些钱的作用（advantage）。但是猫仍然没有太大反应。

猫非常饿，想大吃一顿。销售员过来说："猫先生请看，我这儿有一摞钱，能买隔壁商铺很多鱼,你马上就可以大吃一顿。"话刚说完,这只猫飞快地扑向了这摞钱。这个时候猫终于明白了拿到钱可以赶紧去隔壁商铺买到很多鱼美美地饱餐一顿,这些钱就是益处(benefit)。

　　这就是属性(feature)、作用(advantage)、益处(benefit)之间的区别。图 2-13 所示是高山楠竹的商品属性和表象特征,主要包括外观青绿、圆润,材质坚韧、牢固、耐用,5 年高山选材等。图 2-14 所示是某品牌洗衣机的作用和功能优势,主要包括超 14 种洗涤模式、常温约90℃热风除菌、能洗也能烘等。图 2-15 所示是某品牌针对孕妇不宜久蹲的情况,开发了能够站着加水且加水效率比旧品提升 40％的加湿器。

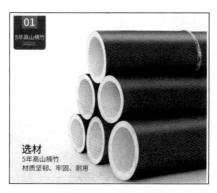

图 2-13　高山楠竹的商品属性和表象特征

图 2-14　某品牌洗衣机的作用和功能优势

图 2-15　某品牌加湿器给用户带来的利益

2.3.2　商品展示页面设计

1. 商品主图设计

在网上购物,消费者无法触碰到商品,只能通过文字、图片和视频来了解商品,其中图片的作用最大。通常而言,店铺网页中有 70% 的内容都是图片,剩下的内容大多为文字,还有少量视频。主图就是介绍产品的主要图片,一张好的商品主图,能够将产品最优秀的部分展示出来。以速卖通为例,如图 2-16 所示,商品主图可以有 6 张,同时可以上传符合要求的营销图用于营销活动中进行展示。要想做出一张好的产品主图,首先必须满足最基本的平台审核要求,如表 2-2 所示。

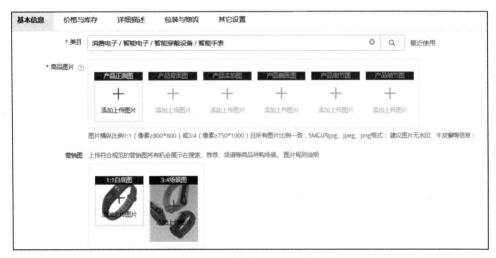

图 2-16　某平台商品主图上传界面

表 2-2　某平台商品主图展现形式和具体要求

模　块	展现形式	具体要求	其　他
主图	最多上传 6 张,第一张展示在搜索推荐页面,6 张都展示在商品详情页	图片将呈现在商品详情页,至少上传 1 张,图片格式只支持 jpg、jpeg、png,且大小不超过 5MB	低于 800×800 可以上传成功,但会有质量提示
		图片像素要求不低于 800×800,宽高比例为 1∶1(建议 1000×1000)或 3∶4(建议 750×1000),同一组图片尺寸必须保持一致	
		建议不要在商品图片上添加除商品外的其他信息,如水印、牛皮癣等信息	
		图片保护提醒:切勿盗图,一经发现将对商品进行下架处理,同时将对商家予以处罚	
SKU 自定义图	商品 detail 页面	图片格式只能 jpg、jpeg、png,且小于 200k	SKU 图片展不规则可详见内容最底部的说明
		宽与高比例建议 1∶1;像素建议大于 500×500	

主图对网店流量的影响力可以说是最大的,为了增强主图的吸引力,商家应该对主图进

行一定的优化。而想要展现一张合格的主图,设计时要注意以下几个方面的事项。

(1)充分认识商品。对商品进行充分的了解,有着清晰的认知,也是每一个合格的卖家都应该做到的。毕竟店铺运营都是围绕着具体的商品展开的。因此,商品的情况对于店铺的发展有着至关重要的影响。

(2)了解用户心理。不同的消费者对于图片风格、文字描述以及商品偏好等需求是不一样的,因而了解产品的目标人群的需求和消费心理也是非常重要的。把握商品本身具有的卖点的同时,需要找准目标人群的需求,然后准确出击,进而才能够在众多竞争产品中快速吸引他们。

(3)参考优秀图片。如果不知道优秀主图的标准,那么可以参考数据表现好的店铺的商品主图。正所谓"它山之石可以攻玉",在慢慢借鉴和摸索中,找到自己的主图制作风格。

(4)前期先做好测图。在测图的时候可以选择3~5张图片同时测试,通过对比各个主图的点击率,找出点击率最高的主图,作为商品的首图,以确保更高的点击率。主图也可以添加不同的创意,让图片之间的差异明显一些,测试效果也会更好。

最后精选的产品主图,应该满足以下要求。

(1)针对性强。高点击率的主图,一定是符合店铺定位有针对性的设计。试图抓住所有人注意力的想法犹如掌中沙,看似多却总是在流失。好的主图符合目标人群的心理偏好和产品需求。

(2)清晰精致。主体展示清晰完整,保证上下贴边或左右贴边,尽量撑满整个画布,不留白边。同时背景氛围干净、美观,元素及颜色简单。

(3)突出卖点。高点击率的主图,总是能清晰简单地传递出产品的卖点。突出产品的卖点除了让买家在短时间里知晓产品的价值,还能形成差异化,与同屏展现位的宝贝有所区别,让更多潜在用户选择你。这里的卖点,既可以是前述提到的"FAB卖点提炼法"得到的产品卖点,也可以是促销信息或者细节展示等。

2. 商品详情页设计

(1)商品详情页的作用。商品详情页是指展示商品详细情况的页面。通俗地讲,就是浏览者点击一个宝贝后看到所有关于宝贝具体内容的页面。商品的详情页会直接影响商品的展示效果、用户的购买量以及用户对店铺的评价。在商品详情页中,卖家以"图文混排"的形式传递商品相关属性信息,用以满足线上用户对商品信息的了解或者购买的需求。商品详情

微课:商品
详情页描述

页由文字、图片和色彩构成,通过排版形成了一种信息和视觉上的导向。文字主要起描述和修饰作用,以传递信息为主,不仅可以起到场景带入作用,还能渲染氛围;图片的主要作用是展示商品信息,通过视觉影响消费者感受;色彩的作用是隐性的,往往被人忽略,但色彩对烘托质感、展现风格和调性起到至关重要的作用。商品详情页对拍摄图片质量的要求是非常高的,质量欠佳的图片,就算是再好的排版和设计也无力回天。另外,文字的字体、大小、位置及内容也直接影响版面效果和信息的传递。

(2)商品详情页结构。每个商品详情页都在讲一个关于商品的故事,优秀的商品详情页能够将这个故事讲得具体、生动、感人。网店产品有不同的类目,每个类目模块都有具体的要求,要结合平台的规则,为网店规划合理的详情页结构,输出不仅视觉效果美观、逻辑通顺,而且技术层面更专业的商品详情页页面。这里以速卖通网络安防监控摄像机产品展示

模块为例,如图 2-17 所示,由于速卖通网站面向全球,所以可以选择不同国家的语言对详情页进行针对性的编辑,同时计算机端详情页面描述可以直接导入无线端,如果商品绝大多数客户是在移动端浏览的,那么建议直接使用无线详描编辑。产品详描主要结构有下述几个部分。

图 2-17　商品详情页海报

①　海报展示。一张优质的海报能立刻抓住消费者的注意力,海报需要具有视觉冲击力,一般选用模特正面或者稍侧面照为佳;在模特摆姿上,也要选最具有吸引力的姿态,能够完整呈现服装效果与亮点。同时,在海报的设计上可以搭配文字等素材来增加用户对品牌的认知,以此来渲染气氛,体现调性。海报图要彰显品牌的调性,渲染气氛,如图 2-17 所示。

②　卖点提炼。卖点优化区是由图片和文案组成的,网店要根据商品的特点,从不同的角度提炼亮点,如潮流趋势、亮点解说、工艺解读、细节卖点及材质解析等。卖点的提炼除要从产品的自身特点出发外,还要站在消费者的角度,去了解消费需求与关注点。好的文案用简短的几个字就能直接激发用户的购买欲(图 2-18),从消费者的角度图文并茂阐述相机夜视功能高清流畅,能够整夜监测周围环境的变动以及宝宝睡眠情况。

③　商品信息展示。以上区域都是为了激起用户的购买欲,而商品信息区域就是决定用户是否购买的关键。准确、真实、有效、美观地展示商品的材质、功能、结构等信息能够直接促成客户的购买行为。商品信息展示要样式统一、信息准确、注重细节。

④　使用说明。产品使用说明是向消费者传达如何正确、安全使用,以及与之相关的功能、基本性能、特征等信息。使用说明对于需要一定手动操作的产品来说是非常重要的,消费者往往介意产品使用起来是否便捷简单,好的产品使用说明能够帮助消费者正确使用,对可合理预见的错误使用进行说明,充分有效地帮助消费者避免可能导致危险的误操作。一般这样的产品需要在包装里附带使用说明书,最好在产品主图视频或者详情页视频进行说明。好的产品使用场景图,在一定程度上能够让客户清楚产品的用途,同时能够刺激消费者购买欲望,如图 2-19 所示。

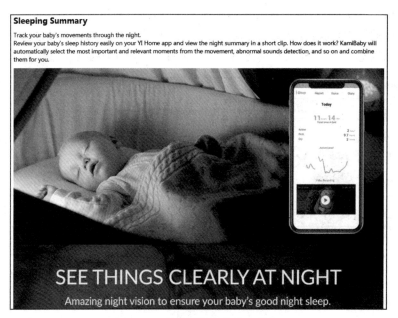

图 2-18　商品详情页的卖点优化

图 2-19　商品详情页的使用说明

　　⑤ 细节展示。由于平台化的购物无法让买家直接、多角度、全面感受实物的触感和质量。细节图能够弥补用户感受触达。对于一些核心功能,或者能够体现产品材质、设计等优势的细节,都可以用细节图进行展示,如图 2-20 所示。对于品牌附加值较小的商家,通过精

修细节图并对应匹配文案来画龙点睛,更有助于刺激用户下单。

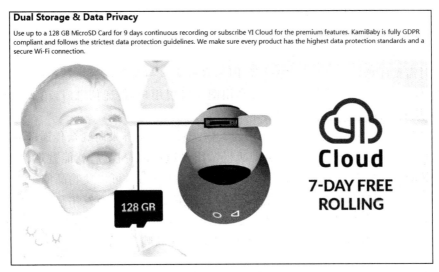

图 2-20　商品详情页的细节展示

2.3.3　商品展示视频设计

1. 商品展示视频的类型

商品营销视频类型主要有商品细节展示类视频、情景展示类视频、功能展示类视频、制作工艺展示类视频等类型。

微课:商品
详情页视频

(1)商品细节展示类视频。商品细节展示类视频是通过拍摄视频的
方式来展现商品的外观、细节、颜色、材质等。这类视频能让消费者更直观地了解商品本身的质感与色泽,在视频视觉冲击下更容易接受视频传递的信息。

(2)情景展示类视频。情景展示类视频是通过将商品放置在营造的特定环境或场景中,同时给产品赋予一些故事情节,让目标消费者有很强的代入感,进而产生购买欲。在拍摄这类视频时,更注重拍摄模特选择及视频拍摄角度细节选择。这类商品视频能够对品牌有较好的宣传作用,因此,一些服装、化妆品、家电等商品常常采用情景展示类视频进行商品视频营销。

(3)功能展示类视频。功能展示类视频是通过演示商品操作步骤来展现商品,让消费者直观了解商品功能。这类视频商品种类功能诸多,需要一系列视频形成统一风格,这样对建立品牌形象也有一定的帮助。因此,一些电子产品和功能类商品常常采用功能展示类视频进行商品视频营销。

(4)制作工艺展示类视频。制作工艺展示类视频是通过镜头详细展现商品制作的工艺过程,例如美食类商品,可以从食材的展示,到食材处理,以视频的方式展现一道菜品的制作过程。在拍摄这类视频时,要注意差异化的制作工艺、场景布置、拍摄手法及背景音乐等。这类视频更加贴近生活,实用性强,唤起消费者对生活的珍惜和热爱。

2. 商品视频的内容展现形式

商品视频的内容展现形式主要有图文展现和实物出镜两种类型。

（1）图文展现。图文展现是指以"图片＋文字"的形式来向观众传递产品信息,图文展现类视频具有制作简单、成本较低的优势,创作者只需要在图片素材上添加文字,并将其做成轮播图的形式呈现即可。但是,这类视频的缺点也较为明显,它的展现形式单调、内容缺乏表现力,难以带给用户丰富的视觉体验,使用户产生情感共鸣。因此,在用图文展现形式制作视频时需要注意,文字内容切忌过多,图片素材应该与文字内容主题相符,同时巧妙利用图片素材与文字内容之间的相关性,在利用图片吸引用户,传递信息时,用文字突出强调关键信息,从而加深用户对核心内容的印象。

（2）实物出镜。实物出镜是指以真实的人物、事物、场景等来向观众传递产品信息。实物出镜类视频的核心在于"真实""所见即所得",用户通过观看视频,就能直观、多角度地了解某件物品的真实样貌。实物出镜类视频通过全方位的展示,可以使物品的细节优势得到体现,使用户对物品的认知更加形象立体,更容易获取用户信任,激发用户的购买欲。在创作实物出镜类视频时,需要围绕物品进行充分的展示讲解,用有力证据印证物品的卖点及优势,从而使用户产生信赖感、真实感及代入感,引起用户共鸣。

2.4 商品促销活动

2.4.1 促销活动原则和类型

促销是促进商品销售的简称,是指企业利用各种有效的方法和手段,使消费者了解和注意企业(网店)商品、激发消费者的购买欲望,并促使其实现最终的购买行为。促销的实质是信息沟通,具有沟通信息、提供情报、宣传产品特点、传播商品形象、诱导需求、引导消费、形成偏爱、扩大销售等重要作用。商品促销有"推"和"拉"两种基本策略。"推"式促销策略是指对中间商的促销,即生产企业积极把商品推销给批发商,批发商再积极推销给零售商,零售商再向消费者推销。"拉"式策略是直接对终端消费者的促销,即靠各种促销方式引起目标消费人群对该商品的注意,刺激他们产生购买的欲望和行动,当消费者纷纷向网店询购这一商品时,网店自然会找到供应链或者厂家积极进货。

1. 促销活动的原则

虽然商品促销的形式和工具具有多样性,但是在策划促销信息时应力求把握新颖出奇促销、商品形象促销、利益诱导促销三大原则。

（1）新颖出奇促销原则。新颖出奇促销策划的心理学原则就是利用消费者求新、求奇的心理而进行的企划。这种促销策划重在创意内容的新奇上,内容新奇能引起消费者的心理共鸣。至于促销工具的选用,只是为了更好地烘托主题,帮助促销方案顺利实施。新颖出奇促销策划的重点在创意内容上。

（2）商品形象促销原则。网店直接利用商品的特征(质量、款式、色彩、性能等)进行促销,吸引消费者并引发购买行为。

（3）利益诱导促销原则。采取让利诱导(奖券、折价券、减价、赠奖、竞赛、交易印花、免费货品等)进行促销策划。古罗马哲人马第尔说过"礼物犹如鱼钩",让利促销几千年来一直被沿革使用。

2. 促销活动的类型

商品促销活动多种多样,站在不同角度,有不同的分类方法。一般来说,网店促销活动可分为平台促销活动和店铺促销活动两种。

(1)平台促销活动。平台促销活动是指以电子商务平台为载体,通过使用营销工具与实施营销活动,提高店铺流量的推广活动。电子商务平台拥有广泛的受众群体,平台促销活动也就因此具备了影响力大、流量大的特点,常见的平台促销活动可以分为频道活动、行业活动和节庆活动等。频道活动是指日常在特定频道进行的活动,如淘宝平台的聚划算;行业活动是指某个商品类目不定期举行的活动,如男装活动、女装活动等;节庆活动是指电商平台内部组织的固定活动,如"双 11""双 12"和"6·18"等。

(2)店铺促销活动。店铺促销活动是网店卖家经常使用的一种运营手段,通过间接让利的方式促使更多成交,提升店铺的销量。店铺促销活动根据活动的范围可以分为单品活动、多品活动和全店活动等。单品活动是指针对某个特定商品的活动,该活动所设置的优惠内容只有在购买指定商品时才能享受;多品活动是指针对一系列商品所设置的活动,例如有些优惠券只适用于某一类商品,而店铺内的其他商品都不能使用;全店活动是指针对网店所有商品所设置的活动,只要满足指定条件,买家购买该网店的任何商品都可享受到活动优惠。

2.4.2　平台促销活动策划和实施

1. 平台促销活动策划

平台促销活动的策划需要明确活动目的、构思活动内容、确定人员分工,以及对活动成本、活动可行性和活动效果进行预估。

(1)明确活动目的。在进行活动策划时,首先需要明确活动目的。活动目的是活动营销的起点,只有以清晰、明确的目的为导向的活动,才能有序进行。常见的活动目的有提高商品销量、提高品牌美誉度、增加商品知名度、处理过季商品等方面。明确了活动目标后,才能根据目的来确定活动的具体内容和细节,才能在活动结束后准确评估活动是否达到预期效果。

(2)构思活动内容。活动构思在活动策划过程中至关重要,关系着活动如何设计、活动能否顺利开展以及能否达到活动效果等问题。在构思活动时,需要考量的方面主要有活动的目的、活动的主题、是否进行系列活动、活动的具体时间、活动的具体内容、活动所需的物料以及活动的目标受众等。活动内容构思需要包含活动涉及的所有方面,这是指导活动顺利开展的关键。

(3)确定人员分工。为了保证活动的顺利进行,团队配合必不可少,策划人员需要协调好各方资源和各岗位工作人员,保证工作流程的有序、完整。一般来说,举办电商平台活动,至少需要美工、运营、客服等岗位人员的配合,在策划时需要明确各岗位的具体工具内容,并制定好考核标准,确保每个环节都能顺利推进。

(4)活动成本预估。活动成本预估也是活动策划中不可缺少的一环。在进行成本预估时,既要保证活动经费充足,又要防止成本过高,使活动收益达不到预期值。一般来说,电商活动的成本都会包含推广成本、人员成本、活动奖励、线下成本等方面。策划人员需要根据实际情况进行具体、周密的计算后,用清晰明了的形式呈现出完整的成本预算。

(5) 活动可行性预估。当活动的具体内容和实施流程敲定后,策划人员还需要对策划方案的可行性进行分析,确保方案的可执行。策划人员需要提前推演并找出方案可能存在的问题,不合理的部分应及时调整,同时做好风险预案,尽量减少意外状况对活动执行的干扰。

(6) 活动效果预估。活动效果预估也是不可缺少的一步,一般来说,必须有可观的投资回报比,活动才有开展的必要。策划人员可以根据活动方案大致预估能达到什么样的曝光,按照以往的数据,保守转化的比值是多少,进而推算出大致的效果数据。

2. 平台促销活动实施

平台促销活动的实施过程一般可分为活动报名、活动准备、活动预热、活动实施与监控等步骤。

(1) 活动报名。通常来说,由于资源位置比较有限,参加平台促销活动往往会有所限制。因此,网店应提前了解活动详情,明确活动的规则。根据活动的时间和规则选择合适的商品并进行活动报名和信息设置。

(2) 活动准备。完成活动报名之后,就需要根据活动方案进行活动的前期准备。最重要的就是商品页面、客服、库存等方面。活动会带来大量的流量,要提前做好页面优化,保证转化率;大流量对于客服也是一个巨大的挑战,需要提前设置好自动回复来进行应对;最后,还需保证活动商品的库存充足,避免缺货现象的发生。

(3) 活动预热。为了保证活动效果,在活动开始前必须做好充足的预热准备。网店需要利用站内和站外的各种渠道提醒买家关注活动,提高活动初期的起步流量,为后续效果的提升做好充足准备。

(4) 活动实施与监控。活动正式开始后,要及时关注活动的进展,一旦数据表现不符合预期就需要及时调整。同时,做好活动周期内的数据整理,方便后期做活动复盘,总结本次活动中做得比较好和做得不足的事情,为下一次平台活动做准备。

2.4.3　店内促销活动策划和实施

1. 关联套餐

关联套餐是促销活动的重要手段之一,主要用于提升客单价,带动其他商品的销量。关联套餐将几种商品组合在一起销售,通过促销套餐让买家一次性购买更多的商品,提升店铺销售业绩,提高店铺购买转化率,提升销售笔数,提高商品曝光度,节约人力成本。关联套餐的设置思路有很多种,可以从紧密相关的商品、互补相关的商品、可联想的商品三个角度去设计关联套餐。例如,图 2-21 所示的趣味服装,可以从可联想相关的角度为其添加男士趣味服装作为关联套餐。

2. 团购

团购(group purchase)就是团体购物,指认识或不认识的消费者联合起来,提高与商家的谈判能力,以求得最优价格的一种购物方式。根据薄利多销的原理,商家可以给出低于零售价格的团购折扣和单独购买得不到的优质服务。团购作为一种新兴的电子商务模式,通过消费者自行组团、专业团购网站、商家组织团购等形式,提升用户与商家的议价能力,并极

图 2-21　关联套餐

大限度地获得商品让利,引起消费者及业内厂商甚至资本市场关注。

3. 秒杀

秒杀是网上竞拍的一种新方式。它是网店发布一些超低价格的商品,所有买家同一时间在网上抢购的销售方式。通俗地讲,秒杀就是网店为促销等目的而组织的网上限时抢购活动。由于商品价格低,往往一上架就被抢购一空,有时只用一秒就售罄。卖家进行秒杀时通常会降价销售,甚至亏本销售。之所以还是会有很多卖家报名秒杀活动,主要是因为秒杀的曝光量非常高,平台为秒杀提供专属的曝光位,图 2-22 所示是速卖通平台首页,其中秒杀活动"Super Deals"处于焦点位置,拥有超高的访问量和点击率,因而秒杀活动可以通过高人气和高流量来弥补利润的损失。

图 2-22　速卖通平台首页的秒杀活动

2.4.4　促销海报设计制作

1. 认识海报

海报是展示和宣传信息的一个"媒介",将图片、文字、色彩和空间有机地融为一体,兼具广告宣传性和商业性。通常情况下,海报包括四大元素,分别是主体、文案、点缀元素、背景。

微课:定向海报
创建

（1）主体。主体是视觉焦点，主导着整个设计，是整个版面最吸引人的部分，起着主角的作用。

（2）文案。对主体起到辅助说明或引导的作用，能够起到宣传的作用。

（3）点缀元素。好的点缀元素能够渲染气氛，为整个海报添加更多画面感。

（4）背景。海报的背景可分为纯色、彩色肌理、图片和图形。

2. 海报的类型

海报分为商品推广宣传海报和活动推广宣传海报两种。

（1）商品推广宣传海报。商品推广宣传海报是指海报更侧重于商品的宣传，整个海报设计侧重于展示商品，通过展示商品，达到宣传推广的目的，所以在设计中需要重点突出商品，能够让消费者一眼就看到商品。

（2）活动推广宣传海报。活动推广宣传海报是指海报更侧重活动的宣传，整个海报侧重于展示活动信息，可用图片、文字相结合的方式进行展示，通过活动信息，达到对活动进行宣传的目的，展示所有在设计中需要重点突出的活动信息，能够让消费者一眼就看到活动的关键信息。

3. 海报构图排版

一般情况下，海报的排版构图分为左文右图、左图右文以及两边图中间文字三种排版方式。

（1）左文右图。左文右图是指文案信息在左边，图片在右边的排版方式。整体平衡感很强，其特点为商品占视线中心，如图 2-23 所示。

图 2-23　左文右图的海报构图排版

（2）左图右文。左图右文是指文案信息在右边，图片在左边的排版方式。整体平衡感较强，其特点为产品占视线的重心，消费者的视线会放在画面的左侧，如图 2-24 所示。

图 2-24　左图右文的海报构图排版

（3）两边图中间文字。两边图中间文字是指文案信息在中间,图片在两边的排版方式。整体画面对称协调,消费者的视线会聚集在图片中央,再向两侧,如图 2-25 所示。

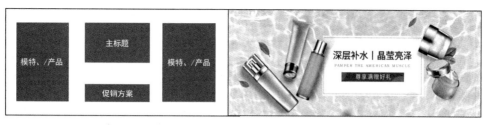

图 2-25　两边图中间文字的海报构图排版

2.5　商品数据分析与优化

商品数据分析是通过对商品各项指标的统计和分析,优化商品的获客能力和盈利能力,从而指导商品的结构调整、价格升降、决定各类商品的库存系数以及商品的引进和淘汰。通过有针对性的商品数据分析和优化,有助于及时调整商品在各环节的运作,改善店铺的营运状况。

2.5.1　商品行业数据分析

商品行业数据分析主要包括商品搜索指数分析和商品交易指数分析。

1. 商品搜索指数分析

商品搜索指数是用户在搜索相关商品关键词热度的数据化体现,从侧面反映用户对产品的关注度和兴趣度,它反映搜索趋势,但不等同于搜索次数。在商品运营过程中,通常会用到搜索指数来进行热点追踪、用户画像分析、趋势研究、竞品分析等,以帮助商品及时调整店铺经营的商品类目、商品标题优化、调整运营策略以及进行商品的精准推广投放等。在进行商品搜索指数分析时,可通过百度指数、360 趋势、阿里指数或第三方工具等获取相关搜索指数,指数的数据来源主要依托于各自平台(网站)的用户搜索行为,同一关键词在不同平台(网站)得到的结果不同,具体操作时,需要结合目标定位、广告投放位置等因素。例如,生意参谋是基于阿里巴巴全域数据,专为淘宝和天猫商家打造的数据分析平台,借助生意参谋,淘宝商家可以在产品上架运营一段时间后,对市场动向做出预判,随时调整策略。在生意参谋"市场"板块中,搜索指数分析主要从搜索趋势分析和搜索人群分析两个方面入手,接下来以搜索词"女士毛衣"为例展开分析。

（1）搜索趋势分析。从搜索词的搜索人气、搜索热度等方面进行分析。图 2-26 所示为搜索词"女士毛衣"的搜索人气趋势,图 2-27 所示为搜索词"女士毛衣"的搜索热度趋势,两者均以日为单位,展示了该搜索词近一个月的搜索情况。

数据显示,从 9 月 30 日起,搜索词"女士毛衣"的搜索人气和搜索热度迅速增长,增势虽然渐缓,但仍呈上升趋势,说明"女士毛衣"需求量攀升,可以酌情考虑增加库存、进行活动促销或是上架新款等。

（2）搜索人群分析。搜索人群分析主要从属性画像、购买偏好、支付偏好等维度进行分

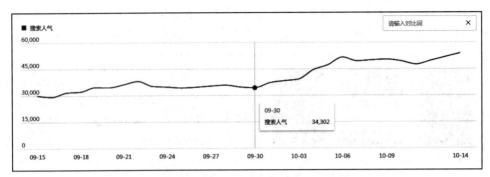

图 2-26 搜索词"女士毛衣"的搜索人气趋势

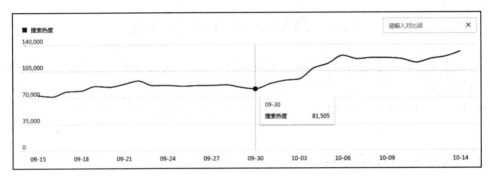

图 2-27 搜索词"女士毛衣"的搜索热度趋势

析。图 2-28 为搜索"女士毛衣"的用户性别分析和年龄分析,从分析图可以看出,"女士毛衣"的女性搜索占比较高,但也存在男性潜在用户;18～24 岁的用户为搜索主力军,40～49岁的用户紧随其后,可以针对不同年龄段的用户特点进行款式调整或设计卖点。此外,搜索人群的属性画像还包括职业分析和地域分析,全方位精细化指导网店进行数据化运营。

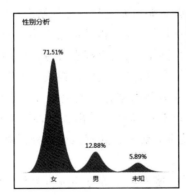
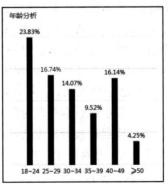

图 2-28 搜索词"女士毛衣"的搜索人群性别分析和年龄分析

搜索人群的购买偏好主要包括品牌偏好和类目偏好,如图 2-29 所示,搜索"女士毛衣"的用户最终选择"恒源祥"品牌的众多,类目方面则以"毛针织衫"和"毛衣"为主。

搜索人群的支付偏好分析主要用于分析上述人群的价位偏好区域。如图 2-30 所示,针对搜索词"女士毛衣",35～70 元的商品点击人气最高,点击用户占比达 21.35％,35 元以下

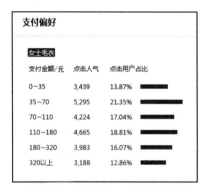

图 2-29 搜索词"女士毛衣"的搜索人群购买偏好分析

和 320 元以上的商品则相对较少。据此,店铺选择引流款时可以考虑 35～70 元这个区间的商品。

图 2-30 搜索词"女士毛衣"的搜索人群支付偏好分析

2. 商品交易指数分析

商品交易指数是商品的总体支付金额进行指数化后的指数类指标,商品交易指数是根据商品交易过程中的核心指标(如订单数、买家数、支付件数、支付金额等)进行综合计算得出的数值,数值越大反映交易的热度越高,但不等同于交易金额。商品交易指数之间的差值也不代表实际支付金额的差值,仅代表高低。商品交易指数是商品在平台交易热度的体现,其分析维度主要包括店铺、商品和品牌三大类。

(1)市场排行分析。以日、周或月为时间单位,对店铺、商品或品牌进行指定终端下的交易指数对比分析,这对于制定店铺运营策略和打造单品爆款有着较好的参考价值。图 2-31 所示为生意参谋中"毛针织衫"类目下的店铺交易日排行榜,可以看出,交易指数排行前三的店铺中,第二位店铺的当日交易量较前一日稳中有升,其他两位则迅速大幅度增长。

(2)交易趋势分析。查看店铺、商品或品牌在过去一段时间内的交易变化,分析成交量是下滑还是上升又或者稳定不变的原因。图 2-32 所示为针对上述排行第一的店铺进行的交易趋势分析,可以看到该店铺的交易指数在 9 月 26 日和 10 月 15 日达到了高峰值,10 月 15 日前交易量短暂下降,而流量却在稳定上升,可以判断这一时期进行了促销预热。

2.5.2 竞品数据分析

竞品数据分析是竞争商品数据分析的简称,最早源于经济学领域。市场营销和战略管

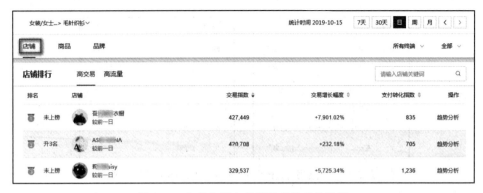

图 2-31　生意参谋中的店铺交易日排行榜

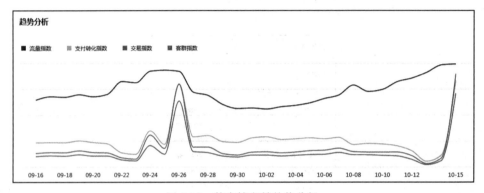

图 2-32　某店铺交易趋势分析

理方面的竞品数据分析是指通过采集数据对现有的或潜在的竞争商品的优势和劣势进行评价。这种分析提供了制定商品战略的依据,将竞品数据分析获得的相关竞品特征整合到有效的商品战略制定、实施、监控和调整框架中,做到知己知彼百战不殆。竞品数据分析就像是战前侦察,通过分析找到市场空隙,就是竞争对手最薄弱的地方,然后用自己的优势进行竞争,这就是分析的目的。

微课:竞争对手的商品分析

1. 重点商品的确定

网店在开展竞品数据分析之前,首先必须确定自己的重点商品。一家网店经营的商品品项数千甚至上万,以有限的人力很难兼顾,因此,可以应用以下方法选择那些直接影响到店铺经营绩效的商品进行重点分析。

(1) 商品 ABC 分类的 A 类商品。这类商品通常只占店铺经营品项的 20%,却贡献了 80% 左右的销售额及利润。对于此类商品,应加强其在营运各阶段的综合销售及流转信息的收集、分析和评估。

(2) 价格敏感商品。此类商品的价格高低直接影响店铺在消费者心目中的价格形象,应对此类商品进行重点关注,定期进行价格调整,以免在不知不觉中流失客户。

(3) 代理或独家销售的高毛利商品。这类商品由于进价较低,毛利率相对较高,应定期检核其销售毛利贡献情况,鼓励网店积极导购,使此类商品的毛利在总毛利额中保持较高的比例。

2. 竞品数据分析

通过竞品数据分析可了解自身网店商品的市场份额和竞争能力，有助于及时调整商品布局及营销策略。竞品数据分析可以借助店侦探等工具开展，如遇工具不能获取的内容，则需要人工进行数据的观察采集。竞品数据分析的内容包括以下几个方面。

（1）竞品基本属性分析。竞品基本属性信息分析是竞品分析的基础。首先列举竞品的规格型号、功能、材质、颜色、特点等基本属性信息，然后进行一一对比分析。如果没有对竞品的基本属性进行分析，网店就很难知道这种竞品哪个单品卖得最好，哪个卖得最差。换句话说，网店根本不知道哪个颜色更受欢迎，也不清楚哪个码数需要备更多的货。在开展竞品基本属性信息分析时，较为直观的方式是查看竞品的详情页，因为详情页对于竞品的各项属性信息进行了详细的展示。还可以关注竞争对手是否有活动海报，活动海报中对商品的细节展示是否恰到好处，对商品卖点的描述是否简单明了。通过对比，找出竞品详情页与活动海报中值得学习的地方，加以借鉴运用，这样才能更好地去布局商品，也才能更好地进行商品的定位及定价。

（2）竞品价格分析。商品价格是多数客户购物时参考的一个重要指标，因此需要对比分析自身商品和竞品的价格，并结合商品对应人群，进行商品价位的调整，提高自身商品的转化率。网店做生意最终目的不是卖货，而是为了盈利。所以怎样做好价格设置，让自己有利润的同时，又能保证一定的竞争力，就是网店运营人员要解决的问题了。例如，竞品是五件套，那么本网店可以考虑是否能做三件套或者四件套，价格比该竞品的五件套更低些，但还能有合理的利润空间；若竞品定价为 29.9 元，那么本网店能不能做到 29.9 元再送小礼品？方法有很多种，可以根据竞品价格的情况进行有针对性的定价。

（3）竞品收藏量分析。竞品收藏量是指客户在访问商品后进行收藏的数量，从侧面反映了商品受客户喜爱的程度。通过对比找出差距，若自身商品的收藏量相差太多，可以设置收藏有礼，如优惠券、小礼品等，增加商品收藏量。

（4）竞品销量分析。销量一般包括总销量、月销量、7 日销量、单日销量，以及每个单品的销量。销量分析是竞品分析的重点，整理自身网店商品及竞品同一时间段的销售数据，并对两款商品的销售数据进行对比，不仅能够大致上了解这种商品的市场空间，还能为自己的运营方法、仓储备货提供参考依据，同时还可以进一步分析自身的优劣势，以便更好地提升自身网店的销售量。

（5）竞品推广活动分析。分析竞品有没有参加官方推广活动，或者是竞店内部开展的推广活动，是以怎样的频率安排推广活动？活动预热效果如何？转化率怎样？结合自身网店的实际情况，找出差距，并在之后的运营中进行调整。

（6）竞品客户评价分析。了解竞品客户评价非常有意义。通过研究竞品的客户评价，可以更全面地看到买家所反馈的问题，了解买家特别关注什么，特别在意什么。竞品做得好的地方、做得不足的地方，都能在评论中看到。综合比较自身商品和竞品的客户评价，不仅可以找出类似人群痛点，而且可以借此判断自身优劣势，引导网店进行商品及服务的改良或创新。

2.5.3 商品获客能力优化

商品获客能力是网店运营与管理的关键能力之一,如何付出最少的成本获取最多的客户,是提升产品获客能力的核心目标。商品获客能力优化需要从以下三个关键点切入:千人千面,通过升级个性化用户体验提升获客能力;优化并拓展营销渠道,确保产品接触到更多潜在用户;提升自身价值,打造产品亮点。商品获客能力优化的主要数据指标包括新客户点击量、老客户重复购买率等。

1. 新客户点击量

新客户点击量是针对首次访问网站或者首次使用网站服务的客户进行的点击量统计,新客户点击量越高,说明该产品的获客能力越强,新客户运营效果越好。此外,分析该指标对于抢占市场份额、评估网站的推广效果和发展速度,以及判断产品所处的阶段,也是至关重要的。例如:新客户的点击量比例大于整体客户流失率,则产品处于发展成长阶段;若新客户的点击量比例与整体客户流失率持平,则产品处于成熟稳定阶段;若新客户的点击量比例小于整体客户流失率,则产品处于下滑衰退阶段。例如,某网站 A、B、C 三款产品在本月及上月带来的新客户点击量统计如表 2-3 所示。

表 2-3　某网店新客户点击量统计

产　　品	本月新客点击量/次	上月新客点击量/次
A 产品	8606	9610
B 产品	20 318	29 688
C 产品	21 506	17 426

将表 2-3 中的数据转化为如图 2-33 所示的折线图,以详细地对 A、B、C 三款产品带来的新客户点击量进行横向及纵向分析对比。

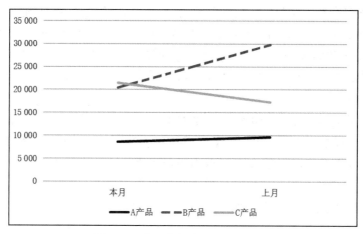

图 2-33　某网店新客户点击量对比

经过以上对比分析,至少可以得出以下结论。

(1) 三款产品中 A 款产品的获客能力较弱。

（2）三款产品中 B 款产品带来的新客户点击量较高,并且在持续上升,获客能力最强。

（3）C 款产品带来的新客户点击量尽管较于上月略有下降,但总数仍不容小觑,应及时分析原因,调整优化。

2. 老客户重复购买率

老客户重复购买率简称复购率,是针对某时期内产生两次及两次以上购买行为的客户进行的比例统计。任何企业都希望能挽留更多的老客户,以通过降低获客成本来提升产品获客能力,因此该指标的分析越来越引起企业的重视。计算复购率有两种方法。

（1）按客户数量计算。例如,客户总数为 100 人,其中 50 人重复购买(不考虑重复购买了几次),复购率为 50%。

（2）按交易次数计算。例如,客户总数为 100 人,其中 20 人重复购买,这 20 人中有 5 人重复购买 1 次(即购买 2 次),有 15 人重复购买 2 次(即购买 3 次),复购率＝(5×1＋15×2)÷100,结果为 35%。

重复购买率越大,客户的忠诚度就越高,该商品的获客能力就越强;反之则越低。一个商品没有重复购买的企业是非常危险的,这意味着所有交易都是一锤子买卖,而所有的客户都是新客户,需要付出更多的获客成本,同时也不利于实现企业经营效益的可持续性。

影响老客户复购的最大因素是商品本身,对于已经使用过商品的老客户而言,对商品的满意度越高,二次购买的概率就越大。随着新技术的发展,网店运营手段会越来越丰富,但归根结底在于商品本身的竞争能力。提升商品竞争力,一方面需要保证商品质量,它是提高复购率的基石,使客户对商品产生信任;另一方面可以不断丰富商品类目,提高复购率并不局限于同一款商品的重复购买,也可以是基于品牌、平台或者店铺的,单一品类的商品特别是低频次消费的商品,复购率往往较低,可以通过商品类目多元化来扩大用户选择的空间。除了商品自身的竞争力,商品附加值及客户购物体验也可以帮助网店从众多同类商品中脱颖而出。通过完善的售前、售中、售后服务,以及简单顺畅的流程操作,可以大幅提升客户的购物体验,帮助增加客户黏性,培养客户忠诚度。

老客户复购率的统计分析与统计周期息息相关,需要结合商品的品类特性来综合考量,确定是以周、月、季度或是年为统计周期。对于快消品(如牛奶、零食、尿不湿等商品),购买周期较短,可以以月度复购率来观察;对于眼镜、手表等商品,则可以考虑年度复购率。此外,商品运营所处的阶段对老客户复购率的影响也很大。在拉新阶段,企业的重心是获取新用户,此时复购率较低;在留存阶段,企业的重心是新老用户的转化,复购率会有所增长;在活跃和转化阶段,企业的重心是用户向粉丝的转化,复购率必然会大幅提升。

 "岗课赛证"融通专题训练

一、单选题

1. 运营人员一般将商品发布管理工作分成(　　)三大步骤。

A. 商品的挑选、商品标题的撰写、完成商品发布

B. 商品标题的撰写、商品详情页的设计、完成商品发布

C. 商品标题的撰写、商品的分类整理、商品详情页页面撰写

D. 商品标题的撰写、商品详情页面的设计、商品的分类整理

2. 产品交易指数越高,代表( )越高。

    A. 支付人数   B. 支付件数   C. 支付金额   D. 客单价

3. 产品搜索指数是用户搜索相关产品关键词热度的数据化体现,从侧面反映了用户对产品的( )。

    A. 关注度和兴趣度   B. 购买能力

    C. 购买频次   D. 忠诚度

4. A 卖家设置了 5 元的店铺红包,店内 A 商品为 30 元,B 商品为 10 元,当消费者同一笔订单同时购买 A 和 B 商品,运费合计 5 元,用户有 2 张该店铺的 5 元店铺红包,那么消费者实际支付( )元。

    A. 30   B. 35   C. 40   D. 45

5. 在发布商品时,下面说法正确的是( )。

    A. 为了争取多曝光,完全相同的商品,使用一口价形式发布,再使用拍卖形式发布

    B. 为了争取多曝光,完全相同的商品,使用一口价形式多发布几次

    C. 同一件商品,不同颜色,不同尺码分开发布

    D. 对于不同的商品,必须在商品的标题、描述、图片等方面体现商品的不同

6. 网店进货过程中,同一价格区的商品,首先考虑商品的( )。

    A. 运输成本   B. 售后服务   C. 价格   D. 品质

7. 进行产品的详细描述,方便买家了解商品的页面是( )。

    A. 首页   B. 详情页   C. 专题页   D. 分类页

8. 详情页主要是展示( )的页面。

    A. 工厂   B. 产品   C. 公司名   D. 库房

9. 目前在网店中,商品大致可分为标类、非标类、( )三大类别。

    A. 特标类   B. 商品类   C. 综合类   D. 聚合类

10. 淘宝上不允许发布枪支弹药、暴力色情书刊等国家相关法律法规所禁止的商品,这类规则在淘宝规则中的( )有规定。

    A. 恶意评价   B. 竞拍不买

    C. 发布违禁信息和滥发信息   D. 虚假交易

二、多选题

1. 爆款商品的表现形式是( )。

    A. 高流量   B. 高曝光量   C. 高成交转化率   D. 高客单价

2. 影响产品毛利率的因素包括( )。

    A. 产品的销售成本   B. 产品的搜索指数

    C. 产品的交易指数   D. 产品的销售收入

3. 以下关于宝贝主图说法正确的是( )。

    A. 宝贝主图会影响产品的点击率

    B. 建议宝贝主图尺寸为 800 像素×800 像素

    C. 一个产品的宝贝主图最多可以有 4 张

    D. 服装类目的宝贝主图可以发布长图

4. 选品的方法主要有( )。

  A. 经验选品   B. 工具选品

  C. 直通车测款选品   D. 同行店铺参考

5. 商品详情页的作用有(　　　)。

  A. 了解商品   B. 打消疑虑   C. 促使下单   D. 增加转化率

6. 在选品时,若从商品维度进行思考,需要考虑(　　　)因素。

  A. 产品生产周期   B. 同质化产品数量

  C. 产品市场热度   D. 商品的维护问题

7. 企业应按照国家规定对产品实行"三包","三包"服务主要是指(　　　)。

  A. 包修服务   B. 包退服务   C. 包换服务   D. 包办服务

8. 对于刚起步的网店,选择销售的商品应具备的条件有(　　　)。

  A. 附加值较高   B. 新奇特商品

  C. 具有地域特色的商品   D. 线下不方便买到的商品

三、判断题(对的打"√",错的打"×")

1. 对 90 天内未编辑、未经浏览且未成交的商品,淘宝网将定期进行商品下架。 (　　　)

2. 淘宝网商品标题的长度是 30 汉字,也就是 60 个字节。 (　　　)

3. 并不是所有顾客都愿意支付同样的价格,有些顾客愿意为同样的服务支付更高价格。

 (　　　)

4. 网络促销具有信息传播和与顾客沟通的作用。 (　　　)

5. 选择的网货是不是适销对路,要经过市场的检验,因此提前上架测试是必要步骤。

 (　　　)

6. SKU 是指商品的销售属性集合,假如一款产品有 S、M、L 三个规格,则对应三个 SKU。

 (　　　)

7. 考虑工厂生产周期是因为在产品销售后期需考虑商品断货的情况。 (　　　)

8. 网店产品数量铺货越多,曝光越高。 (　　　)

四、填空题

1. _____ 是宝贝的销售属性,如颜色、规格等。

2. 除违规扣分、投诉外,还有三类搜索违规处罚措施,分别是屏蔽、_____、滞销。

3. 产品组合的_____,是指经营的全部产品线中所包含的产品项目总数。

4. 产品组合的_____,又称产品组合的宽度,指企业生产经营的产品线数量。

五、案例分析题

  2021 年双 11 国货品牌直播成交图鉴显示,休闲零食类成交额排名 Top 5 中,王小卤旗舰店排名第三位,仅在三只松鼠、良品铺子之后。这只是王小卤疯狂生长的一个缩影。2016 年 3 月上线、2019 年才"重获新生"的王小卤,这次终于藏不住了。王小卤的胜利除得益于出彩的营销之外,还有一个非常重要的原因——王小卤发现了"鸡爪"这一黑马品类。

  从 2016 年成立开始到 2019 年,王小卤的主打产品是猪蹄,线上售卖,线下也开过店。彼时可谓经受痛苦洗礼,甚至濒临倒闭。痛定思痛,王小卤总结出由获客成本、毛利率和复购率(或净推荐值 NPS)组成的三角"生意"模型。自我复盘中,王小卤发现猪蹄保质期只有 7 天,要加热很麻烦,影响复购;当时坚持用顺丰发货,导致毛利很低。因此,壮士断腕地完成了主营产品的品类跃迁。可以说,王小卤的涅槃,本质上是一场品类战争的胜利。

王小卤在 2019 年将"叫好不叫座的熟食卤猪蹄"换到了"利润空间更大的包装食品卤味虎皮凤爪"。而最终凭借卤味虎皮凤爪拿下 2020 年"双 11"天猫鸡肉零食类目 Top1,完成蜕变。凤爪相比于猪蹄的优势在哪里?创始人王雄复盘表示:"在电商平台,鸡爪搜索流量本身比猪蹄高,且猪蹄是个冷链品类,食用场景大多在晚上,吃多了会腻,受众范围也有限。"进一步看,鸡爪本身就是个黑马品类。一方面,能避开绝味、周黑鸭等大品牌聚集的鸭类产品的"锋芒";另一方面,鸡爪的毛利率较高,能让品牌在流量战争中拥有"缓冲"空间。王小卤通过食物制作的改进,采用了先炸后卤的流程,于 2019 年 1 月在淘宝 C 店推出了保证绵软口感的卤味虎皮凤爪。用户反馈和销量都超出了预期,在 2019 年 4 月开设了天猫旗舰店。由此,进一步完成从"熟食"到"零食"的变道。场景变化下,赛道量级也扩大了。

王小卤在实际推广中发现:"绝大多数电商品牌低估了品类的上限,过早地去进行品类的多元化。在当下新的电商模式里,单一品类的容量被放大了。"所以王小卤得出结论:专注做凤爪的"专家品牌",研发十种能成为爆款新口味的凤爪要比研发十个品类的产品更有意义。具体看来,卤味范畴产品种类繁多,并且每款单品拥有不同的投放效率,如果同时高举高打,对企业的供应链、资金、运营能力的考验非常大。集中火力的聚焦战略,可以帮助品牌在有限的条件下占据品类赛道,打出声响。王小卤通过聚焦凤爪这一大单品战略,奉行"金角银边草肚皮"的产品结构进行一定制衡。"金角银边草肚皮"——虎皮凤爪的拳头产品是"金角"核心;延展而来的其他卤味零食,是起到辅助作用的"银边",亦即多元化预备役;通过年味组合礼包等将这些产品聚合,可以在春节等销售旺季完成"肚皮"的大范围收割。

聚焦虎皮凤爪后,现在王小卤的品牌词几乎就等于虎皮凤爪的搜索词。王小卤最终得以成功占领虎皮凤爪这一细分赛道,拥有接近"代名词"级别的心智。聚焦战略下,增长的突飞猛进肉眼可见。有公开数据显示,2019 年王小卤销售额 2000 万元,2020 年则突破 2 亿元,"双 11"期间 GMV 超 2000 万元,同比增长 3300%;在 2021 年"双 11",王小卤卖掉了 1200 万只凤爪,全网销售额同比 2020 年增长 100%。

(案例内容摘自微信公众号"品牌深度观察")

根据上述案例内容,分析讨论以下两个问题。

1. 王小卤鸡爪是如何通过商品品类选择与聚焦,实现凤凰涅槃的?

2. 王小卤的成功给商家在品类选择上提供了别样的范本,思考在其他非零食赛道上也适用于王小卤这样的单一产品大战略聚焦打法吗?

六、专项技能实训

登录"ITMC 电子商务综合实训与竞赛系统",根据数据魔方的市场需求数据,选择合适类目的商品进行经营,根据供应商提供商品的促销方式、数量、体积、价格制定采购投标方案,通过公开竞标的方式获得该种商品。思考并说明你选择的商品是哪个类目?为什么选择它?你的采购竞标价格是多少?销售价格如何制定?

第3章

网店流量运营

商道传承悟思政

■**课程思政**：探古今商道，铸网店商魂。

培养学生的拼搏精神、品牌意识、创新意识、共赢思想，彰显以德经商、心系天下的儒商精神。

■**案例内容**：乔致庸的经营理念和经营策略。

乔致庸(1818—1907年)，字仲登，号晓池，山西祁县(今山西祁县)人，乔家第四位当家人，清朝末年著名晋商。乔致庸出身商贾世家，自幼父母双亡，由兄长抚育。本欲走入仕途，刚考中秀才，兄长故去，只得弃文从商。他执掌家业时，在中堂事业突飞猛进，家资千万，比起他的祖父辈有了极大拓展，由复盛公派生出复盛全、复盛西、复盛油坊、复盛菜园、盛西店、复盛西面铺等商号，"复"字号商业金融集团成为当时资本实力最雄厚、连号最多、声势最浩大的一个商业组织，下属众多的店铺遍布全国各地，形成一个庞大的网络，渗透在各行各业里，经营范围十分广泛。乔致庸走南闯北，引领晋商称霸整个清末(图3-1)，最终实现了"汇通天下，货通天下"的宏图。乔致庸以儒术指导商业推广和品牌建设，践行儒学"内诚于心，外信于人"的理念，实施"人弃我取，薄利广销""不拘一格用人才"的经营策略，言行一致，表里合一，树立了良好的口碑，通过合作发展打造品牌，共生共赢。乔致庸的经商思想，时至今日仍然对开展网店品牌建设、渠道拓展、引流推广具有重要的指导意义。小胜靠智，大胜靠德，网店流量运营也是如此。

图3-1　晋商代表乔致庸

商海遨游学本领

■**能力目标**：提运营之质，增管理之效。

理解新消费时代的流量特点和行为趋势，熟悉网店推广的新思维和新技术，掌握SEO、SEM的内涵及工作原理，掌握关键词挖掘和分析技能，能够根据实际情况有效开展自然搜索流量推广和付费搜索流量推广，能够利用图文、短视频、直播等方式开展内容营销，能够进行流量来源、流量结构、流量效果等方面的数据分析与优化。

■知识地图：网店流量运营的知识结构如图 3-2 所示。

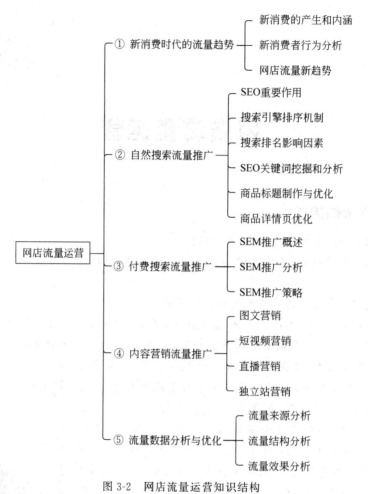

图 3-2　网店流量运营知识结构

3.1　新时代的流量趋势

3.1.1　新消费的产生和内涵

1. 新消费的产生

新时代中国特色社会主义进入新时期，新消费时代已然来临，新消费将为中国经济持续健康发展赋予新的动能。在逆全球化经济趋势和疫情常态化的大背景下，新消费既是促进"双循环"供求系统深度融合的核心引擎，也是扩大就业容量、优化调整产业结构的重要抓手。我国先后于 2015 年、2020 年和 2021 年出台各项政策持续加码新消费建设，有力促进了平台消费、绿色消费以及共享消费等新消费模式快速发展。

新消费的崛起，源于需求端、互联网环境、供给端、新型组织能力的共同驱使。在需求端，新一代消费者向往美好多元的生活，从而孕育了新的场景和需求，在多元社交圈中，消费者认识品牌并与品牌产生互动。例如，玩剧本杀可追逐城市限定版角色扮演，探寻美食可随博主探店打卡,养宠物也可以开展同种宠物线下聚会。据报道,54%的消费者对新品牌的认知,来自这样以人群圈子和社交媒体为载体的社交环境,多于传统以货为中心的电商平台、线下店铺和广告等非社交环境认知的总和。消费者日常使用的线上触点多且分散,消费者多个渠道并用的现象明显。分散多样的营销平台,让具备互联网基因的新消费企业获得了前所未有的营销机会。在供给端,代工厂帮助新消费品牌快速实现创新;电商服务快速提升,在企业发展初期,降低了对线下传统渠道能力要求。在组织能力方面,新一代企业家与年轻消费者多为同龄人,因此更容易产生共情,共同拥抱新消费时代下的机遇和挑战。

2. 新消费的内涵

关于新消费的内涵界定,最早可追溯于 2015 年 11 月颁布的《关于积极发挥新消费引领作用加快培育形成新供给新动力的指导意见》,该文件明确指出,新消费是“以传统消费提质升级、新兴消费蓬勃兴起作为主要内容”。江西社会科学院李小玉(2020 年)认为,新消费指的是与衣食住行等传统刚性消费需求有所差异的其他消费,具体涵盖娱乐、健康、养老和智能家居等诸多方面的消费。湖南省社会科学院刘敏(2021 年)指出在新兴产业以及数字化技术快速发展的背景下,新消费已日渐延伸至以大健康和智能为代表的新兴领域,并呈现出个性化、虚拟化等特征。目前学术界对新消费尚未形成统一的定义。本书结合现有研究成果,认为新消费是在新型数字技术推进供给发展、消费新趋势拉动需求升级的背景下,由新消费关系、新消费场景、新商业模式构成的消费新形态。新消费的“新”主要体现在以下三方面。

(1)新型数字技术。无论是传统消费领域内的技术改造升级,还是新兴消费领域内的技术创新与运用,都必然导致新消费产品和服务对新技术的依赖,可以说新消费是各种新技术的集成体。现代信息数字技术为广大民众提供多元化的新产品新服务,有效赋能消费升级。数字化技术对新消费发展的赋能效应主要体现在以下两点:一是应用数字化技术可丰富新消费市场供给。消费者依托电商平台,可足不出户轻松选购优质商品。尤其是在新冠感染疫情冲击之下,阿里巴巴和京东等电商平台借助新型数字技术,最大限度挖掘与利用海外供应链资源,对各类紧缺物资开展境外采购。同时,电商企业利用 5G、大数据等数字化技术,与上游供应商强化合作,通过降低运输成本、搜索成本和采购成本的方式,有效增加物资供给,为推动新消费发展提供必要保障。二是应用数字化技术可提升流通配送效率。长期以来,效率低下、成本高企及链条较多,成为国内消费市场特别是流通产业发展面临的突出梗阻。物联网、大数据等数字化技术的普及与应用能够有效缓解这一问题,以实现商品配送效率的进一步提升,促进新消费与线下物流之间的无缝衔接,还能够不断降低商品终端销售价格。

(2)新消费关系。新消费在契合消费者需求的同时,也会在某种程度上对整个消费者群体产生一定影响,进而衍生出一种全新的消费关系。一方面,商家利用社群电商、直播带货等方式,加强了自身与消费者之间的交流,进而充分掌握消费者需求动态,提高供需匹配精准性。在此过程中,消费者群体之间的关系逐步以特定偏好为标记,并且新生代消费群体在互联网上自发形成“粉丝社群”。另一方面,伴随着平台经济等新模式迅猛发展,消费者群体和生产者在市场交易过程中的地位发生一定的转变。在传统经济时代,生产者能够凭借自身拥有的信息优势在市场交易中占据主动地位,榨取消费者剩余价值,从而获取超额利润。而在新经济背景下,信息变得更加透明、获取也更加便捷,促使消费者的信息弱势地位得以转变,生产者想要持续获得流量和变现,必须首先站在消费者的角度,先满足消费者的需求,为其创造相应甚至超额的价值,才能吸引消费者持续买单,从而建立自己的消费生态体系。

(3)新消费模式。伴随着社会生产力的不断进步,政府和新经济企业通过经营模式、要素资源以及产品类型的多维融合,催生出以绿色消费、借贷消费、虚拟场景消费为代表的新消费模式,近年来各地将商业与农业相融合,在挖掘乡村农业资源以及文化资源的基础上,开发独具特色的乡村休闲度假产品,从养老养生、旅游观光等层面出发,大力推动休闲农业发展。信用的价值越来越受到重视,从而带动"先享后付"模式遍地开花,该模式不仅可以降低新消费群体购买门槛,还能够帮助商家获取更高的客单价与销售转换率。根据乐信研究院最新调研数据,近84%的消费者明确表示愿意尝试"先享后付",并且约20%被调研者因"先享后付"模式提升了消费意愿。5G、物联网、云计算、大数据、区块链等技术大规模应用为新消费提供更好载体和更多场景,直播和短视频带货则是典型代表,2020年被认为是电商直播元年,2020年中国直播电商市场规模达到12 850亿元,2022年1月抖音好物年货节直播总时长3171万小时,单场成交额破千万直播间达158个。字节跳动的出海品牌 TikTok即便遭受美国不公平制裁政策,依然超越谷歌成为2021年全球访问量最大的互联网网站。同时,以VR虚拟现实、AR增强现实为代表的元宇宙(Metaverse)新消费也在国内外电商领域掀起一场风暴,Facebook创始人扎克伯格更是在2021年11月将公司更名为Meta,旗下VR产品Oculus销量大增。

3.1.2　新消费者行为分析

随着社会的发展和生活质量的提高,人们的消费水平和消费需求也在不断向前推进。这种不断产生的新需求促使消费者的消费行为发生了改变,形成新的消费者行为。有必要对新零售时代的消费者行为及内部、外部影响因素进行分析。

微课:认识
消费者行为

1. 消费者行为的概念

消费者行为是消费者为寻找、购买、使用和反馈用以满足需求的商品和服务所表现出的一切脑体活动。消费者行为是动态的,它涉及感知、认知、行为及环境因素的互动作用,也涉及交易的过程。消费者行为由两个部分构成:一是消费者的购买决策过程;二是消费者的行动。

消费行为是整个商业兴衰的一个综合因素。分析消费者行为有助于网店根据消费者需求变化组织运营与管理活动,提高市场营销活动效果,获得更多的利润;也能推动网店创新,设计新产品和改进现有产品,提高市场竞争力。总之,对消费者行为的分析是开展网店营销推广的前提,也是提升网店流量的必由之路。

2. 消费者行为的内部影响因素

(1)需要。消费者的需要指的是一种生理和心理上的缺乏状态,这种缺乏会引导消费者向一定的方向去努力实施相应的行为,以消除这种缺乏的感觉。可以运用马斯洛需求层次理论来认识和分析消费者的需要。马斯洛需求层次理论是包括人类需求的五级模型,通常被描绘成金字塔内的等级。从层次结构的底部向上,需求分别为生理(食物和衣服)、安全

（工作保障）、社交需要（友谊）、尊重、自我实现。这五个阶段模式可分为缺陷需求和增长需求。前四个级别通常称为缺陷需求,而最高级别称为增长需求。处于"生理"需求层次的市场,消费者只要求产品具有一般功能即可。对于"安全"有需求的市场,消费者关注产品对身体的影响。对于"社交需要"有需求的市场,消费者关注产品是否有助提高自己的交际形象。对商品有与众不同要求的"尊重"层次的市场,消费者关注商品的象征意义。在最高级别"自我实现"层次的市场,消费者拥有自己固定的品牌,对商品有自己的判断标准。

（2）学习。学习指的是个体获得有关购买和消费的知识与经验而导致行为或行为潜能发生较为持久的变化的过程。消费者可以通过观察、思考、实践等多途径进行学习,并带来行为或认知潜移默化的变化。消费者学习所引起的行为或认知的变化是相对持久的。消费者的学习分为模仿式学习、反应式学习、认知式学习。模仿式学习是通过观察他人的行为和后果来调整自己的行为,可以运用想象预期行为的不同后果。反应式学习则通过外界信息和事物的不断刺激,形成一种反应,并通过感官与体验为消费者所接受和学习,促使其进行购买。认知式学习是对前人经验的总结与学习,辅之以复杂的思维过程所学到的分析与解决问题的能力,用自己的学识和辨别能力,应对面临的购买决策问题。

（3）自我概念。自我概念是由态度、情感、信仰和价值观等组成,贯穿整个经验和行动,并把个体表现出来的各种特定习惯、能力、思想、观点等组织起来。自我概念是指一个人对自身存在的体验,它包括一个人通过经验、反省和他人的反馈,逐步加深对自身的了解。在选品和开发设计商品时,可以根据目标细分市场消费者的自我概念和形象,针对消费者的自我概念设计出既满足消费者需要,又符合消费者自我概念的商品。在策划营销广告或营销活动的时候,要与营销对象的自我概念吻合,这样可以提高广告或营销活动的说服效果。

3. 消费者行为的外部影响因素

（1）关键意见领袖。关键意见领袖是拥有更多、更准确的产品信息,且为相关群体所接受或信任,并对该群体的购买行为有较大影响力的人。关键意见领袖具有独特的人格特征,具有强烈的好奇心与强大的影响力,是消费市场中的趋势领导者;也具有独特的商品知识,对某一类商品有着更为长期的接触和深入的认识,他们的意见往往会更专业;还具有丰富的市场知识,是积极的信息收集者,会去了解许多商品方面的信息。有调研数据显示,在社会化营销方式选择意向调查中,KOL营销以60%的占比位列第一,成为最受认可的方式之一。

（2）参照群体。参照群体是指对个人的行为、态度、价值观等有直接或间接影响的群体,它通常在个体形成观念、态度和信仰时给人以重要的影响。群体对其成员的影响有三种主要方式:信息性影响、规范性影响和认同性影响。信息性影响出现于个人把参照群体成员的行为和观念当作潜在的有用信息加以参考之时,其影响程度取决于被影响者与群体成员之间的相似性以及施加影响的群体成员的专长。规范性影响有时又叫功利性影响,这种影响发生时,个体会因为满足了参照群体的期望而获得直接的奖励或者免于责罚。认同性影响也称价值表现影响,这类影响的产生以个人对群体价值观和群体规范的内化为前提。

（3）文化。文化是一种包含精神价值和生活方式的生态共同体。文化扎根于人类生活的基本方式之中,包括物质条件、自然环境、气候、宗教信仰、生活方式、社会的历史经验等。不同国家、不同民族、不同地域和不同类型的群体,有不同的文化背景,而不同文化背景作用于消费,产生的消费文化也各不相同,消费文化的不同也会对消费者行为造成影响,例如傣族的泼水节、藏族的藏历年、汉族的春节等民族文化会影响消费者购买行为;湖南人爱吃辣椒、四川人喜欢麻辣、浙江人爱吃甜食等地域文化也会影响消费者购买行为。

(4)亚文化。亚文化又称集体文化或副文化,指与主文化相对应的那些非主流的、局部的文化现象,指在主文化或综合文化的背景下,属于某一区域或某个集体所特有的观念和生活方式,一种亚文化不仅包含着与主文化相通的价值与观念,但也有自己的独特的价值与观念。由于亚文化是直接作用或影响人们生存的社会心理环境,其影响力往往比主文化更大,它能赋予人一种可以辨别的身份和属于某一群体或集体的特殊精神风貌和气质。亚文化有各种分类方法,例如按性别可以分为男性文化和女性文化。男性比女性更理性,男性喜欢看商品评论、比较商品价格,喜欢性价比高的商品;而女性喜欢与商家交流,喜欢网购互动及由此带来的虚拟体验。例如按年龄可以分为青年文化、老年文化。按生态学可以分为城市文化、郊区文化和乡村文化等。

3.1.3 网店流量新趋势

微课:网店推广
趋势和技术

从2003年淘宝上线,到2021年全国网上零售额突破130 884亿元,中国电子商务零售业用不到20年的时间形成了一个庞大的"商业帝国",2013年中国网络消费零售规模超过美国成为全球最大的网络零售市场。京东、拼多多等电子商务平台纷纷崛起,网络消费已经成为全国乃至全球越来越多人的消费选择。

截至2021年6月,我国网民规模达10.11亿人,互联网普及率达71.6%。网络零售成为消费新引擎,我国网络购物用户规模达8.12亿人,占网民整体的80.3%。短视频繁荣发展,用户规模达8.8亿人,首次超越了网购用户的8.12亿人规模。短视频与直播、电商相互加持,电商直播用户占直播用户比重超60%。放眼全球,新兴数字科技的产生和应用,以及新冠感染疫情的常态化发展,大幅度拉升跨境电商用户规模,全球跨境电商迎来了爆发式上升期,并且成为我国拉动贸易增长、推动国内国际双循环的新路径。国内领先的短视频和直播营销趋势之风刮向全球,字节跳动旗下的跨境品牌Tik Tok超越谷歌成为2021年全球访问量最高的互联网网站。

不论是国内还是全球,电子商务的生态体系尤其是营销模式正在发生着翻天覆地的变革。对于网店而言,其流量特点也正在发生巨大变化,这也就意味着网店的流量运营也要有所改进才能不被时代抛弃。总体而言,从2003年开始,国内网店推广经历了一段从流量红利时期到精细化运营时期的过程。

1. 流量红利时期

在电子商务发展初期,很多电子商务平台网店尤其是一些中小企业、新兴品牌,充分享受到早期的流量红利,从而获得了爆发式的增长。该时期又可分为以下三个发展阶段。

(1)流量电子商务时代。早期通过电子商务平台如淘宝开店的商家,享受了不少红利,"不怕没单就怕没货"引得越来越多的卖家入驻。随着流量成本的升高,在没有一定品牌知名度和低成本流量导入的前提下,一个从零开始的店铺很难快速获得成长和收益,流量电子商务时代进入末期。该阶段电子商务的交易更多的是靠流量的转化,并凭借电子化平台的助力,实现了高效的商品流转,最终在互联网早期流量红利当头的时代,造就了阿里淘宝的传奇。阿里海外品牌速卖通、国际站甚至业内大佬亚马逊等平台的铺货模式也受到众多卖家的青睐和选择。

（2）社区电子商务时代。社区电子商务是指基于社区用户群体和场景而形成的电子商务形态。虽然也有流量电子商务的特征，但是其核心逻辑更多的是由人群和场景等具体标签而形成，而非简单的流量堆砌。

（3）媒体电子商务时代。如果说流量电子商务是起点，社区电子商务是进化，那么媒体电子商务则是电子商务的真正意义上的升级。媒体电子商务本质上是进行价值观的输出，形成绝对的影响后，进行商品销售和服务提供的行为。当前非常受欢迎的社交媒体微信、抖音、小红书、哔哩哔哩等平台聚集着大量尤其是中青年用户，其深刻影响了用户的消费决策。

2. 精细化运营时期

在人口红利、IP 红利、流量红利消失的零红利时代，市场的增值取决于现有用户价值的深度挖掘，这无疑就要求整个市场去拉长产品生命周期，因此运营要从过去爆发式的流量获取转变成精细化运营，细水长流才是运营最终追求的目标。

精细化运营是结合渠道、转化流程和用户行为数据，对流失率较高的用户环节展开针对性的运营活动，以提升整体的目标转化率。精细化运营要同时从"精"与"细"两个维度下苦历，精要做到精品、精确、精准与精耕，细则代表细节、细致、细腻和细作。

因此，精细化运营应该具备数据驱动的思维，掌握一定的数据分析工具，在实际工作中，不断从数据中提出问题，不断尝试，用数据来优化运营，进而实现客户和业务的增长。后流量时代，只有适应用户需求匹配，建立产品壁垒，精细化运营，才能让企业进入良性发展轨道。精细化运营需要掌握场景化全渠道流量营销、私域流量沉淀、品牌形象塑造等方法和技巧。

（1）场景化全渠道流量营销。商家将整合传统媒体和新媒体资源，构建场景（线下或线上）引领消费者进入，全渠道挖掘流量。线上流量的减少和价格疯涨使很多电子商务企业转向传统流量寻找流量突破。无论是线下门店（新零售）、传统广告（如报纸、杂志、广播、电视等），还是最古老的"人肉"地推，都成为挖掘流量的手段。

（2）私域流量沉淀。店铺要运营好流量，让流量带来销量和业务发展。而电子商务大淘宝体系 80% 的交易额属于天猫 20 万头部商家，淘宝 900 多万中小商家只能瓜分剩下 20% 的交易额，所有流量和交易集中到头部。对于大多数企业来说，流量从必需品变成了奢侈品。私域流量是商家可以自由反复利用，无须付费，又能随时触达，被沉淀在公众号、微信群、个人微信号、头条号、抖音等自媒体渠道的用户。私域流量，商家可以多次免费触达用户，节省流量成本，获得稳定客户。利用较低投入获取流量之后，通过内容运营和 IP 打造给用户种草，从而增加用户的复购和分享，提升用户终身价值，对现有流量进行更有效的转化，以及对未发掘流量进行更深度、更精准开发。通过私域流量池生产原生化的内容提高用户黏性，进而创造"粉丝"经济。

（3）品牌形象塑造。"流量占据通路、品牌占据人心"。品牌不仅是心智占有和信任背书，而且品牌本身就是巨大的流量池，品牌即流量。未来网店之间的竞争也是品牌的竞争。实际消费时，品牌对心智的占领也会起作用，不仅第一时间想到该品牌，还会自发主动推荐。想要吃快餐，脑子里出现的是老娘舅、真功夫，想要吃火锅，去找海底捞；想买手机，脑海里有华为、小米；想买坚果，想到三只松鼠。企业在营销活动中要做到品效合一，也就是实现"品牌增长"和"实际效果"的双增长。

3.2　自然搜索流量推广

电商平台店铺的免费流量来自自然搜索和类目浏览等流量,其中自然搜索流量可谓是重中之重。自然搜索流量不仅占比高而且通常是自愿点击和下单的流量,同时能够比较方便快捷地通过数据分析优化商品标题、详情页等要素,进一步提高自然搜索流量及转化,这也就是常说的搜索引擎优化(search engine optimization),以下简称SEO。

3.2.1　SEO重要作用

搜索引擎优化SEO是一种利用搜索引擎的搜索规则来提高目前网店在有关搜索引擎内自然排名的方式。狭义上讲是通过总结搜索引擎的排名规律对网店进行合理优化,使网店在搜索引擎的排名提高。广义上讲是通过SEO等的一套基于搜索引擎的营销思路,为网店提供生态式的自我营销解决方案,使网店在行业内占据领先地位,从而获得品牌效应。其本质是迎合搜索引擎的排序机制,让搜索引擎认为该店铺的商品或页面对电子商务平台内的用户最有价值,该商品最有可能成交转化。

SEO优化一般包括优化网店标题、商品类目、商品详情页、商品的上下架时间等,以此来使网店获取更好的自然搜索排名和更多的平台推荐机会,带来更多免费流量。SEO是网店获取平台免费流量的重要手段,无论是国内电子商务平台(如淘宝、天猫、京东等)还是跨境电子商务平台(如速卖通、亚马逊等)上的店铺流量主要都是来自平台免费流量(关键词搜索、系统推荐)、自主访问流量(收藏夹、购物车、店铺链接)、付费推广流量(SEM推广、信息流推广)等,如图3-3所示,其中免费的平台流量占比最高,也是众多卖家争相抢夺的目标。因此SEO对网店推广极为重要。

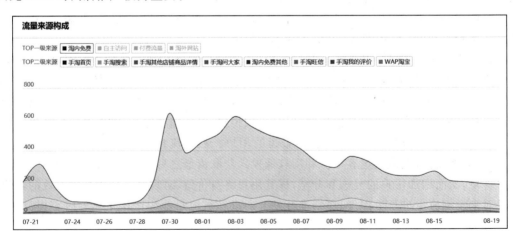

图3-3　某淘宝店免费流量来源分类

SEO对网店运营具有非常重要的作用,主要包括以下三个方面。

1. 降低网店获客成本

网店获客成本是指网店获取新的客户所产生的费用,由营销总费用加销售总费用除以获取新客数计算所得。网店流量来源一般包括免费流量和付费流量,要降低网店的获客成本,就要提高免费流量在总流量来源中所占的比重。当消费者需要了解一个产品或者一项服务时,一般会通过搜索引擎进行搜索,因此 SEO 优化不仅能为网店带来免费流量,也能够为其带来精准的客户。如图 3-4 所示,某淘宝店经过 SEO 优化后,店铺免费流量一直占据流量来源的榜首,其中峰值当日免费流量占比高达 97%。由此可见,SEO 优化对一个网店获取免费流量十分重要,只有这样,网店的付费流量获取成本才能被免费流量均摊,才能获取更多的利润。

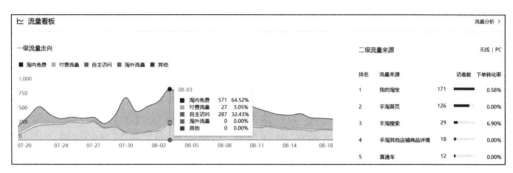

图 3-4　某淘宝店流量来源分布

2. 影响付费推广效果

网店的付费推广效果是指网店通过付费的方式提高店内商品和服务的访问量和转化率。如果一个网店只重视付费流量而忽略 SEO 优化,那么即使网店投入大量的付费推广成本,糟糕的 SEO 仍会影响电子商务平台系统的推荐结果和搜索结果,甚至会降低付费推广的转化率和推广效果。SEO 优化和 SEM 推广、信息流推广等付费推广相辅相成,互相促进。做好付费推广的前提是先做好 SEO 优化,在付费推广的助推下,提高网店总体流量。

3. 提升网店权重

网店权重是指搜索引擎根据网店或商品的质量给出的一个综合评分,也叫作权威值。网店权重是网店在电子商务平台上的可信赖度,是平台对店铺(或商品)的排名依据。权重越高,店铺可信赖度越高,搜索排名则越靠前;权重越低则反之。电子商务平台更倾向于将优质的流量分配给权重高的店铺。店铺权重的计算指标有很多,包括店铺类型、DSR 动态评分、好评率、店铺人气、人群精准度、产品销量、点击率、转化率、复购率、客服响应速度等。例如,速卖通平台对平台卖家店铺制定服务等级考核指标基准,即每日服务分,由店铺的成交不卖率、纠纷提起率、货不对板仲裁提起率、货不对板仲裁有责率、好评率、DSR 商品描述、DSR 卖家服务、DSR 物流等指标共同决定,如图 3-5 所示。每日服务分得分越高,店铺权重越高,对搜索的排序越有利。可见,SEO 优化对速卖通店铺权重的提升极为关键。

3.2.2　搜索引擎排序机制

搜索引擎排序机制是指搜索引擎通过用户引导、搜索词拓展、搜索词拆解、内容筛选等行为对消费者进行商品或网页推荐的过程。电子商务行业发展日新月异,各大互联网平台的搜索规则也在不断变化升级,个性化搜索成为百度、淘宝、京东、速卖通、亚马逊等各大平台搜索引擎发展的趋势,搜索引擎由最初满足用户搜索需求上升到为用户提供更优质的服务体验。

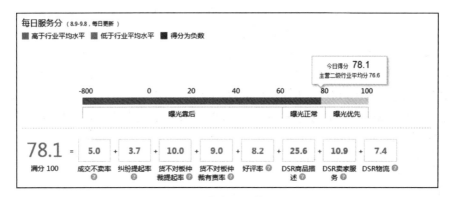

图 3-5　速卖通卖家服务等级考核指标

　　个性化搜索指的是当平台用户积累到一定程度的时候,根据用户的各种交互行为(如浏览、点击、收藏、加购等)和不同偏好,采用大数据挖掘和人工智能技术,构建用户画像,刻画出该用户的偏好(如内容偏好、价格偏好、地域偏好、品牌偏好等),定制搜索内容的行为,也就是常说的"千人千面"搜索结果。

　　互联网平台搜索引擎的目标是帮助完善搜索意图、为用户推荐最合适的产品或服务,以提高整体搜索体验。搜索工具的工作过程如下:首先对用户输入的搜索词进行解读分析,其次根据解读后的搜索词对产品或服务的内容进行筛选,最后根据用户属性,将筛选的产品或服务按照不同维度的得分进行排序,展现在用户的搜索结果中。从用户搜索角度分析搜索引擎对商品或者服务的排序机制主要包括用户引导、搜索词拓展、搜索词拆解、内容筛选四个环节。

1. 用户引导

　　用户引导是指在用户开始搜索之前,互联网平台根据对用户人群画像的构建,在搜索框中间或者下方默认向用户推荐其可能搜索的关键词、类目词、品牌词、特定活动等,引导用户搜索相关热门内容,或提示用户所要搜索的关键维度的过程。例如,在 AliExpress、淘宝、京东等电子商务平台中,"历史搜索"能够帮助用户检索历史需求,对需求进行重复多次搜索,"历史搜索"中的关键词转化率一般优于搜索引擎推荐的其他关键词;"热门搜索关键词"一般多是短词、热门词或是大促热门活动主题,意在解决用户的冷启动问题。推荐依据为通过算法模型计算用户在电子商务平台的历史交互行为(点击、收藏、加购、购买等),以此推荐精准的关键词,同时能够起到关联销售的效果。

2. 搜索词拓展

　　搜索词拓展是指当用户在搜索框中输入要搜索的信息之后,系统通过搜索联想和自动补全功能,向用户推荐与搜索词非常相关的关键词的过程。用户通过点击推荐关键词,能搜索到更精准的结果。搜索词进行拓展能够帮助用户在搜索之前更好地理解系统需求,避免出现搜索词反馈的商品或网页信息较少或者反馈的商品或网页信息与用户的真实需求不相匹配等问题。系统如果直接使用这些搜索词对数据库中的内容进行检索、排序,再推荐给用户,往往会和用户真实需求存在误差,降低了用户的搜索体验。而系统提供的推荐词,是经过了众多真实数据验证,用户如果使用了这些由海量数据支撑的搜索关键词,得到的搜索结果会和预想的结果更加相关,可以有效提升用户的搜索体验。因而在 SEO 中的关键词搜集优化过程中,搜索框中的推荐词是不容忽视的一个来源。各大电子商务平台搜索引擎对用户输入搜索词的拓展如图 3-6 所示。

图 3-6　速卖通、手淘、拼多多搜索词推荐比较

在手淘上,系统还能够对搜索词进行拓展,当用户开始输入搜索词时,每输入一个关键词,系统就会采用前缀匹配原则,先使用品类引导词对用户输入的搜索词进行补全,当出现明显的品类引导词后,系统进一步明确用户搜索的类目,用更细粒度属性的标签筛选词继续进行补全,如图 3-7 所示。

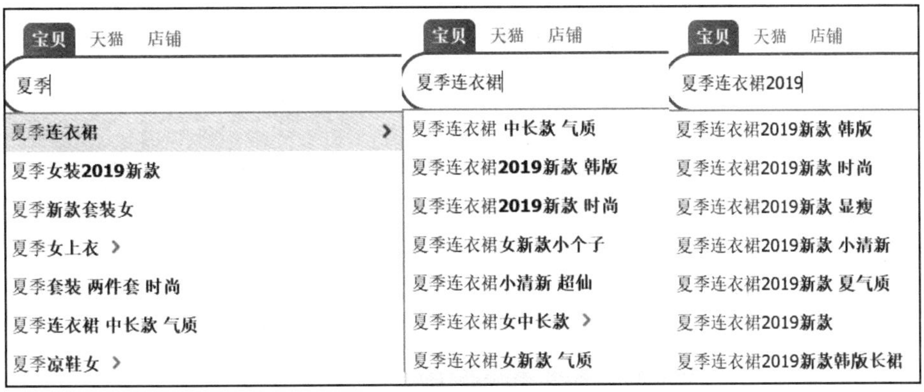

图 3-7　淘宝搜索词补充过程

3. 搜索词拆解

搜索词拆解是指在用户的搜索词确定之后,系统对用户的搜索词拆解,进行语义解析,预测用户的搜索意图的过程。在电子商务平台中搜索词拆解包括词性识别、类目预测、性别预测、拆解拓展等。

(1) 词性识别。词性识别是指系统对用户输入的关键词中核心词、属性词的快速定位,这一过程能够帮助搜索系统快速定位到用户想要搜索得到的商品。核心词定位不同,搜索结果则截然不同,因此从搜索词中快速准确地定位核心词非常重要,只有给予核心词更高的权重分值,搜索结果才能更加符合用户的真实搜索意图。例如,当用户输入搜索关键词"胖妹妹连衣裙大码"时,那么,核心词必然为"连衣裙","胖妹妹""大码"则为"修饰词",因为只有"连衣裙"这个词,才能够确定用户需要的是一个什么样的商品,基于此,系统才能够确定在"连衣裙"这个类目下来检索商品。例如,一组搜索词为"2022最新款胖妹妹连衣裙",那么,通过词性识别,系统能够对搜索词做出如下判断。

  核心词:连衣裙。

  类目预测:女装/连衣裙。

  性别预测:女性。

  属性、标签识别:胖妹妹 最新款 2022 大码 宽松。

  (2)类目预测。类目预测是指系统参考用户本身的标签属性,对用户所搜关键词所属类目进行判断的过程。如"胖妹妹连衣裙大码",系统不仅需要参考用户搜索的类目词"女装/连衣裙",还需要参考标签属性词中的"胖妹妹"。在商品筛选搜索的过程中,类目是系统筛选商品的重要参考因素,将类目相关性作为重要指标,既能保证商品搜索的效率,同时也能保证类目的强相关性,从而保障用户的搜索体验。

  (3)性别预测。性别预测是指系统参考用户本身的标签属性,对用户所搜关键词所属性别进行补全的过程。如当某用户搜索"衬衫"时,电子商务平台在搜索框中实时进行精准的关键词推荐的同时,在后台加上了这个用户"性别""地域"等个人属性,用"衬衫 男"查询召回系统内的商品。

  (4)拆解拓展。拆解拓展是指搜索系统对用户输入关键词进行拆解之后,将核心词进行改写和拓展,获得更丰富、体验更好的搜索结果。如果对用户输入的搜索词进行拆解之后,数据量依然不够丰富,此时直接搜索系统内部海量的商品标题、商品属性描述,则搜索结果既不够丰富,又过于宽泛。对于一个搜索查询,会有很多相似的问法或者相似的查询词,对于搜索系统来说,向其输入的指令越丰富,得到的结果也就越丰富,所以搜索系统对用户输入的搜索词进行拆解和拓展就变得十分重要。

  在网站中搜索词拆解比较简单,在对搜索词拆解之后,一般会出现以下几种情况。

  ① 完全匹配。网站中完整地出现了搜索词,并且关键词的位置也相同。

  ② 部分匹配。对搜索词拆解后,网站关键词中只出现了部分搜索词。

  ③ 分词匹配。将搜索词作为两个独立的词组分别出现在标题中的不同位置。

  ④ 同义词匹配。用同义词对搜索词进行替换后的网站推荐。

4. 内容筛选

  内容筛选是指当互联网搜索引擎系统完成搜索词的拆解后,就会得到一个关于搜索词的向量集合,系统通过对搜索用户标签的提炼,得到一个关于用户的向量集合,这两个集合里包含有不同关键词的权重和不同用户标签的权重,它们将会被用来进行商品或网页的筛选。在对商品进行检索时,参考的指标有商品标题、商品副标题、商品描述、商品参数、商品规格、商品品牌、商品品类、促销类型等。这些指标的权重也组成了向量集合。最后,系统通过计算向量集合直接的相似度来得出商品的排名,向量之间相似度高的,商品排名会越高。

3.2.3 搜索排名影响因素

  搜索排名影响因素是指影响搜索引擎结果排序的因素。影响搜索引擎搜索排名的因素非常多,主要影响因素包括描述质量、相关性、商品交易转化能力、卖家服务能力、权重等。下面以速卖通平台的搜索排名为例,介绍主要的五个影响因素,包括描述质量、相关性、商品的交易转化能力、卖家服务能力、搜索作弊情况。

1. 描述质量

描述质量是指网店中的标题、详情页等描述的质量。描述质量的优劣对用户体验存在极大影响,进而影响搜索排名。不同形态网店的描述质量所包含的要素不尽相同,下面对不同形态的网店的描述质量进行深入分析。对于淘宝、速卖通等电子商务平台的 SEO 而言,描述质量是指平台中网店的商品描述质量,主要包括网店的商品标题、类目、属性、详情页等商品描述的质量。作为卖家,必须准确地告诉买家其网店销售的是什么样的商品,是否符合其真实需求,从而帮助其快速做出购买决策。如果因为虚假描述引起纠纷,将会严重影响商品排名和店铺信誉,受到平台处罚。若要保证商品描述质量,则需要尽力做到商品描述完整准确、主图和详情页清晰美观。

2. 相关性

相关性是指搜索关键词与网店要素之间的相关性匹配程度,用于反映两者以上要素之间的关联性。对于淘宝、速卖通等电子商务平台的 SEO 而言,相关性是指用户搜索关键词与店铺商品所属类目、商品标题、商品属性之间的相关性匹配程度,即主要包括类目相关性、标题相关性和属性相关性。

(1)类目相关性。类目相关性是指用户搜索关键词与店铺商品所属类目之间的相关性匹配程度。类目相关性作为搜索基石,其重要性不言而喻。根据电子商务平台搜索引擎排序机制,当搜索引擎获取用户提交的关键词后,会首先判断该关键词属于哪个类目,因此,若商家在发布商品时,商品类目选择错误或者不合适,那么即使标题优化做得再好,也很难获得搜索展现。

以淘宝为例,淘宝搜索引擎具备强大的自我学习功能,其会对用户的历史搜索行为(点击、加购、收藏、购买等)进行挖掘分析,得出当前用户最有可能成交的类目,然后优先推荐给用户。

在用户通过关键词进行搜索时,平台优先展示与该关键词相关性最大的类目的商品,放错类目的商品将不被展示,甚至会被降权,因而,店铺在上新过程中务必对商品的类目选择慎之又慎。

(2)标题相关性。标题相关性是指用户搜索关键词与商品标题之间的匹配程度,匹配程度越高,则相关性越大,将被优先展示。以速卖通为例,当用户在速卖通平台中搜索关键词“dresses”时(图 3-8),在综合排序下,店铺商品标题中核心词为“dresses”的要比“skirt”的相关性高,将被优先展示。

(3)属性相关性。属性相关性是指用户搜索关键词与商家发布商品时选择的属性之间的匹配程度,匹配程度越高,则相关性越大,将被优先展示。若发布商品时属性错选,对于用户而言,将导致用户在搜索该属性关键词时,出现平台反馈的搜索结果与用户实际搜索需求不相符的情况,影响用户购物体验;对于卖家店铺而言,将导致进入店铺商品详情页的流量不精准,对商品转化率、跳失率、销量等指标带来极大不利影响,影响搜索排名,甚至引发取消订单、退款退货、纠纷、差评等不良后果,并且卖家需要承担相应的责任和处罚。所以在发

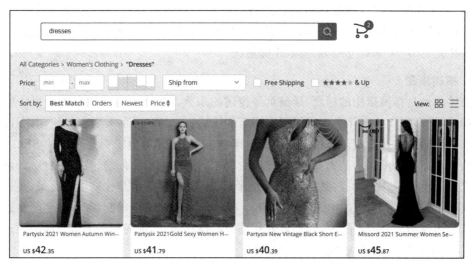

图 3-8　用户搜索关键词与商品标题的相关性

布商品时应尽可能填写符合自身商品特征的属性,提升用户搜索关键词与属性之间的相关性。

3. 商品的交易转化能力

商品的交易转化能力是在商品的转化过程(即客户从浏览到下单的过程)中体现出来的。从曝光到成交的过程大概可以分为三个阶段,即展现、点击和转化,这个过程形成了"营销漏斗"模型。商品转化能力实际上就是看这个"漏斗"里最终漏出来有多少,即成交的能力如何。"营销漏斗"漏出的能力越强,代表着其交易转化能力越强。这样的商品或店铺意味着比较符合买家的需求,这些商品或店铺的质量、价格、服务等方面也比较优秀。因此平台会对这些商品或店铺进行流量上的扶持,这不仅符合平台的搜索排名的目标,即"要将最好的商品、服务能力最好的卖家优先推荐给买家,谁能带给买家最好的采购体验,谁的商品就会排序靠前",也符合平台的根本利益。

4. 卖家服务能力

服务质量是指在电子商务平台中,买家与卖家在交易过程中,卖家所提供服务能够满足买家需求的程度。用户是一个电子商务平台赖以生存的基础,用户的购物体验和利益往往会被平台优先考虑,而卖家服务质量对用户在平台的购物体验存在直接影响。电子商务平台倾向于把流量分配给服务质量好的卖家店铺,且均设置有相应的考核标准对卖家服务质量进行考核,以规范平台卖家服务质量。

速卖通中国卖家服务水平考核,核心围绕物流履约、商品品质、客户服务三块进行考核。在后台卖家服务分中,可获取店铺的月度服务分、昨日服务分和详细的指标得分以及当月的服务分趋势图,如图 3-9 所示。

卖家服务能力等级和各服务指标水平直接反映卖家的服务质量,服务指标考核结果将决定店铺能否正常开店运营、能否被速卖通推荐、能否有资格参加速卖通平台活动和相关的计划。2022 年速卖通平台将围绕履约和品质两大维度加强考核,具体指标内容如表 3-1 所示。

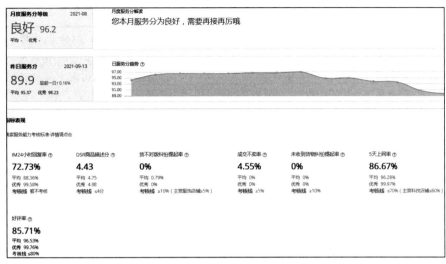

图 3-9　网店后台的服务分值页面

表 3-1　速卖通平台的服务能力考核指标

考核范围	场　　景	考核指标	指标口径(分子、分母)
履约指标	成交不卖是指买家在订单付款后,卖家逾期未按订单发货的行为。上述逾期是指未在卖家发货时限之前上传运单号(含部分发货后未在卖家发货超时时限之前确认全部发货),导致被系统关单情况	成交不卖率	分子:过去 30 天,卖家发货超时订单
	注意:若为消费者主动取消订单,则不会计入"成交不卖"考核中		分母:过去 30 天,卖家发货超时订单+全部发货的订单数
	5 天上网率是指买家在订单付款后,卖家及时发货并提供有效的物流追踪信息。可提高用户的购物体验并增强其信任感,大幅降低未收到货纠纷提起率、提高 DSR 卖家服务分	5 天上网率	分子:过去 30 天全部发货且物流上网时间-支付成功(风控审核成功)时间小于或等于 5 天的订单数
			分母:过去 30 天支付成功(风控审核成功)的订单数-成功取消/超期取消订单数
			注意:统计时间均为自然日,考虑物流上网时间反馈延迟情况,统一会预留 5 天。例如:1 月 8 日统计的是 1 月 1 日倒推 30 天的数据。国庆节和春节假期统计顺延,不统计进 5 天中。5 天上网率考核商家过去 30 天订单中 5 天上网情况
	未收到货纠纷是指买家因未收到货物提起退款订单,场景包含货物仍然在运输途中、发错地址海关扣关、物流退回了包裹、运单号无法查询到物流信息等,其中买家主动撤销退款的订单不计入考核	未收到货纠纷率	分子:过去 30 天,买家因未收到货物提起退款订单数-买家主动撤销退款的订单数
			分母:过去 30 天,买家确认收货+确认收货超时+买家提起退款的订单数

续表

考核范围	场　　景	考核指标	指标口径(分子、分母)
品质指标	买家收到的商品与达成交易时卖家对商品的描述或承诺在类别、参数、材质、规格等方面不相符,发起的货不对板原因纠纷率,买家原因不计入考核	货不对板纠纷率	分子:过去 30 天,买家因货不对板提起退款订单数—买家主动撤销退款的订单数
			分母:过去 30 天,买家确认收货＋确认收货超时＋买家提起退款的订单数
	买家对下单商品与商品描述的一致性的评分中,好评的占比	30 天好评率	分子:过去 30 天,买家对商品描述评分为 4 分、5 分的数量
			分母:过去 30 天,买家对商品描述评分为 1 分、2 分、4 分、5 分的数量
	买家对下单商品与商品描述的一致性的评分中,整体的平均分值	店铺 DSR 商品描述分	过去 30 天,买家在 DSR 对商品描述项的评分平均分

商品品质直接影响客户的消费体验及所获得的价值,商品品质出现问题,在店铺的好评率、货不对板纠纷率以及 DSR 评分上会体现出来,从而影响整个店铺后续的流量吸引和转化。在商品品质考核指标中,店铺 DSR(detail seller rating)商品描述分指的是买家在订单交易结束后以匿名的方式对卖家在交易中提供的商品描述的准确性(item as described)做出的评价和打分。此外,DSR 评分体系还包括其他两个维度的指标:沟通(communication)质量及回应速度、物品运送时间(shipping speed)合理性。每项店铺评分均为动态指标,起始评分均为 5.0。店铺 DSR 评分好的店铺才能健康良性发展,拥有良好的买家体验。店铺 DSR 评分作为衡量店铺服务水平的重要指标,近年来在自然搜索排名中的权重不断提升。店铺 DSR 评分低将对店铺及商品带来以下三方面的影响:直接影响商品及店铺搜索排名;造成店铺流量减少且严重影响转化率;影响各种活动的报名及审核,活动受到限制,无形中降低店铺权重及销量。

5. 搜索作弊

作弊处罚是指在电子商务平台中,卖家采取违反平台规则的作弊行为,平台相应给予处罚。常见的作弊行为包括类目错放、属性错选、标题堆砌、重复铺货、广告商品、描述不符、计量单位作弊、商品超低价、商品超高价、运费不符、SKU 作弊、更换商品、信用及销量炒作等。这些作弊行为一旦被平台发现,平台不仅对违规商品给予搜索排名靠后甚至下架删除等处理,而且会根据卖家搜索作弊行为累计次数的严重程度对整体店铺给予搜索排名靠后或屏蔽等处理;情节特别严重的,平台将给予冻结账户或关闭账户等处理。

3.2.4　SEO 关键词挖掘和分析

根据搜索排名的影响因素,可以发现要提高在搜索引擎内的自然排名,优化标题是提升自然搜索流量的一种有效方式,可以最大化获取搜索流量、提高展现量及转化率。因此在搜索引擎优化搜索排名过程中,能否在自然搜索结果页中被用户搜索到,关键词起到了非常重要的作用。

标题本质上就是由关键词组合而成,标题可以说是关键词优化和组合最重要的应用场景。此外,在商品属性、详情页以及付费推广直通车等场景,也需要做好关键词的优化和呈现。以速卖通为例,关键词的应用场景和重要性如图 3-10 所示。

图 3-10　关键词的应用场景和重要性

1. 关键词分类

关键词(keywords)是指用户在使用搜索引擎时输入的表达个人需求的词汇,它往往是最能直接反映出用户意图的。如果网店选对关键词,那便可以快速地出现在精准用户的搜索结果中,达到引流的目的。在前面 SEO 作用与原理中介绍过,搜索引擎需要对用户输入的搜索关键词进行词性识别,并根据关键词不同的词性分配不同的权重,所以熟悉并掌握关键词的分类是非常重要的技能。目前行业内并没有对关键词的类别划分形成统一标准,但在主流搜索引擎中常见的关键词类型一般有核心词、品牌词、属性词、营销词、长尾词等。

(1)核心词。核心词是指与商品有紧密联系的,能精准表达商品的关键词。核心词是标题的重要组成要素,标题中的其他相关关键词往往可以围绕核心词延伸出来,例如"夏季连衣裙中长款",这里的核心词就是"连衣裙"。一般核心词字数较少,多为行业内的短词、热词和大词,搜索量非常大,但数量往往较少,因此竞争激烈。同时,用户在使用核心词搜索商品时,搜索引擎很难准确判断用户的精准需求,只能大致确定用户所需商品的类目,因而在搜索结果中无法精准地展现用户需要的商品,这类词的转化率往往偏低。常见的核心词主要有商品词、类目词等。商品词一般指的是商品的名称,例如"自行车""牛仔裤""手机"等。类目词一般指的是商品所属类目的名称,类目词又可细化为一级类目、二级类目、三级类目及四级类目等。比如,连衣裙属于女装类目下的子类目,女装属于一级类目,连衣裙属于二级类目,连衣裙类目下面还包括"半身裙""针织裙""丝绒裙""打底裙"等三级类目,这些三级类目名称都可以作为核心词出现在商品的标题中。

(2)品牌词。品牌词是指商品的品牌名称,例如"华为""海尔""三只松鼠"等品牌名称。网店在使用品牌词时,要避免不当使用他人品牌词,否则可能会构成侵权。

(3)属性词。属性词是指描述商品参数、特征的关键词,如商品的尺寸、材质、颜色、型号、风格、样式、用途等。属性词能够帮助用户了解商品的详细情况,也能够帮助平台快速将商品信息匹配给合适的用户。例如,用户搜索"连衣裙 2021 中长款丝绸",其中"中长款""丝绸"均属于连衣裙的属性,用户能够通过属性词对商品建立起全面立体的认识,同时也可以方便用户挑选自己需要的商品,因此属性词往往是影响用户购买决策的一个重要因素。

（4）营销词。营销词是指具有营销性质的关键词。营销词包括描述优惠信息、突出商品卖点、展现品牌信誉等的词汇，通常作为核心词和属性词的补充，例如"2022 新款""正品"。在挖掘营销词时，除可以选择一些常见的热门促销词之外，还可以根据用户心理以及搜索习惯选择关键词，这样更能引起用户的注意和好感，提高商品的展现量和点击率。

（5）长尾词。长尾词是指商品的非中心关键词，但与中心关键词相关，也可以带来搜索流量的组合型关键词。长尾词一般由 2 个或 2 个以上的词组成，至少 3 个字以上。通常可以由核心词、属性词、营销词等搭配组成，例如"粉色蕾丝软清新""荷叶长裙大码轻薄"。长尾词的总体数量非常庞大，搜索量较小，竞争度不大，但用户用长尾词搜索时目的性更强，需求更加精准，因此带来的转化率比较高。

2. 关键词挖掘

（1）关键词挖掘流程。关键词挖掘是指利用关键词扩展工具，对目标词库进行相关数据指标分析，以得出最优关键词。关键词挖掘是优化人员在选词前必做的一件事，可根据目标词库的大小，采取不同的策略进行关键词挖掘，它将为内容创作优化指明方向，有的放矢，达到 SEO 优化的最佳效果。通常挖掘关键词的步骤如下。

① 网店应该先深入了解自己的商品或服务以及用户的搜索习惯等。同时，需要了解搜索引擎的排名机制，才能更精准地挖掘关键词。

② 网店根据所在搜索引擎、行业的情况，设定关键词挖掘的范围。通常情况下，关键词要与商品相关，不能一味地追求关键词的数量。使用与商品不相关的关键词，可能会导致被搜索引擎降权。

③ 网店可以采用多种不同的关键词挖掘方法进行关键词挖掘。

④ 网店将挖掘到的关键词制作成关键词词库，并定期动态调整词库中的关键词。

关键词选取应该尽量选择与网店内容或产品有相关性的、搜索次数多且竞争小的关键词，同时主关键词不能太特殊。为了做好关键词选取，应站在潜在客户的角度，设想潜在客户会用什么样的词寻找此类产品或服务，根据企业不同的推广需求，扩展尽可能多的关键词，以便获得更多潜在受众的关注。

（2）关键词挖掘方法。关键词的挖掘方法非常多，以速卖通为例，根据搜索流量的具体来源，其关键词挖掘方法如图 3-11 所示。

目前主流的关键词挖掘主要有以下三类方法。

① 直接在搜索引擎搜索时给出的提示词中获取关键词，如搜索下拉框、相关关键词等；推荐关键词是利用平台的数据分析功能，根据产品信息推荐的与产品相关度较高的关键词，推荐的关键词是指在一定时间内统计并经过指数化处理后生成关键词的搜索热度、点击率、转化率、竞争度、市场均价等数据，根据数据找到与产品相关的关键词。

② 利用搜索引擎为网店提供的数据分析工具获取关键词，如淘宝的生意参谋、京东的商智、速卖通的数据纵横、百度推广的关键词规划师、百度指数、谷歌 AdWords 的关键词规划师等。可以通过搜索查找关键词的形式，进行关键词的拓展。例如，搜索"连衣裙"，能够找到与"连衣裙"相关的关键词。这种方式下可以围绕核心关键词进行拓展，整理出关键词表。

③ 借助市场中成熟的第三方关键词挖掘工具获取关键词。如很多速卖通和淘宝卖家愿意使用店小蜜等第三方服务软件，一些亚马逊卖家则会购买 jungle scout。

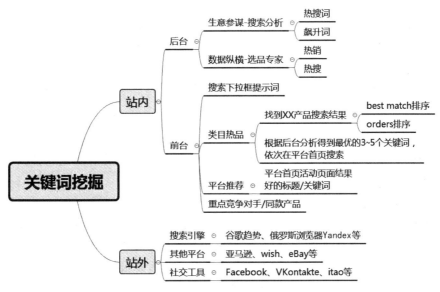

图 3-11　速卖通的关键词挖掘方法

3. 关键词词库制作

建立关键词词库的目的是商家在 SEO 优化的时候,可以省去关键词重复挖掘与重复筛选的过程,商家可以在关键词词库中直接选词,优中选优。通常制作关键词词库时,商家需要注意以下几点。

(1) 从不同来源获取的大量关键词,商家需要进行辨别。商家可以初步剔除一些无用词以及违规词。无用词主要指与商品关联度弱、搜索量过低、点击率和转化率过低的关键词。违规词是指违反广告法、违反所在平台规则的关键词。

(2) 商家可以根据不同商品类目、关键词类别等,利用 Excel 工具制作关键词词库。当然在制作的时候要注意,不仅只是把关键词填入词库中,关键词的类型及相关数据也需要在词库中保留下来,以便在今后 SEO 优化时作为参考。

(3) 关键词积累是一个长期的过程,因此还需要商家定期动态更新关键词词库。例如需要定期新增关键词,更新关键词相关数据;需要定期筛选出数据表现不好的关键词,但是不要直接筛除这些关键词,可以在关键词词库中标注出来,避免下次进行标题优化的时候再次使用。

3.2.5　商品标题制作与优化

1. 商品标题的作用

商品标题是描述商品的名称,通过标题可以让买家找到商品、快速了解商品的类别、属性、特点等。商品标题是与买家自然搜索联系最紧密也是影响最大的因素,一个优秀的商品标题可以为商品带来更多的自然搜索流量。网店商品的标题是由多个关键词组成。在淘宝网店中,商品标题限

微课:标题制作
流程及技巧

制在 30 个汉字或者 60 个字符以内。在速卖通网店中,商品标题则最多只能由 128 个字符组成(一个数字、英语或空格为 1 个字符)。在制作网店商品标题时,要充分利用好有限的标

题字符空间,以便获取更多的流量。

一般商品标题具备三个非常重要的作用:一是明确告诉潜在买家网店卖的是什么;二是告诉搜索引擎网店卖的商品是什么;三是影响商品自然搜索结果排名,标题关键词与商品的相关性,是搜索引擎进行商品排序的重要因素。一个好的商品标题,应该满足两个条件:一是有利于点击,标题设置需要符合买家的购买习惯;二是有利于展现,标题中需含有买家搜索的关键词,且关键词相关性较高。

2. 商品标题制作流程

商品标题一般由核心词、品牌词、属性词、营销词等组成。在制作标题时,网店需要从关键词词库中把这些优质关键词筛选出来。

一般网店制作商品标题主要分为如下几个步骤。

(1)根据关键词组成要素,从关键词词库中找出合适的关键词。网店通过对商品属性、类目、品牌、特征、卖点等的分析,从词库中找出与商品有相关性的各类优质关键词。

(2)根据关键词数据指标,筛选出优质关键词。网店可根据商品的不同周期、竞争阶段,对词库中的各项指标进行筛选,选出最优关键词,并进行组合。

(3)调整标题关键词排序。网店需要根据买家的搜索习惯调整关键词的顺序。例如商品标题中到底用"丝绸连衣裙"还是"连衣裙丝绸"关键词组合呢?这时网店可以将这两个关键词组合放到搜索中去验证,判断哪个关键词更符合买家的搜索习惯,最终确定关键词。当然网店还需要根据所在电子商务平台的商品搜索权重机制调整关键词排序。

(4)确定商品标题。根据商品的动态经营数据,网店可以适当对商品标题进行优化调整。

3. 商品标题制作注意事项

商品标题的优劣关系到商品的搜索权重,影响商品的自然搜索流量以及网店的活跃程度。在创作商品标题时,需要注意以下几点。

(1)商品标题尽可能写满。网店制作商品标题时,要尽可能写满,这样能够提高商品关键词的覆盖率,商品被搜索、展现的可能性将会变大。选择与商品相关度高的关键词,不能为了写满字符数量而堆砌一些无用的关键词。标题关键词要与商品的属性一致,例如商品是连衣裙的话,则不应当使用衬衣;商品是运动款,则不应当使用商务款等。也就是说,标题关键词要真实可信,如果虚构关键词,网店商品可能会被下架并扣分。

(2)商品核心词尽可能前置。目前多数买家使用移动端在网上购物,在移动端展现搜索结果时,标题往往会被截断,分成两行进行展现,买家一般倾向于先看前面的关键词,所以将核心词放在前面,从视觉营销的角度,能够有效提高商品的点击率。

(3)网店商品尽可能多地覆盖所处类目关键词。因为单个商品标题的字数有限,将不同关键词使用在不同的商品标题中,既能个性化地描述网店商品,也能将网店中的关键词覆盖尽可能多的人群。

(4)爆款商品标题慎重优化。如果商品已经成为销量表现良好的爆款,那么在优化的时候就需要慎重,不要随意增减或修改关键词,因为优化商品标题的目的是获取流量,吸引买家。如果商品已经是爆款,则没有继续大幅度优化标题的必要。

(5)标题优化频率不应太高。频繁优化商品标题关键词,可能会导致搜索降权,建议至少 7 天以上才考虑优化一次标题,等新标题的权重形成了之后,再酌情进行商品标题优化。因为修改标题会有一些影响,所以在修改优化标题的时候一定要先考虑好。

4. 商品标题制作误区

在商品标题制作中,同样的关键词在不同的商品中,转化率和点击率是不一样的,这主要是因为商品的权重不同,搜索排名结果差异比较大。如果添加的是与商品属性不符的关键词,那么该商品的点击率和转化率也会非常低。常见的标题制作误区主要有以下四点。

(1)直接复制爆款标题。由于一个词的曝光量是有限的,自己网店商品的竞争力不及同行,直接复制同行的爆款标题,商品的搜索权重也会降低,商品搜索结果排名无法达到期望的效果,因此绝对不可以直接抄袭他人的标题。

(2)直接按自身想法写标题。如果不结合数据分析,直接按照自身想法撰写标题,那么这个关键词有没有展现,精不精准都不得而知,因此,要结合数据指标选择关键词制作商品标题。

(3)盗用其他品牌关键词。在商品标题中使用与商品自身无关的其他品牌的关键词虽然可能会获得一些流量,但是这种行为涉及搜索作弊,并属于侵权行为。

(4)堆砌关键词。在制作商品标题时,切记不要重复堆砌关键词。这样一方面浪费了标题有限的字符空间,另一方面标题质量会降低,可能会受到搜索降权处罚。

5. 商品标题优化

商品标题优化是关键词的组合优化,得出高质量的商品标题,提升商品的展现机会,提高商品的点击率,获得更优质的自然流量。商品标题优化的方法多种多样,效果不一而足,并没有一个标准的公式来达到预期的优化效果。不同的商品类型,商品所处的竞争阶段不一样,竞争条件不同,那么商品标题的优化策略也是不同的。

按照商品所处的竞争阶段,可以将商品分为爆款、日常销售款、新品/滞销款三种类型进行标题优化。

(1)爆款标题优化策略。爆款是指在商品销售中供不应求销量很高的商品,也称爆款商品。爆款标题优化策略的核心就是和同行网店去竞争行业最大的流量入口,做到类目内曝光最大化,让商品达到行业搜索曝光热度最大化,也就是标题尽可能覆盖更多的关键词,尽量选择综合搜索热度最高的关键词。

因此爆款标题应该选择的是行业内的热词、短词,剔除和自身商品不相关的属性及品牌词,选择出现点击次数最多、热搜指数最高的关键词组合成曝光度最高的标题。

(2)日常销售款标题优化策略。日常销售款商品虽然没有达到爆款的量级,但每天都会有销量,通常网店中这类商品数量是最多的。日常销售款的竞争力弱于爆款的竞争力,即使选用了行业大词、热词作为商品标题关键词,商品的曝光率也抢不过爆款。因此日常销售款选择关键词,应该以商品的属性词为基础进行关键词拓展,从而达到较高的转化率。

在进行日常销售款标题优化时,网店为了获取自身商品属性相关度高的流量,应尽可能包含更多的属性相关词,让符合属性的关键词曝光度最大化。

要做到属性曝光最大化,网店可以按照以下三个步骤进行优化。

① 确定商品的核心属性。

② 通过各种关键词挖掘方法,采集相关的属性关键词,扩充词库中的属性关键词。

③ 选出关键词词库中相关的属性关键词,选择展现指数和点击指数较高的属性关键词,组合成曝光度最高的标题。

(3)新品/滞销款标题优化策略。网店新品是商品上线不久,基础销量比较少,几乎没有买家评价和买家秀,因此商品获取免费自然搜索流量的能力比较弱,与已经成为爆款的竞品相比没有任何竞争优势。滞销商品广泛意义上是市场上因一些原因不受消费者欢迎而导致销售速度极慢的商品。滞销商品指的是90天前首次发布的,且最近三个月内没有卖出过任何一件的商品。滞销商品不进入搜索平台,滞销品的点击率、转化率和商品权重都比较低,即使使用全标题去搜索,也很难找到对应商品。大多数网店都存在新品和滞销品现象,如何提高这两类商品的权重,对于网店来说非常重要,而标题优化就是其中的一种有效的手段。

由于新品和滞销品的流量获取能力低于爆款商品和日常销售商品,因此必须改变标题的优化策略。在选择关键词时,不要去选择行业大词和属性热词,不要一味地追求展现量,这类商品要尽可能拿到精准的搜索流量,尽量去选择竞争度小但较精准的关键词放到标题中,例如优质的长尾词。

总之标题优化的综合策略就是差异化商品搜索优化方向,爆款商品、常销款、新品、滞销款的搜索优化方向是不一样的。确定差异化的搜索优化方向后,就能够根据商品的特点选择不同的关键词,并着手优化。

3.2.6　商品详情页优化

除商品标题会影响自然搜索外,详情页也会影响流量的获取。详情页是买家了解商品基本信息的主要渠道,是影响买家是否决定购买的关键页面,影响着商品的转化率、跳失率等关键性指标。详情页的制作其实就是引导买家一步步深入关注商品的过程,好的详情页应该同时兼顾目标人群定位、商品展示、页面布局、加载速度等多个因素。

1. 目标人群定位优化

商品详情页的主要目的是介绍商品的特征并将商品推荐给消费者,尽可能地促成成交,因此,详情页的定位必须符合目标群体的定位。卖家可以通过对买家性别、年龄、购买习惯等属性进行分析,根据目标群体画像结合商品特征整理出完整的营销思路,并尽可能地体现在详情页面上。

2. 商品展示优化

商品展示是详情页的主体部分,也是买家非常关注的内容。一般来说,商品展示需具备一定的逻辑性和规律性,以买家购物的心理流程为基础。首屏展示需要激发买家的兴趣,因此可以将商品效果图、细节图或具有吸引力的文案作为首屏内容;引起买家的兴趣后,就需要向买家展示商品卖点,建立起买家对商品的好感;然后向买家展示商品的质量,提升买家的访问深度,提高商品转化率。质量的展示是多方面的,功能、性能、工艺、参数、材质、细节、性价比等都能够表现商品的质量;最后还需打消买家的顾虑,通过证书、售后服务、评价、包装、物流、消费保障等展示加强买家对商品的信任,促使买家尽快做出购买决定。

3. 页面布局优化

页面布局是指详情页的整体布局效果,好的页面布局可以带给买家良好的视觉感受,还可以引导买家深入查看详情页信息。商品详情页在内容安排上应该具备一定的逻辑性,引导买家进行阅读。整体布局应该遵循统一整洁的原则,颜色和风格统一,版面整洁规范。

4. 加载速度优化

网页加载速度事关买家的购买体验,加载时间过长,会导致过高的跳失率。因此在制作详情页时,注意合理切图,保证流畅展现。

3.3 付费搜索流量推广

3.3.1 SEM 推广概述

搜索引擎营销(search engine marketing,SEM)是指基于搜索引擎平台的付费推广,平台提供资源,商家付费购买优质资源,并利用人们对搜索引擎的依赖和使用习惯,在人们检索信息的时候将推广信息传递给目标用户。SEM 可以定位目标用户并让目标用户在显著位置发现推广信息,吸引用户点击进入网页,进一步了解推广内容的详细信息。SEM 是典型的付费搜索流量推广模式,在淘系电商平台(包括淘宝、天猫、速卖通)上,主要指的是关键词搜索广告,在店铺后台则称为"直通车"。

1. SEM 关键词广告

关键词搜索广告是指根据商品或服务的内容、特点等,确定相关的关键词,撰写广告内容并自主定价投放的广告。当用户搜索到广告主投放的关键词时,相应的广告就会展示(关键词有多个用户购买时,根据竞价排名原则展示),并在用户点击后按照广告主对该关键词的出价收费,无点击不收费。由于关键词搜索广告是在特定关键词的检索时才出现在搜索结果页面的显著位置,所以其针对性非常高,另外还具有较高的定位程度,可以提供即时的点击率效果,可以随时修改关键词,收费也比较合理,是性价比较高的网络推广方式。

关键词搜索广告是比较典型的竞价广告商品,广告展示机会由出价竞争排序结果决定,按照高低依次占据搜索结果页广告展示的若干位置,按照广告商品类型可分为站内形态和站外形态,站内形态主要是指各大电子商务平台内部搜索广告的展现位置,如天猫、京东、敦煌等;站外形态主要是指信息类和垂直类搜索广告的展现位置,如百度广告、搜狗智能营销平台、Google Ads、今日头条、美团等。搜索广告是付费的,所以电子商务法要求在搜索结果页面中通过显著标明广告标识与自然搜索结果分开,使消费者能够辨明其为广告。

站内关键词搜索广告系统主要包括淘宝直通车、速卖通直通车、京东快车、亚马逊 PPC、敦煌流量快车等。淘系电商平台的关键词搜索广告"直通车",简称 P4P(pay for performance),直通车的付费方式是按点击付费,简称 CPC(cost per click)。客户在平台购买商品的一般流程是搜索关键词→浏览搜索结果页→点击感兴趣的商品进行浏览。商品是否能展示在搜索结果页靠前的位置直接影响商品的点击率。直通车通过竞价排名让卖家的商品展示在搜索结果页靠前的位置。卖家通过有竞争力的出价使自己的商品靠前展示,展示不需付费,客户点击该商品后卖家才需支付广告费。下面简单介绍各主流电商平台的关键词搜索广告。

(1) 淘宝直通车是为专职淘宝网店经营者量身定制的、按点击付费的效果营销工具,包含搜索关键词推广和非搜索定向推广等不同的推广方式,网店经营者可以用直通车进行单品和店铺推广。网店经营者设置与推广商品相关的关键词和出价,在用户搜索相应关键词时,商品推广获得展现,实现精准营销,网店经营者按所获流量(点击数)付费。淘宝搜索关键词后其展示位置主要分为三大部分,分别是主搜区上侧、主搜区右侧、主搜区底部。主搜区有三个展示位,有"广告"提示字样;主搜区右侧有 16 个竖着展示位;主搜区底部有五个展位。每页右侧和底部共展示 21 个宝贝,其中右侧展示 1～16 位,底部展示 17～21 位,搜索页面可一页一页往后翻,展示位以此类推,如图 3-12 所示。

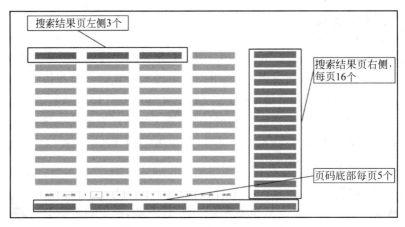

图 3-12　淘宝搜索广告展示位置

(2) 速卖通直通车展示位的展示效果和自然排序展示位的展示效果无明显区别,但直通车展示位右下角会有"AD"符号。直通车展示位有以下几个地方:计算机端主搜页第 5、10、15、20、25、30、35、40、45、50、55、60 位,如图 3-13 所示。移动端主搜每 20 个一页,直通车推广位第一页为第 3、11、19 位,第二页及以后为第 6 位和 16 位,如图 3-14 所示。每个商品详情页底部还有五个广告展示位置。需要注意的是,速卖通平台会根据运营的需要,不定期调整直通车的展示位。

(3) 京准通商品中的京东快车是基于京东网店内推广,按照点击付费(CPC)的实时竞价类广告营销商品,通过对搜索关键词或推荐广告位置出价,将推广的商品、活动或店铺展示在京东网店内丰富的广告中。

(4) 亚马逊 PPC 广告商品"Sponsored Products"与"Headline Search Ads"是亚马逊广告系统基于关键词搜索的广告系统,可以让网店经营者推广的商品出现在搜索结果靠前的位置或指定搜索结果区域。

(5) 流量快车是敦煌网为网店经营者量身打造的强力引流工具,快车商品将会在搜索商品结果列表页中专属推广位置上高频曝光且无时间限制。流量快车商品会出现在商品类目列表页和关键词搜索列表页前八页的第 4、7、10 位等,网店经营者可看到流量快车标识,

图 3-13　速卖通直通车计算机端广告展示位置

图 3-14　速卖通直通车手机端广告展示位置

商品的所在目录、关键词的相关度和商品质量决定了流量快车商品的排序。

2. SEM 关键词成交流程

用户在搜索引擎中通过关键词搜索找到想要的商品或服务,搜索推广账户通过商家购买的关键词匹配用户搜索需求,并展示商家的商品与服务。当商品或服务满足用户需求并具有足够的吸引力时,用户会点击进入商家此关键词对应的链接,并产生购买行为,SEM 关键词贯穿整个成交流程。根据成交阶段的不同,关键词可称为搜索词、推广词、进店词、成交词。

（1）搜索词。搜索词是指用户在搜索引擎搜索时输入的词,当用户有购物搜索需求或有信息浏览需求时,会在搜索网站的搜索框中输入若干关键词进行搜索,这个由用户搜索的关键词,就被称为"搜索词",其目的是获得对其有用的搜索结果。

（2）推广词。推广词是指网店或网站加在推广账户中的关键词,其目的是定位意向用户搜索的关键词,当用户搜索相同或相关关键词后,商品就有机会展现,进而促进点击与成交。

（3）进店词。进店词是指吸引用户进入店铺的推广词。当用户搜索词与网站或网店的推广关键词相同或相关时,商品有机会展现,当用户看到符合自己眼缘的商品并点击进入店铺时,会给店铺带来点击量。

（4）成交词。成交词是指用户通过搜索进入店铺并成功购买商品的关键词。从交易发生的整个流程上看,商家投放广告,设置推广词,买家搜索关键词,两者匹配,网店经营者的广告词吸引用户的点击意愿,买家点击创意图进店,如果商品符合买家的购买意向,则会产生收藏加购,拍下付款等一系列行为,成交完成。搜索词、推广词、进店词、成交词之间的关系如图 3-15 所示。

SEM 推广对平台、商家和买家来说都具有重要意义,如图 3-16 所示。对于淘宝、速卖通这样拥有巨大流量的平台而言,通过商家付费做广告的方式,可以实现平台流量变现,增加盈利;对于商家而言,原本"销量越高排名越高的展现越多"的流量分配机制更加多元化,一些商品销量不占据优势的商品可以

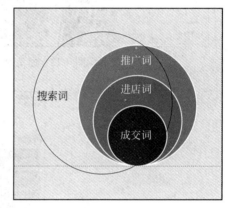

图 3-15　关键词在交易流程中的作用

通过付费做广告的方式,让自己的商品有更高的排名,获得更多的曝光机会,从而实现更快更精准的成交;对于买家而言,希望搜索到更多的意向商品,增加选择余地,挑选满意商品。

图 3-16　SEM 推广对各方的意义

3. SEM 结果排序规则

广告排序是指用户搜索关键词时,搜索结果页的推广商品按照一定的规则排序后,根据排序结果在优势的广告位置进行展现。排序主要由关键词的质量与出价共同决定,对于质量分,不同的平台有不同的叫法,但是意义相同,淘宝直通车推广叫质量分,速卖通直通车叫推广评分,百度称为质量度,京东称为竞争力系数。下面以速卖通为例介绍关键词推广评分和出价如何影响直通车广告结果排序。

（1）关键词推广评分。推广评分是指搜索推广中衡量关键词与推广商品信息和用户搜索意向三者之间相关性的综合性指标。分值越高，获得的推广效果更理想。关键词推广质量得分越高，代表关键词推广效果优质，就可以用相对更少的推广费用把更优质的商品信息展现在更适当的展示位置上，使买卖双方获得双赢。

推广评分的概念不是从一开始就有的。在 Adwords 之前的 Overture 时代，广告的排名完全由出价决定，只要出价（bid）足够高，广告就可以排在第一位。这种排名无视广告的质量和相关度，以出价作为唯一标准。Adwords 出现之后，将点击率引入排名计算，Google认为点击率更高的广告具有更好的相关度，这是一次革命，它在一定程度上将自己的利益、用户体验和广告主利益结合到了一起。直到 2005 年，推广评分分数被引入 Adwords 系统，以点击率为主并结合其他一些相关因素，相对于单纯的点击率，推广评分分数能更大程度上促使广告投放者改进广告质量，从而提高搜索用户的体验。对于 Google 来说，只要体验足够好，用户下次还会使用搜索并且点击，这提高了用户的生命周期价值（lifetime visitor values）。2007 年，百度凤巢账户也引入了质量度系统。

在速卖通后台，关键词的推广评分按照星级表示，从 1 星到 5 星分布，如图 3-17 所示。评分为 3 星、4 星、5 星，表示商品有资格进入主搜前面位置的广告区域，但是否实际进入，还要取决于出价人数和出价情况；推广评分为 2 星，说明推广评分较差，表示商品有资格进入主搜翻页、底部位置的广告区域，需要通过更换关键词，或者优化商品信息等方法，将推广评分提升；推广评分为 1 星，表示推广评分很低，无法参与正常投放，需要通过更换关键词，或者优化商品信息等方法，将推广评分提升。推广评分每天更新一次。

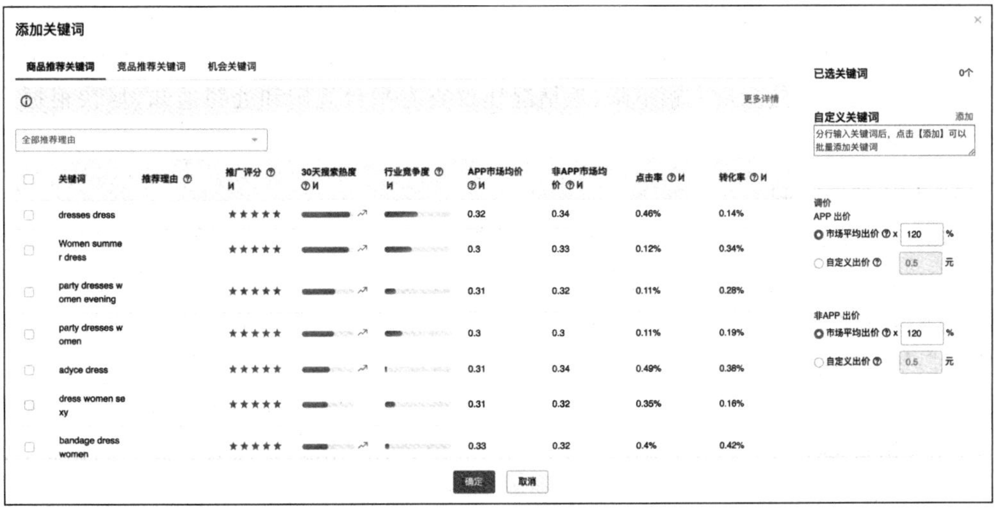

图 3-17　速卖通后台关键词推广评分

推广评分的星级高低，不但决定了商品能够参与该关键词下哪些推广位的竞争（展示在哪里），还影响了推广商品曝光后被点击时产生的实际花费。星级表示的是在该关键词下，买家对该推广商品的感兴趣程度的图形化指标，星级越高，意味着买家搜索该关键词时，对推广商品越感兴趣，那么当该商品和其他竞品出价相同时，竞价获取推广位曝光的能力更强。星级越高，排在靠前资源位的可能性越大，建议高度关注该类关键词，尤其是 5 星、4 星关键词,并从中择取高转化的关键词作为核心词。

（2）推广评分优化。推广评分的主要影响因素包含商品发布类目与关键词之间的关联程度、关键词与商品之间的匹配程度、推广商品质量、买家喜好度以及平台处罚情况等。

① 发布类目与关键词之间的关联程度。如 dress 这一关键词与 women clothing 类目关联程度高,与 home & garden 类目关联程度低,若商品发布类目在 home & garden,购买该关键词时推广评分低。

② 关键词与商品之间的匹配程度。商品标题表达正确,合理详尽地描述产品,尤其是有介词、负向词(如 for、no)等表达时应注意语义正确,同时切勿出现标题关键词堆砌,另外,需注意产品核心词若做调整,可能会导致商品理解发生改变,如 brush 和 brush for teeth 表达的商品类型完全不同。

③ 推广商品质量及买家喜好度。信息质量越丰满,在历史的搜索结果中,该商品在曝光后越能够吸引到买家产生点击,推广评分越高。除了出价,影响商品排序最核心的因素是关键词的点击率,若历史该关键词曝光下,商品点击率非常低,可以理解为目前当买家搜索该关键词时的真实购买意愿和商品不符,因此推广评分会降低。可以从提升关键词点击率的角度优化商品。

④ 若店铺或者商品受到平台处罚,相应关键词推广评分会同时进行降级(可见商品推广列表中含小黑帽),待处罚结束后恢复正常评分。关键词推广评分降级的主要原因有如下两类:一是根据历史的曝光累积,发现该关键词下商品的点击率偏低,系统发现买家搜索该关键词的购买意图与商品不符,导致商品的该词推广评分降级,该情况建议从提升关键词点击率的角度优化商品,包括优化标题、主图、外显价格等;二是商品或者商店被平台处罚,多见于小黑帽且大量关键词降级,处罚原因与平台规则一致,非直通车广告领域规则,不仅推广受限,也表现为自然流量大幅下降,该情况建议查看平台规则和处罚通知,尽快根据平台指示进行调整。

4. SEM 扣费机制

扣费不等于关键词的出价,以直通车按点击收费(CPC)为例,即只有买家点击了商家的推广信息后才进行扣费,单次点击产生的费用不会大于商家设置的出价。另外,平台会有 24 小时的无效点击过滤机制,系统会结合 30 多项综合参数(如 IP 地址、物理地址、cookies、点击时段等)判断点击的有效性,无效点击会进行过滤并且不会产生花费。

速卖通直通车扣费公式:扣费＝下一位的出价×下一名的推广评分/我的推广评分＋0.1,其中,扣费最高为商家设置的关键词出价,当公式计算出的金额大于商家的出价,则按照实际设置的出价扣费。根据公式,某商品扣费计算如表 3-2 所示。

表 3-2 某商品扣费计算

商品	关 键 词	出价	质 量 分	公式结果	排名	扣 费
A	雪纺连衣裙	5	9	$5×9＝45$	1	$4×9÷9＋0.01＝4.01$
B	雪纺连衣裙	4	9	$4×9＝36$	2	$4×9÷8＋0.01＝4.51$
C	雪纺连衣裙	4	8	$4×8＝32$	3	$3.5×8÷7＋0.01＝4.01$
D	雪纺连衣裙	3.5	7	$3.5×7＝24.5$	4	

从这个公式可以看出：当处于同一个位置的时候，想要降低点击花费只有两个方法：第一个就是提升自己的推广评分，也就是让关键词变成 5 星。某个关键词的推广评分越高，所需付出的费用就越低。第二个就是调整自己的位置，不要去竞争太靠前的位置，这样自己下一家的出价一般会低很多。

3.3.2　SEM 推广分析

1. SEM 推广目标分析

微课：SEM 推广数据分析

SEM 推广是一种付费推广的竞价广告商品，在进行推广前，网店经营者要明确推广目标，而具体的推广人员更要领会推广的实际目标。而推广的目标主要是获得流量，要分清是重点提升曝光率，还是提升点击率，提升转化率，并确定预期效果。

2. 推广预算分析

SEM 预算分析是指在推广前明确推广预算，有助于制定具体的推广策略，并进行合理有效的资金分配。很多商家在刚开始做直通车推广的时候，一般都会犯这两种错误：第一，不舍得花钱，一次就推广一件商品；第二，觉得推广的商品数量越多，流量就越多。

在刚接触直通车推广时，推广的商品数量不要太多，但是也不能太少，两三个最为恰当。在推广积累到一定流量时，再换商品进行推广，或者添加计划推广。

3. 网店质量分析

网店质量是推广评分的重要影响因素，质量好的网店在 SEM 关键词排名时有一定的优势，在推广前需明确网店的信息质量与服务质量是否良好。例如，网店内商品信息的如实描述程度、信息完整程度与丰富度、图片质量、网店整体交易转换能力与店内商品的交易转化能力、好评 & 差评率、客服响应速度等。阿里体系电子商务平台店铺采用 DSR 和店铺层级来直观衡量店铺基础数据，店铺评分生效后，三项将分别平均计入网店经营者的店铺评分中。动态分飘绿代表三项优于同行平均值，动态分飘红则是代表三项低于同行平均值。店铺层级是指同类目中店铺近 30 天支付金额排名，是一个动态指标，分为 1～5 个层级，衡量店铺在同类店铺中成交水平。层级越高，排名越好，也表明店铺基础越好，如图 3-18 所示。

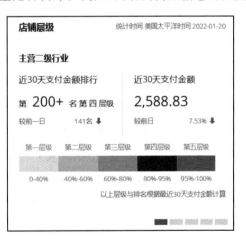
图 3-18　某店铺层级排名情况

4. 确定推广商品与推广方式

前期网店质量分析中明确了店内商品的交易转化能力、好评 & 差评率、客服响应速度等。另外在前面的 SEO 部分了解到，根据商品所处的竞争阶段，将商品分为爆款、日常销售款、新品/滞销款三种类型。根据推广目标，需确定推广策略是要进行爆款打造、日常销售，还是新品/滞销品促活。另外，还需要确定对应推广策略所要推广的商品。在速卖通直通车后台主要有三种推广方式,如图 3-19 所示。

图 3-19　速卖通直通车后台的推广方式

（1）智能推广。系统帮助选择关键词和根据商家出价进行动态调价,商品组中的每个商品获得均衡曝光流量,测试商品市场热度,快速掌握测试数据。智能推广适用于新品测试以及筛选爆品。

（2）重点推广。自行选择关键词和设置出价,一个推广计划可以同时选择多款产品,每款产品最多匹配 200 个关键词(一个商品对应多个关键词,精细管理商品和关键词)。重点推广多用推广强化爆品。

（3）快捷计划。批量选品选词,打包推广类似产品。一个推广计划可同时选择多款产品进行推广(一般建议产品数少于 10 个),产品和关键词无须一一对应,系统会择优对相关性强的推广商品和关键词建立绑定关系,既可设置单个词出价,也可批量调价。快捷推广一般用于日常款或者相似产品组合的推广。

3.3.3　SEM 推广策略

1. 关键词策略

关键词一直以来都是 SEM 推广中非常重要的一环,对搜索排名具有非常重要的作用。在制定关键词策略时,可以结合商品阶段与商品类型制定关键词策略,同时需要根据后台的关键词数据进行优质关键词筛选。

微课：SEM 推广
关键词出价

（1）根据商品阶段制定关键词策略。商品所处的发展阶段不同,市场竞争力不同,影响着 SEM 关键词的质量分。对不同竞争条件的商品,根据商品阶段的不同阶段,分为爆款打造关键词策略、日常销售款关键词策略、新品/滞销品关键词策略。

① 爆款打造关键词策略。爆款商品的展现量、点击量、点击率数据较好,且商品的品质有保证,具有较强的竞争力,可以添加核心词、品牌词等热门搜索词,抢占热门关键词的搜索流量,适当添加精准长尾词抢占精准流量。其核心是与同行业网店经营者竞争最大流量入口,使商品达到行业曝光热度最大化。因此,爆款商品推广关键词的选择应优先选择行业内

的热搜词,以引入大的流量。由于行业热词、短词的竞争相对激烈,因此想要获得较好的排名,关键词的出价也会相对较高。

② 日常销售款关键词策略。日常销售款虽然没有达到爆款的量级,但每天都会有销量,在大部分店铺中,这类商品数量非常多。日常销售款不具备爆款那样的竞争力,所以在选择关键词时,应该以自己商品的属性词为基础进行关键词拓展。日常销售款应该去尽力争取和自己商品属性相关度高的流量,避开竞争热度最高的行业大词,让商品达到属性曝光最大化。

③ 新品/滞销品关键词策略。新品或滞销品的特点是商品基础销量较少,市场竞争力较弱。推广策略的核心是通过避开行业竞争大词,争取大批量低竞争精准关键词的方式实现商品的推广,但精准关键词的流量有限,可以通过适当添加热门关键词的方式抢占部分行业热门关键词流量,保证推广效果。新品或滞销品的市场竞争力较弱,在出价时可以适当提高精准关键词的出价,最大化地获取关键词流量。另外,还需适当提高核心词、品牌词、属性词等热门短词的出价,保证推广效果。

（2）根据商品品类制定关键词策略。商品以大类来说可以分为两类：一类就是常说的标品,也就是规格化的商品,主要的特征是有明确的规格、型号、外形等,例如手机线、笔记本、家电等商品;另一类就是非标品,也就是无法进行规格化分类的商品,主要的特征是没有明确的界定,例如女装类目的连衣裙、上衣外套等商品。用户在搜索标品类目商品时往往更关注商品型号的匹配度,而标品是有明确的规格、型号,导致用户搜索词较少,可推广关键词较少。非标品类目商品属性、特征丰富,买家搜索多样化,可推广关键词也相对较多。根据商品品类不同,可分为标品关键词策略与非标品关键词策略。

① 标品关键词策略。标品的推广费用相对而言要比非标品的高,商品的同质化严重,竞争力大,同一个类型的商品,会有很多店铺竞争,且受品牌、销量和价格等影响较大,复购率也没那么高。标品类目的关键词较少,大都是属性词或者品牌词等短词,且关键词的竞争度相对较大;精准度较高的长尾词虽竞争较小,但几乎没有流量。因此,在进行推广关键词添加时,不仅要添加具有一定搜索人气的精准长尾词,实现精准引流,还要添加属性词、品牌词、核心词等热门搜索关键词,保证推广效果。标品类目关键词出价时要提高仅有的精准长尾词的出价,抢占精准流量,还要提高属性词、品牌词、核心词等热门搜索关键词的出价,保证推广效果。

② 非标品关键词策略。非标品的商品款式多,卖点多,个性化标签比较分明,关键词的选择也更多,非关键词的竞争度相对较低,流量的获取渠道也更多,买家更看重的是商品的款式。因此,在添加关键词时,可以根据商品阶段针对性地选择关键词,并设置关键词出价。当商品为新品或滞销品时,可以通过添加大量精准长尾词的方法,抢占大批量精准流量,降低关键词的平均点击花费,并适当添加行业热搜词,抢占部分行业热门关键词流量。为保证推广效果,需设计较高的关键词出价;当商品为爆款时,推广关键词的选择应优先选择行业内的热搜词,以引入大的流量。由于行业热词、短词的竞争相对激烈,想要获得较好的排名,关键词的出价也会相对较高。又由于非标品类目推广词数量较多,对于部分花费较高的关键词,可以通过适当降低关键词出价的方式降低关键词的单次点击花费,并用节省的费用购买其他竞争度低的热门词或精准长尾词。

（3）根据后台数据制定关键词策略。关键词设置的好坏直接决定引入流量的精准度,即推广商品是否确实符合买家的购买需求,最终转化成交。对于速卖通店铺而言,具有较高分析价值的关键词数据主要分布在直通车推荐关键词、直通车关键词报告、生意参谋中的搜索分析等。

① 直通车推荐关键词。速卖通直通车推荐关键词主要有三类,如图 3-20 所示。

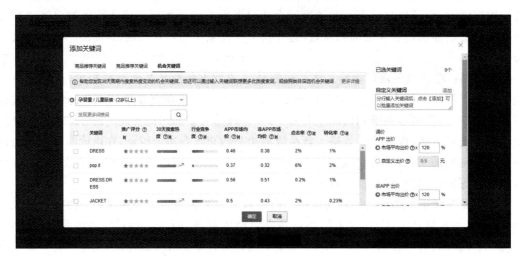

图 3-20　速卖通直通车关键词推荐

- 商品推荐关键词。结合推广商品特征,推荐推广评分较高的关键词,在这些关键词下,商品更符合卖家的购买意愿。每个商品因类目、信息质量、成交历史等特征不同,推荐关键词会不同。
- 竞品推荐关键词。根据商品类目、属性和价格等特征,推荐竞店竞品正在使用的高转化优质关键词。关注竞品竞店正在使用的优质关键词,有利于捕捉竞争变化。
- 机会关键词。发现 30 天周期内搜索热度变动的机会关键词,还可以通过输入关键词联想更多优质搜索词,或按照类目筛选机会关键词,机会关键词未与商品特征做结合,因此建议采纳后按照推广评分进行词阵调整或者关键词推优。

② 直通车关键词报告。直通车是付费的,也可认为是一种投资,那么这种投资的收益怎么样呢?可以在直通车后台的数据报告中查看,数据报告提供账户报告、商品报告、关键词报告、操作日志等功能查询,如图 3-21 和图 3-22 所示。其中关键词报告对于查看和优化直通车投放效果非常重要。

为了更深入地研究关键词的投入产出情况,还可以将关键词数据报告下载,进一步分析,图 3-23 是某商品的直通车数据报告,针对下单转化、加购、加收藏等指标进行排序,可以发现众多关键词的投放效果较好。接着需要和直通车后台推荐的行业出价进行比较,如果关键词的平均点击花费与推荐出价差不多,那么需要继续保持或者优化;如果某些关键词的花费较高,但曝光率和下单转化较少,那么需要调低出价或者对该关键词进行 SEO 优化。此外还可以发现,商品的加购加收藏效果较好,因而可以利用会话营销中的站内信、邮件等渠道进行唤醒和促销,比如说发送较大额度的优惠券、优惠码等。

③ 生意参谋中的搜索分析。搜索分析提供查询近 7 天/30 天某类目的主流搜索词(包

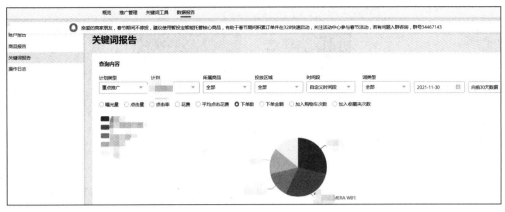

图 3-21　速卖通直通车关键词报告

关键词	曝光量 ⅣⅠ	点击量 ⅣⅠ	点击率 ⅣⅠ	花费 ⅣⅠ	平均点击花费 ⅣⅠ	下单件数 ⅣⅠ	下单金额 ⅣⅠ	加入购物车次数 ⅣⅠ	加入收藏夹次数 ⅣⅠ
	260	21	8.08%	¥15.71	¥0.75	2	$86.17	10	1
	7529	160	2.13%	¥203.56	¥1.27	2	$82.87	19	4
	46	6	13.04%	¥4.40	¥0.73	1	$38.99	1	0
	260	9	3.46%	¥9.27	¥1.03	1	$40.66	5	0
	561	11	1.96%	¥11.22	¥1.02	1	$40.93	1	0
	1	0	0.00%	¥0.00	¥0.00	0	$0.00	0	0
	1	0	0.00%	¥0.00	¥0.00	0	$0.00	0	0
	1	0	0.00%	¥0.00	¥0.00	0	$0.00	0	0
	64	2	3.13%	¥2.25	¥1.13	0	$0.00	0	0

图 3-22　速卖通直通车关键词报告数据明细

括热搜词、飙升词、零少词)的各个指标数据,并提供对应的推荐商品,如图 3-24 所示。其中热搜词和飙升词的数据对于商品关键词挖掘具有重要意义。

2. 人群定向策略

SEM 人群定向是指如果网店经营者愿意为指定的流量(访客定向、兴趣点定向或群体定向)人群标签设置溢价比例,当相应的人群出现时,系统会在原来出价的基础上增加相应的溢价比例,使商品推广排名更加靠前,以便优先让精准买家看到。人群溢价是电子商务平台通过大数据分析出搜索人群的特点并提供人群标签,网店经营者根据自己的需求与推广目的

微课:SEM 推广
人群定向设置

选择人群标签并设置溢价,定向人群越精准,购买率就会越高,溢价越高,宝贝排名越高,点击率越高。

进行人群设置的时候,人群圈定的流量也会特别的少,主要有两个方面的影响:一是人群设置不够合理,确定的人群数量较少;二是人群的流量是跟着关键词覆盖面的,如果只推几个关键词,人群流量就会偏少,所以想要人群流量多一些,关键词也要增加。

目标受众定向分为新用户和老用户的定向投放,需要进行相应的拉新和留存,即吸引新

	A	B 曝光量	C 点击量	D 点击率	E 花费	F 平均点击花费	G 下单数	H 下单金额	I 加入购物车次数	J 加入收藏夹次数
1	关键词									
2	FI	19904	396	0.0199	457.48	1.22		457.93	33	9
3		7995	217	0.0271	287.76	1.33		211.61	16	8
4		13187	244	0.0185	359.12	1.47		74.63	16	7
5		3010	123	0.0409	130.17	1.06		206.3	7	4
6	a	5014	128	0.0255	156.17	1.22	0	0	17	4
7		5707	137	0.024	166.82	1.22	0	0	4	4
8	a	6223	113	0.0182	198.1	1.75		65.67	11	3
9	ra	3513	87	0.0248	117.5	1.35		105.1	11	3
10		591	34	0.0575	34.07	1.00		155.26	2	3
11	a	3117	44	0.0141	60.32	1.37		0	6	1
12		27	1	0.037	0.24	0.24		59.84	0	0
13		888	7	0.0079	12.09	1.73		0	0	0
14		982	15	0.0153	23.01	1.48		0	0	0
15		151	1	0.0066	1.48	1.48		0	0	0
16		469	2	0.0043	2.65	1.33		0	0	0
17		574	19	0.0331	22.48	1.18		0	0	0
18		628	6	0.0096	7.07	1.18		0	0	0
19	u	7	2	0.2857	2.2	1.1		0	0	0
20		1233	47	0.0381	51.69	1.1		193.44	10	0
21	i	1024	20	0.0195	30.72	1.54		0	2	0
22		854	18	0.0211	18.39	1.02		255.93	2	0
23		466	8	0.0172	19.68	2.46		0	0	0
24		1092	20	0.0183	18.74	0.94		0	1	0
25		71	1	0.0141	0.85	0.85		0	0	0
26		61	7	0.1148	5.25	0.75		38.99	1	0
27		58	1	0.0172	3.82	3.82		0	1	0
28		79	2	0.0253	6.42	3.21		0	1	0
29		53	2	0.0377	6.11	3.06		0	1	0
30		307	12	0.0391	22.85	1.9		0	1	0

图 3-23　速卖通直通车关键词报告的相关数据分析

图 3-24　生意参谋中的搜索分析

用户和挽留老用户。根据"二八法则",公司80%的利润来自20%的重要客户。以客户的忠诚度来分,这20%的重要客户是指忠诚客户群体,也就是常说的回头客、老顾客。因此,广告投放要抓住关键用户群,重视对老用户的重新召回。老用户可以是访问过官网或App的用户,也可以是注册、下载、购买用户等。当然,召回老用户的同时,还需要加大对新用户的投放,这样才能不断壮大老用户基数。

3. 地域时段策略

（1）地域策略。推广地域的设置可以做到"指定地域的人群才能看到广告"。可根据商品的地点制定地域策略。网店经营者可根据流量来源、网店经营者地域分布、业务覆盖范围、业务辐射范围、IP 问题等几个方面并采取组合策略。

① 根据流量来源与网店经营者地域分布制定地域策略。如果成交和流量长期来自固定地域,那么可以只对有流量的地域进行投放,节省广告费用;如果某个地域是商品重要的网店经营者聚集地,那么可以屏蔽这个地域,减少恶意点击。

② 根据业务覆盖范围制定地域策略。网店经营者可根据业务覆盖范围制定地域策略,选择能够覆盖到的地域或可能覆盖到的地域进行投放。例如,专注做美国客户的店铺只选择美国进行投放即可。

③ 根据业务辐射范围制定地域策略。当网店的业务覆盖范围出现貌似不能投放但实际可以变相投放时,可针对网店业务辐射范围制定地域策略。

（2）时段策略。时段策略是指根据不同时间段进行竞价开展 SEM 推广。竞争度高,花费多但预算并不充足的网店可以利用对竞价账户的投放时间调控,实现用最少的投入带来最大的价值。时段策略具体如下。

① 合理利用分时段出价。在投放时间上做严格的数据分析,剔除或者控制流量高但转化效果不佳的时间段。计算哪个时间点击率、转化率高,作为日后投放的参考依据。同时利用分时段出价工具,结合投放经验和实际数据,选择更有价值的时段设定相应的出价比例。例如深夜的时候,潜在客户的搜索量不多,同行竞争也较低,出价可以比白天工作时段低。

② 推广期间安排客服值班。对于竞争激烈,花费较多的行业,投放时间段内最好有客服值班。对于一个竞争激烈的行业,往往要花几百元甚至上千元,才能获得一个宝贵的咨询,如果因为客服人员不在而导致流失,长此以往,对企业来说将是一个巨大的损失。在推广期间安排客服值班可降低因客服人员不在岗导致的流量流失。

③ 根据行业需求进行调整。对本行业的潜在客户上网习惯进行深入的分析。例如,周末、重大节日的投放时间应该与周一至周五区分开来。此外,不同的行业、不同季节,需求量会有很大的差别,淡季可以缩减预算和降低出价。

④ 研究竞争对手推广时段。分析竞争对手的重点推广时段,结合第一条、第三条,避实就虚,选择竞争压力小、转化率比较高的时段进行投放,获取更高的排名,提升转化率,从而进一步降低转化成本。

3.4　内容营销流量推广

3.4.1　图文营销

1. 图文营销的优势

在短视频营销和直播营销还未兴起之前,图文营销一直是主流的营销方式。现在图文营销的热度虽然大不如前,逐渐转型到短视频和直播领域,不仅是内容载体发生了改变,渠道和玩法、变现手段也发生了"质"的改变。但在众多领域,互联网媒体营销大部分仍以图文方式为主导,因为图文营销在低成本、创作便捷、主题鲜明、提高品牌信任感、传播独特的品牌形象等方面具有优势,目前仍是必不可少的营销方式,消费者对高品质图文依然有着较高的期待。

（1）低成本。图文营销总体比短视频营销制作门槛低,好的图文营销推广也可以与阅读者引起共鸣，做到非常好的推广效果。

（2）创作便捷。针对绝大部分公司而言，尤其是中小型企业，图文营销的素材图片制作周期比视频短，技术性步骤上也更加完善和简单，非常容易保证连续性品牌形象输出，维持不错的品牌曝光度。

（3）主题鲜明。文字的力量是不可估量的。图文营销所包括的内容能够比较丰富，且它的媒介方式、传播渠道也是各种各样的，可以说所有网友都是图文营销的顾客。

（4）提高品牌信任感。图文营销有利于宣传企业形象和专业能力，以纪实性推广软文为例子，新闻报道具备公信力、真实有效、普遍性、非常容易被顾客信任等特性，因而大部分纪实性推广软文都有较强的促进功效，协助公司迅速提高品牌信任感。

（5）传播独特的品牌形象。相对于短视频营销的撞击力、爆发力强的特点，图文营销能够根据一系列的图片和文字，输出独特的品牌形象，持续加重品牌在顾客心中的印象，从而塑造企业品牌形象。

2. 主流图文营销平台

（1）百度百科。百度百科是百度公司推出的一部内容开放、自由的网络百科全书。百度百科是百度在 2006 年 4 月 20 日推出的第三个基于搜索平台建立的社区类产品，这是继百度贴吧、百度知道之后，百度再度深化其知识搜索体系。截至 2020 年 10 月，百度百科已经收录了超过 2100 万个词条，参与词条编辑的网友超过 717 万人，几乎涵盖了所有已知的知识领域。百度百科强调用户的参与和奉献精神，充分调动互联网用户的力量，汇聚上亿用户的头脑智慧，积极促进交流和分享。同时，百度百科实现与百度搜索、百度知道的结合，从不同的层次上满足用户对信息的需求。百科营销是借助百科知识传播，将企业所拥有的对用户有价值的信息，包括行业知识、产品信息、服务介绍、企业文化等传递给用户，并逐渐形成对企业品牌和产品的认知，是将潜在用户最终转化为用户的过程。

（2）微博。微博是一个基于用户关注链接关系的信息分享、传播及获取平台。2006年，美国网站 Twitter（推特）推出了微博客服务。Twitter 作为一个边缘项目诞生，它允许用户将自己的最新动态、所见所闻和想法、看法以短信息的形式发送给手机和个性化网站群，而不仅是发送给个人。随着 Twitter 的风靡，国内的微博也悄然兴起。2007 年 5 月，曾经创办过校内网（现为人人网）的王兴推出了国内首个独立微博网站（饭否），几乎与此同时，叽歪网、嘀咕网、做啥网、滔滔网等一系列微博网站也纷纷成立。2009 年 8 月 28 日，新浪微博正式开始内测，吹响了国内门户网站进军微博的号角；2010 年 3 月 5 日，腾讯微博正式对用户开放；2010 年 3 月 30 日，网易推出微博服务；2010 年 4 月 7 日，搜狐微博上线。除各大门户之外，天涯社区、人民网、凤凰网等各大网站也纷纷推出各自的微博产品。对于微博的战略价值，业界已经基本取得共识。目前新浪微博坐拥微博市场的第一把交椅，腾讯微博也有不俗的表现。一种传播媒体普及 5000 万人，收音机用了 38 年，电视用了 13 年，互联网用了 4 年，而微博只用了 14 个月。微博，这个仅能发送 140 个字的信息分享传播平台，何以在短时间内让全世界为之着迷呢？主要是由于具有便捷性、即时性、传播性等特点。

（3）微信公众号。2012 年 8 月作为微信附加功能的微信公众平台上线，自此微信开始为用户提供全方位沟通的渠道。微信与微博同属自媒体，但它们的自身属性并不尽相同，两者分别满足了用户不同的需求。微博是一种弱关系，即便你没有关注某个微博账号，但依然可以看到对方所发的微博。微信用户之间则是强关系，微信内的好友大多是手机通讯录或

QQ 认识的朋友,大多是熟人圈子,人与人的这种无法割断的联系,形成了看不见但却非常结实的大网。但是,在进行商业化运作过程中,强关系明显要优于弱关系。社会正在大踏步迈入移动互联时代,移动互联网对 PC 互联网的冲击,也让生存于移动端的微信对 PC 端的微博全面占优。其实不仅是新浪微博,各大社交网站、论坛、贴吧等 PC 客户端的应用使用率均有所下降。微信营销最大的优势是能够获取精准客户,实现精准化营销,瞄准消费者的真正需求,不但可以使信息自动推送,呈现在用户的智能终端设备中,还可以满足用户根据自己的需求自行搜索和寻找。企业之所以选择微信公众号这样的平台进行推广、营销,还有一个主要原因是其可承载大量的、类型多样化的信息。微信公众平台还可以将线上线下,PC 端和移动端很好地结合起来,从而大幅拓展了营销渠道,利用各种形式的活动来吸引用户的关注、参与和分享,从而达到一传十、十传百的病毒式传播效果。

(4)订阅。淘宝平台在内容板块新增"订阅"入口,由"微淘"升级而来,改版后的淘宝将"订阅"入口升级至手机淘宝首页顶部导航栏,使内容营销的重要性再一次突显。卖家可以在"订阅"中进行自运营,开展商品运营、内容运营、优惠运营、活动运营、会员运营等,实现新客户、潜在客户、首购客户的精准触达及老客户的促活。卖家可以通过在"订阅"内发布店铺上新、好货种草、粉丝专享券和会员分享券等方式来进行内容营销。

(5)逛逛。淘宝 App 的改版升级后新增了"逛逛"板块,由"买家秀"升级而来,成为新的网店粉丝运营阵地。在该板块,买家既可以分享自己的购物感受和经验,也能了解他人的消费方式和生活方式,与他人建立联系。在"逛逛"中,买家、品牌、商家、达人都可以创作内容并分享,平台鼓励所有用户发布有用的、时尚的、有趣的、新鲜的、独特的内容,并为创作者提供内容创作基金,进一步扩展内容生态。"逛逛"另一个特色是提供差异化的服务,根据不同需求,提供了个人版、达人版、商家版和品牌版等不同的版本供用户选择。在"逛逛"中,用户可以通过图文、短视频等形式,以消费内容挖掘买家潜在的新需求,实现好物种草并引导下单。卖家可在淘宝光合平台开通"逛逛",并招募达人完成种草任务。

3. 图文内容的策划流程

图文营销以图文发布为主,具有低成本、创作便捷等优势,仍是很多内容平台的主要营销方式。下面以图文营销为例,讲解内容策划的具体流程。

(1)明确营销目的。不论是何种形式的营销,最终还是需要达成营销目的,图文营销也不例外。例如养成系的图文营销是为了培养用户的购物方式和习惯,让用户产生思维定式,增加用户黏性。因此,在进行图文营销之前,必须确定营销目的,才能以此为依据展开下一步的行动。

(2)明确投放渠道。图文营销的渠道众多,为了扩大影响力,尽可能地影响更多买家,卖家可以多渠道投放。但值得注意的是,创作内容需要符合各渠道的参与要求。

(3)明确表现形式。内容的表现形式也是内容策划的一大重点。内容的展现形式丰富多样,有文章、图文、视频、音频等,所有的形式都可用于内容营销。但同一内容投放在不同渠道,其表现形式不尽相同。例如具有权威性和前瞻性的内容就不适合在泛娱乐平台投放,而社交平台适合简单易懂、真人演绎等内容,电商平台以图文和短视频形式为佳。

(4)图文内容生产。进行图文营销最重要的是从网店或商品本身价值去衍生丰富的内容,再通过内容激发用户的情感共鸣,加深用户对商品价值的理解。内容生产是非常复杂且重要的事情,尤其是在生产内容时,不能脱离核心价值点。内容必须体现商品价值,以商品的不同使用场景或商品卖点为切入点展开描述,给予商品内涵和特点。例如在销售数码商品时,就可以创作参数设置的方法、常见问题怎么解决等内容,围绕商品进行内容衍生。

4. 图文内容编辑与优化

在进行图文内容编辑的时候,为了强化内容的价值性和可读性,至少要注意以下三个方面的内容:首先是内容的主题,在编辑的过程中,整体内容都要聚焦在营销目标和商品上;其次是价值方面,内容应该具备一定的观看性及传播价值,才能引发用户的观看兴趣并促使其进行传播;最后是描写方面,图文营销主要是在互联网平台上开展,因此内容的描述必须深入浅出,图文并茂,保证易读性。

内容生产完成后,还需要进行评估与测试,确保内容的有效性。内容评估主要有四个维度,分别为能见度、喜爱度、行动度和分享度。能见度主要包含触及率、曝光次数等,衡量有多少用户看到并看完了内容;喜爱度主要是指引起用户兴趣的程度,例如跳出率;行动度是指该内容是否能够成功驱动用户采取行动,例如加购数;分享度衡量内容被传播的情形,如分享率等。

另外,进行图文营销时,很难一次性就生产出“爆款”内容,因此,通过评估和测试进行内容的优化也必不可少。内容的优化主要依靠标题优化、封面图优化和正文优化来进行。无论是采用何种展现形式,标题都是塑造用户第一印象的重中之重。标题的价值在于用户在阅读内容正文之前,就已经对内容产生了观看的兴趣,只有内容被用户接收,才有可能产生后续的转化行为。标题必须与内容紧密相关,与内容相关度不高的标题即使能产生很高的点击率,也很难带来有效转化。图文营销在一定程度上也可以说是视觉营销,优质的图片对用户的吸引力不言而喻。封面图和标题一样,会直接影响用户的点击率和传播率。在进行封面图优化时,必须保证图片符合各投放渠道的要求,图片必须清晰、突出商品,并与标题相呼应。无论创造的内容有多精妙,没有将商品融合其中就很难带来营销价值。很多卖家在进行图文营销时很容易进入误区,认为不能加入商品信息,但事实并非如此。内容如果与商品完全无关,既不能达到营销目的,也会影响用户的体验。因此,在进行内容优化时,需要围绕商品或消费场景来展开。

3.4.2　短视频营销

1. 短视频营销的内涵

短视频就是录制时间比较短的视频。短视频的时长最初一般在 10 分钟以内,也有少数在 10 分钟以上、30 分钟以内的。这类视频的播放节奏比较快,内容短小精悍、结构紧凑。由于它集图、文、音于一体,能够在短时

微课:短视频
拍摄技巧

间内展示较多的信息,短、平、快的大流量传播容易被互联网使用人群喜爱和接受,因此短视频非常适合人们进行碎片化观看。提起短视频,很多人会想到抖音、快手、西瓜视频、梨视频等新媒体平台。不少人在手机中下载了这些平台的 App,以便观看各种短视频,甚至自主创作和上传短视频作品来增加自己的人气。毫不夸张地说,短视频已经融入了人们日常生活的方方面面,甚至改变了传统的营销方式,成为新媒体营销中的希望之星。例如淘宝平台通过应用短视频营销,从商品的功能、属性、场景、品牌效应等多个方面突出商品的卖点,通过特效包装、渲染,让买家充分了解商品的优势,激发买家浏览、下单的兴趣,提升商品的成

交转化。短视频比图文更生动形象、包含的内容更多,充分利用了人们碎片化阅读的时间,加深了人们对商品的认知,从而产生了更高的价值。

2. 短视频的分类

(1)原创短视频。原创短视频通常是由团队制作的原创作品,具体内容囊括了多个领域。此类短视频在短视频平台上占据了相当重要的地位。许多知名的短视频头部账号,实际上就是专门制作短视频的创作团队。这些团队以此为业,具有很强的专业性,是短视频营销的一大主力军。

(2)UGC 短视频。UGC(user generated content),意思是用户自己生产内容。只要在某个短视频平台注册用户账号,就能利用平台提供的操作系统来录制和上传自己创作的短视频。UGC 短视频是各大平台上用户参与度最高、数量最多的短视频类型。许多短视频网红最初都是由 UGC 短视频起家的,后来才引入商业合作,形成营销团队。

(3)短视频广告。短视频广告一般是 30 秒到 1 分钟的长度,被发布在各个互联网平台上。它不同于传统的电视广告,制作费用相对低廉,发布渠道更加广阔。例如,在网上看节目之前总会遇到广告,只有注册网站的会员才能跳过广告。虽然这种宣传方式令人不悦,但它确实是短视频家族的一个重要成员。

(4)宣传短片。宣传短片正在渐渐成为短视频家族的一个重要成员。例如,@江西消防在 2018 年推出的古装公益宣传短片《"四字诀"学会使用灭火器,从此你就是消防社会人》,以三国时代著名的赤壁之战为背景,让"曹操"展示了一番灭火器的使用方法,留下一句"小火不怕,提、拔、握、压"(图 3-25)的消防口诀。这个宣传短片让@江西消防很快成为网红单位。

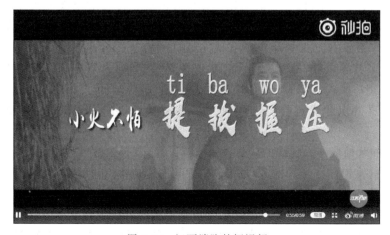

图 3-25　江西消防的短视频

(5)系列短片(含微电影)。系列短片是指在同一主题下的内容具有连贯性的短视频影片,它由多集短视频组合而成,各集之间联系紧密,可以组成一个完整的故事品牌。例如百事可乐每年都会推出的系列微电影《把乐带回家》,每次都会从不同的切入点来表达中国人回家过年的情怀。此系列短片是短视频营销的一个典范。

3. 短视频的优势

近几年来,短视频营销的发展持续火爆。这不仅让用户的生活产生了很大的变化,也为各行各业开辟了全新的营销渠道。毫不夸张地说,不重视短视频营销的商家,错失的不仅是短视频的播放量,还有流量经济和粉丝经济带来的收益。短视频营销为何能异军突起呢?当把短视频营销和其他的新媒体营销进行对比时发现,短视频有几个优势,对广大用户有着强大的吸引力。

(1)能满足用户的多种心理需求。用户能在短视频平台上看到各种各样的有趣的或者有用的内容,满足自己的好奇心。用户可以关注自己喜欢的短视频账号,将有意思的内容分享给自己的好友。用户还可以自己创作和上传短视频,通过这种方式来展示自我、吸引他人关注,从而满足自我实现的心理需求。从这个意义上来说,短视频对日常生活有着积极的影响。例如,独自在异地打拼的年轻人,工作压力大,能谈心的朋友少,没太多时间进行线下社交活动。具备分享和社交功能的短视频平台就成了他们生活中的一个重要的情感寄托。

(2)便于交流的强互动性。现代营销最忌讳的就是缺少与用户之间的互动。用户喜欢参与感,也喜欢在互动中感受到自己被尊重,唯独不希望被冷漠对待。短视频营销具有很强的互动性,能够轻松实现双向甚至多向的互动交流。企业的官方短视频账号能够在留言区收到大量用户的反馈意见,还可以直接解答用户提出的各种问题。如此一来,短视频就成了企业快速传递企业信息和展示企业产品特色的重要窗口,对塑造企业文化形象和提高品牌知名度有很大的帮助。当企业用短视频来展示产品或者宣传品牌形象时,能给用户一个动态的直观感受,达到一呼百应的营销效果。

(3)出众的传播速度。自从新媒体兴起以来,一、二线城市的用户几乎垄断了各大新媒体平台的话语权,而三四线城市和农村用户在较长时间内没有完全融入这股浪潮。但是短视频的制作门槛低、传播效率高,一举打破了这个局面。各短视频平台让三四线城市和农村用户群体获得了展示自我的发声渠道,扩大了原创内容生产者的范围。这使短视频的传播范围远远超过了其他媒介,比起文字、图画、音乐,短视频更容易形成病毒式传播的显著效果。对于广大用户来说,看短视频是最不费力,也最不费脑的。无论文化程度高低,都能看懂短视频。易辨识的优点使短视频成为传播速度最快的知识载体,更容易受到大众青睐。

(4)低廉的营销成本。传统的广告营销成本高昂,要投入数以万计的资金。相对而言,短视频做广告的营销成本要低得多,主要包括视频制作成本、传播成本及运营成本。制作成本主要包括拍摄器材、道具、布景等方面的费用,最简单的直接用抖音、快手的短视频拍摄功能就能完成。传播成本低是因为短视频运营者只要在短视频平台上传内容就能起到较好的推广效果。团队运营成本包括团队成员的工资和各种运营管理费用。短视频营销团队通常规模较小,运营成本也较为低廉。低廉的营销成本大幅降低了人们用短视频做营销的门槛。

(5)立体直观的展示效果。短视频是文字、图像、影音的结合体,比起单纯的图片、文字和音频更容易给用户带来立体直观的展示效果。用户从短视频中获取信息与从电视上获取信息本质上是相同的,只不过短视频的时长更短,且能随时随地观看。短视频营销具备内容丰富和欣赏性较高两大优点。这对企业展示产品或者宣传某种应用教程非常有利。如今的短视频营销往往带有产品购买链接,能让用户在观看视频内容之后直接实现"一键购买",大幅简化了购物流程。

（6）准确锁定用户的强指向性。相对于其他类型的营销手段，短视频的指向性更强，能够更加精准地锁定目标用户。因为用户不会随手点开自己不想观看的短视频。只有觉得短视频内容有继续观看的价值，才不会点击退出键。凡是有耐心看完短视频的用户，基本上都会认可你推荐的东西。它既可以与电商进行无缝对接，也可以与其他的社交媒体平台展开合作。运营者通过短视频平台发起各种活动比赛，吸引众多用户参与，再借助平台的搜索排行榜形成垂直领域的品牌影响力。这就形成了一个不断涨粉的良性循环。

（7）利于打发时间。短视频的时长普遍较短，少则几十秒，最多也不超过半小时。可以让人用很少的精力看完，不会占用太多时间。这就意味着，用户不必在一天中抽出整段时间来观看短视频，完全可以随时随地用碎片时间观看短视频的内容。例如工作午休时间、上厕所时、上下班通勤，在这些时间里做不了太多事情，但足够看几个自己感兴趣的短视频。于是短视频就成了人们无聊时打发时间的利器。这也意味着短视频天然能获得更高的曝光率，能把营销信息展示给更多人看。任何有头脑的商家都不会放过这个宣传利器。

（8）可以用数据衡量营销效果。短视频营销不是虚无缥缈的东西，其营销结果可以即时实现数据化展示。运营者可以通过分析短视频传播后产生的各种数据来评估其营销效果。各大短视频平台本身就有大数据统计功能，可以为运营者提供比较全面、准确、具体的决策依据。这使短视频营销具备较多的科学依据，能够最大限度地避免运营者做出盲目的决策。

4. 短视频的脚本

优质短视频的每一个镜头都是经过精心设计的，脚本是视频制作的灵魂，是视频的拍摄大纲和要点规划，用于指导整个视频的拍摄方向和后期剪辑，可以提高视频的拍摄效率与拍摄质量。不同类型的脚本有不同的编辑方法和特点，常见的视频脚本大致可以分为三类：拍摄提纲脚本、文学脚本和分镜头脚本。

（1）拍摄提纲脚本。拍摄提纲脚本是为视频拍摄搭建的基本框架，主要罗列视频拍摄的要点，对拍摄内容起到提示作用，适用于一些不易掌握和预测的拍摄内容。这种形式的脚本主要用于以记录生活为主的纪实拍摄当中，例如景点讲解、美食探访等。

（2）文学脚本。文学脚本是在提纲脚本的基础上增添一些细节性内容，使脚本更加丰富和完善。文学脚本需要创作者列出所有可能的拍摄思路，规定人物需要做的事情、需要表达的台词、选用的镜头以及节目时长等。它适用于不需要剧情的视频创作，例如教学视频、测评视频等。

（3）分镜头脚本。分镜头脚本是最细致的脚本类型，它会将视频中的每个画面都用文字展现出来，对镜头的要求逐一书写，每一个镜头里面要包含许多拍摄和制作上的细节，例如，画面、光线、镜头运动、声音和字幕等。与此同时，每个镜头画面所构建的情境要能够搭建成一个完整的故事情节，每个镜头的语言和表现方式也是为视频的故事情节服务。由于分镜头脚本画面要求高，故事性强，因此往往对更新周期没有严格的限制，创作者有大量时间和精力去进行创作和打磨，这种类型的脚本适用于微电影、文艺范视频的拍摄。

3.4.3　直播营销

1. 直播营销的兴起

直播营销是一种新型营销模式，它以直播平台为载体，将社交、直播、电商等功能结合在一起,实现了传统销售系统的转变,获得品牌知名度和产品销量的双提升。直播带货成了一个火遍全网的新词,直播在国内外早已是非常重要甚至必不可缺的带货模式之一。

随着电商产业的蓬勃发展,用户的消费习惯也在不断发生变化,他们对电商的营销模式提出了更高的要求。传统的电商营销模式,主要是由文字广告和产品图片构成的,存在着明显的缺点。尽管商家努力找出产品的特点,并且将它们展示给消费者,但是消费者仍然无法对产品的很多细节产生直观的感受,这成为制约电商发展的一个重要原因。相比之下,线下的实体店却能够完美地解决这个问题,因为消费者可以在实体店与产品进行零距离接触。直播带货的出现,在一定程度上解决了传统电商营销的固有缺点。经验丰富的主播凭借自己的经验和见解,找到产品最能打动人心的卖点,然后用简单直白的方式告诉消费者,于是很多消费者开始了"边看边买"的生活。对于消费者来说,既能看商品,又能听讲解,还能得到不少知识,再加上优惠券和红包的诱惑,很容易做出下单的决定。

直播的市场潜力是巨大的,直播自出现以来,就吸引了极高的流量,并且迅速成为一种崭新的营销模式。淘宝直播官方数据显示,2019年"双11"开场1小时03分,直播引导的成交额就超过了2018年"双11"全天;8小时55分,淘宝直播引导的成交额已破100亿元。超过50%的商家都通过直播使成交额获得新增长。在家装和消费电子等行业,直播引导的成交额同比增长均超过400%。其中一些"头部主播"的带货能力甚至超过了一线明星。可以毫不夸张地说,直播营销开启了一个崭新的时代。各大电商平台也相继加入这场直播盛宴中,例如淘宝直播、京东直播、拼多多直播、抖音直播、快手直播等。与此同时,众多网络红人和商家也抓住了机会,搭上了直播经济的快车。

2. 直播营销的发展历程

中国电商直播最早可以追溯到2016年,经历了初创期、发展期、爆发期、成熟期等过程,如图3-26所示。随着互联网技术的发展,以直播带货为代表的电商模式,将会给消费者带来更丰富的购物体验。

图3-26   直播营销发展阶段

2016年,直播行业正处于火热状态,游戏直播、秀场直播、生活直播、吃播等众多直播种类纷纷涌现。此时,电商也赶上了直播的风口。当时的电商直播模式很简单,就是简单地展示一下衣服。蘑菇街是早期吃螃蟹的平台之一,敏锐的嗅觉让他们将着眼点放在了流量变现上。很快,一直播、映客直播等平台也纷纷入场。由于种种原因,当时很多平台迟迟没能找到适合自己的变现方式,电商直播陷入了低潮。接着电商直播开始收拢资源,走向精细化、市场化。MCN 机构(内容创作机构)、达人主播、电商供应链、直播平台等角色一一出现,并且更加专业。随着专业化程度的提高,以及长时间的积累,电商直播终于迎来了爆发期,各大电商平台也开始重新关注直播,并且进行产业链上下游资源的整合。在无形之中,这些平台也形成了竞争的关系,而且竞争日趋激烈,直播电商面临行业洗牌。在现阶段,群雄割据的局面将会结束,实力最强大的几家电商可能会形成新的均衡局面。

3. 直播营销的优势

在传统的营销活动中,商家主要通过户外广告、电视广告、线下活动、推销员上门等方式进行传播。直播营销出现之后,很快便凭借直观、实时性强等特点迅速走红。作为一种崭新的营销方式,直播营销具有许多独特的优势。商家可以用更低的营销成本,获得更快捷的营销覆盖,并且可以在第一时间收到客户的反馈,极大地提升营销效果。

(1)现场直播具有更强的说服力。以前消费者在电商网站搜索产品,总是会或多或少地感到一种隔阂,他们虽然能够看到产品的尺寸、材质、颜色等相关信息,但是这些信息仍然不足以全面反映出产品的各项细节,容易出现失真效应。只有等到快递送到以后,消费者才能知道产品是否适合自己。如果对产品不满意,就只能选择退货了。相比之下,直播营销对产品的展现更加全面,主播在试吃、试玩、试用的过程中,把产品的各项细节一一呈现在观众面前,因此具有更强的说服力。例如,一些专门从事海外代购的人,为了打消客户的疑虑,选择在海外的商场购物时进行现场直播,将整个购物过程都展现在客户面前,以表明自己童叟无欺。如果主播是资深从业者,就可以凭借专业性强的特点,迅速建立营销优势,在消费者群体中传播自己的影响力。和传统的电商营销模式相比,直播营销更容易打动消费者,让他们下单购买,而且退货的可能性更低。因此可以说直播营销具有更强的说服力。直播与电商的深度结合,为产品营销开辟出了一条新的道路,不用再像以前一样铺设繁重的销售渠道,使电子商务迎来了新的发展契机。

(2)用更低的成本实现营销覆盖。传统广告的营销成本高昂,无论是硕大的楼宇广告,还是精美的电视广告,都需要花费很大一笔资金,这对中小型商家和希望从事带货行业的自媒体主播十分不友好。而直播营销为他们提供了一个全新的平台。直播营销对场地、物料等需求较少,是目前成本较低的营销形式之一。例如,2016 年 5 月 25 日,小米公司也赶上了直播的热潮,总经理雷军亲自在办公室里做起了直播。他没有租借商务酒店、布置大型会场、邀请众多新闻媒体等,只是使用了几部手机,就完成了一场线上直播,吸引了很多数码爱好者的关注。综合来看,目前直播营销的门槛不高。作为一个初入行的新人,你只需要一部手机,就可以开启直播生涯。而且从平台端来看,直播营销的浮现权和排名也比较公平,拥有适合直播行业快速发展的环境。不过,这并不意味着直播不需要成本。事实上,随着直播人数的增加,竞争会日趋激烈,直播的成本也会逐渐提高。例如,配备更好的直播设备,设置更高的折扣和优惠,在多个平台进行宣传,寻找更热门的网红主播等,都会导致成本增多。

(3)实时互动,及时了解客户的需求。在以往的营销模式下,厂商和用户之间的距离很远,中间隔着经销商和销售等多个环节,往往需要经过很长时间才能收集到用户的反馈,这显然是不利于经营的。实时互动是直播营销的一个特点。通过浏览观众在直播过程中发送的留言和弹幕,厂商可以准确地捕捉到观众的心理变化,因此和传统营销模式相比,直播具有很强的优势。

(4)传播及营销更快捷。在电商营销中,留悬念、曝卖点是非常重要的,尤其是在互联网企业里,一个恰到好处的爆点可以帮助商家迅速登上头条,成为所有人关注的焦点。这离不开便捷高效的网络及受众广泛的应用软件。直播技术的成熟,以及众多直播平台的涌现,为营销提供了新的可能。现在很多公司在发布新品的时候,都会精心准备一场发布会,前期努力宣传造势,给大家制造悬念,让观众产生期待感。等到发布会开始之前,观众的情绪已经被充分调动起来,此时发布会上的任何一条信息,都会获得极高的传播度。现在的直播和上述模式也很相似,虽然电商直播不是新品发布会,主播们带的货也大多是人们已经知道的产品,但是在直播开启之前,主播们还是会预先发布信息,充分造势,博得关注的热度。例如,罗永浩在加入抖音直播之前,就在网上发布了相关信息,引起了很多人的讨论,再加上抖音官方的支持,他首次直播就获得了极高的热度。另外,直播是以视频的形式呈现出来的,轻松有趣的表现形式,非常适合进行改编和加工,形成二次传播。可以预见的是,随着通信技术的进步,直播的受众群体将会越来越广,直播带货如今已经成为大势所趋,电商的发展也将会迎来第二春。

(5)增强用户的参与感。直播营销贴近用户习惯,是一个新的热门产业,已经成为很多人的共识。在观看直播的过程中,主播会使用各种方式,让消费者能够充分享受参与其中的乐趣,例如做出标志性的动作、讲幽默笑话、发放优惠券等。这只是直播行业的一个缩影,它反映出直播在很大程度上满足了用户边看边买的习惯,将娱乐、社交及电商结合在了一起,让用户有了更多的乐趣,以及更多的参与感。一些商家还会向用户直播展示产品制造和销售的过程,以此强化用户对企业文化的感知能力,用户对品牌的理念和生产细节也会更为了解,与企业的距离也更近了。在快消时代,社群营销是一种非常重要的手段,它可以帮助企业在用户心中建立品牌情感,让用户变成品牌的粉丝,例如喜欢小米的被称作"米粉",喜欢华为的被称作"花粉"。借助直播技术,商家的社群营销就更方便了。

(6)降低消费者的决策成本。当消费者在网上购物时,他们往往会在搜索框中直接输入产品的关键词,然后浏览筛选出来的结果,一一进行挑选。例如,在淘宝网上搜索"茶杯",可以看到搜索结果已经超出了100个页面,消费者是不可能将这么多产品都浏览一遍的。同类产品的功能特性相差不大,图文描述又十分相似,这让很多人出现了选择困难症。相比之下,直播营销在很大程度上避免了选择困难症的出现,主播会在很短的时间内,用最朴实的话语,把产品的特征、用途、使用场景、适合人群等全部介绍清楚。客户不需要再反复对比,只需要选择 yes 或者 no,因此提高了成交的效率。

3.4.4　独立站营销

在网店流量运营方面,跨境电商与国内电商一个较大的不同便是独立站的广泛应用和广受关注。做跨境电商始终要遵循一个要点——本地化。这不仅是产品切实满足当地消费者的需求和偏好,还包括购买渠道、支付方式、购物体验符合消费者的期望,品牌理念能击中目标消费者。独立站就是这样一个符合海外消费者习惯的购物渠道,就像国内消费者直接打开平台一样再正常不过。

对于国内消费者来说,缺少了第三方平台的信用支撑和利益保护,假如碰到付款了未发货、货物与实际描述不符等情况发生,往往会造成不小的损失,所以国内不在独立站进行购物的首要阻力是信任问题,但海外成熟的信用卡机制切实保护了海外消费者的利益,使他们在独立站上购物成为习惯。

独立站是对于身处跨境电商行业的人来说,近两年这个词出现的频次很高,独立站是未来跨境电商的主流趋势之一。独立站这个词每次出现经常会伴有其他词语:跨境电商独立站、外贸独立站、跨境独立站、电商独立站等。从这个现象来看,独立站和跨境、线上电商零售有紧密的关系。先说"站",指的是网站。独立站是指在电商领域中自己拥有独立的域名、空间、页面的网站,通过网站可以进行商品线上推广、销售、售后等一系列交易和服务。再说"独立",为什么说它"独立"呢? 因为它不从属于任何平台。在合法合规的情况下,利用这个网站推广所带来的流量、品牌印象、知名度等都完全属于这个独立站;相应的,也正因为不从属于任何平台,所以一个单纯的独立站几乎没有自然流量。

独立站这个词最早被用于和亚马逊、eBay、Wish 等第三方平台做区分,它实质上是一个电子商务的售卖渠道。这里会存在一个误区:不少刚接触独立站的卖家会以为独立站与第三方平台有冲突,其实并不是这样,业内卖家更愿意把它形象地称为"用两条腿走路"。店匠 SHOPLAZZA 提出的"双轨模式"能更好说明这点,独立站是跨境电商增长的第二条曲线。建立自己的销售渠道,拥有属于自己的交易网站,也就是跨境电商独立站。相比较电商平台模式,独立站的优势主要有以下几点。

1. 去中心化,避免规则约束

在独立站运营中,自主权高,避免了很多规则的制约。例如,平台的物流政策发生变化,常常会让卖家措手不及、损失惨重。而独立站相对来说灵活性非常高,可以根据自己的需要进行营销,不必担心平台规则的变动影响运营。

2. 塑造品牌,DTC 直面消费者

独立站渠道是品牌的沃土。在摆脱了有限平台流量的竞争后,独立站面对的是更广阔的消费者流量池,这避免了为销量竞争而不断降价的窘境,不少卖家通过独立站渠道与消费者联系更紧密,通过产品迭代和打造品牌形象获取更大的商品溢价空间。

3. 沉淀流量,做长期的生意

在合法合规的情况下,利用这个网站推广所带来的流量、品牌印象、知名度等完全属于这个独立站。在塑造品牌、流量沉淀后,针对已有的消费者进行再营销和转化是自然而然的事情,这时候流量的成本会随着品牌沉淀而降低。同时消费者的数据全部归商家所有,可以源源不断地挖掘数据价值。

3.5　流量数据分析与优化

3.5.1　流量来源分析

对于电子商务平台网店来说,流量的来源纷繁复杂,按照是否是平台内部流量,可以分为站内流量、站外流量;按照是否付费,又可分为免费的自然搜索流量、付费的推广流量。无论是站内流量还是站外流量,又都各有免费流量和付费流量。流量多是好事,但是如果转化不够高,同样会影响网店的排名和收入。所以需要动态分析网店的具体流量来源及效益,再来做推广,这些都可以通过流量来源分析完成。以速卖通为例,生意参谋能提供流量概况、店铺来源、商品来源等流量数据。通过流量来源分析,可以快速盘清流量的来龙去脉,识别访客的特征,同时了解访客在店铺页面上的点击行为,评估店铺的引流、转化等健康度,从而进行针对性的改进优化。

1. 流量概况

流量概况是店铺整体流量情况的概貌,如图 3-27 和图 3-28 所示,能够了解店铺整体的流量规模、质量、结构,并了解流量的变化趋势。从流量总体规模知道店铺的浏览量、访客数多少。从跳失率、人均浏览量、平均停留时长,了解入店访客的质量高低及变化趋势。从新访客数、新访客数占比,掌握店铺流量的新老客户结构及趋势。同时可以了解商品核心指标(如商品访客数)、转化核心指标(如下单转化率)等数据。还可以通过选择日期、国家区域、终端来针对性地查看历史数据。将上述指标分别与同行平均、同行优秀之间进行比较,可以掌握和同行之间的差距,并初步判断是流量吸引还是流量转化等某个环节出现较大差距,从而深入分析,再进行针对性的改进优化。

图 3-27　网店流量概况的店铺核心指标

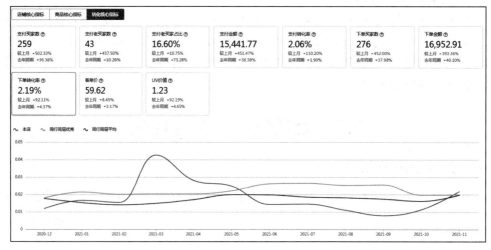

图 3-28　网店流量概况的核心转化指标

网店受不同地域消费者的青睐程度也不一样,在做流量推广尤其是付费推广时,筛选出优质高潜地域和时间要素,是提升推广效率和效益的重要一环。在地域推广上,大多数情况符合"二八法则",即80%甚至更多的效益是由20%不到的地域客户创造的,如图3-29所示。

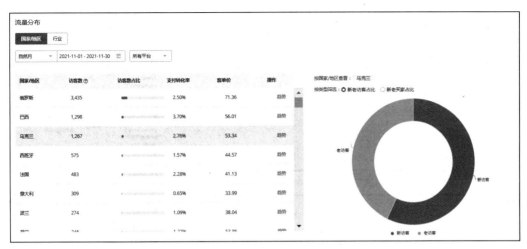

图 3-29 网店流量的地域分布

2. 店铺来源

店铺来源功能提供店铺各种入店流量的来源数据,比如说访客数、下单转化率、来源趋势等,如图3-30所示。通常一个店铺的搜索、推荐和基础工具流量应该排名前五,否则店铺的自然搜索优化(SEO)是有较大问题的。

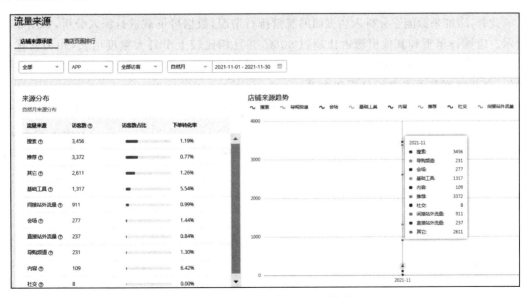

图 3-30 网店流量的店铺来源承接情况

从图3-30可以看出,该店铺转化率最高的是基础工具流量(购物车、消息、我的订单等),原因是较好运用了会话营销,通过站内聊天窗口给加购、加收藏以及未支付订单的客户发送了带有优惠券优惠码的促销信息,并且促成了一定的下单转化,从图3-31中可以发现促销的订单支付金额较高,因而这部分工作可以继续保持和加强。对于推荐流量的转化率较低的情况,可以进一步分析是什么原因并采取针对性的改进措施。

营销计划名称	发送人数(T+2更新)	下单买家数	支付买家数	粉丝支付人数	下单金额(美分)	支付金额(美分)	粉丝支付金额(美分)	消息内容	发送时间	状态	操作
收藏人群 - 2021-11-24	2	0	0	0	0	0	0	The Black Friday ,IMOU surprise is coming soon, are you ready ? come together !	2021-11-25 02:04	定时发送成功	详情
活跃老客人群 - 2021-11-24	3	0	0	0	0	0	0	The Black Friday ,IMOU surprise is coming soon, are you ready ? come together !	2021-11-25 00:10	定时发送成功	详情
加购人群 - 2021-11-24	308	10	9	3	58300	50700	16500	IMOU surprise is coming soon, are you ready ? come together !	2021-11-24 17:26	发送成功	详情
收藏人群 - 2021-11-24	147	0	0	0	0	0	0	IMOU surprise is coming soon, are you ready ? come together !	2021-11-24 17:24	发送成功	详情
活跃老客人群 - 2021-11-24	337	3	1	1	23800	8400	8400	IMOU surprise is coming soon, are you ready ? come together !	2021-11-24 17:23	发送成功	详情
店铺粉丝 - 2021-11-23	2986	1	1	1	2600	2600	2600	The Black Friday Promotion is coming soon, IMOU's gifts are waiting for you to take	2021-11-23 01:25	发送成功	详情

图 3-31　网店基础工具流量的下单转化情况

此外,店铺来源能够分析入店页面的流量排行情况,数据可下载进行深入分析,如图 3-32 所示。店铺详情页和其他引流占比超过 90%,并且相比较上个月大幅度增长,相关的优化和营销可以继续保持。此外,店铺首页、店铺大促页的流量跳失率较高,需要针对美工、促销透标、商品排列等因素进行分析和改进。

入店页面排行

> 展开指标选择

↥汇总数据下载　↥明细数据下载

页面名称	访客数 ⊙ ⇅	访客数占比 ⇅	下单转化率 ⇅	平均访问深度 ⇅	跳失率 ⇅	操作
商品详情页	8,570 较上月 -182.93%	87.72% 较上月 -8.05%	1.86% 较上月 -70.29%	- 较上月 -0.00%	35.17% 较上月 -2.80%	趋势
其它	436 较上月 -254.47%	4.46% 较上月 -12.69%	2.29% 较上月 -182.11%	- 较上月 -0.00%	38.07% 较上月 -8.18%	趋势
店铺首页	419 较上月 -0.00%	4.58% 较上月 -0.00%	3.34% 较上月 -0.00%	- 较上月 -0.00%	57.52% 较上月 -0.00%	趋势
店铺大促页	293 较上月 -0.00%	8.52% 较上月 -0.00%	2.39% 较上月 -0.00%	- 较上月 -0.00%	55.63% 较上月 -0.00%	趋势
店铺首页(StoreHome)	50 较上月 -163.16%	0.69% 较上月 -45.71%	2.00% 较上月 -0.00%	- 较上月 -0.00%	38.00% 较上月 -3.14%	趋势
商品列表页	2 较上月 -50.00%	0.34% 较上月 -61.20%	0.00% 较上月 -0.00%	- 较上月 -0.00%	0.00% 较上月 -100.00%	趋势

图 3-32　网店入店页面的流量排行情况

3. 商品来源

输入某个具体商品的 ID,可以查看该商品在某个时间段的流量来源情况,如图 3-33 所示。该商品的其他推荐流量来源最多,相比之下,搜索流量很少并且没有下单和支付转化,需要对商品标题、详情页描述等因素 SEO 优化要素进行优化,或者开展直通车付费营销提高搜索流量和转化。

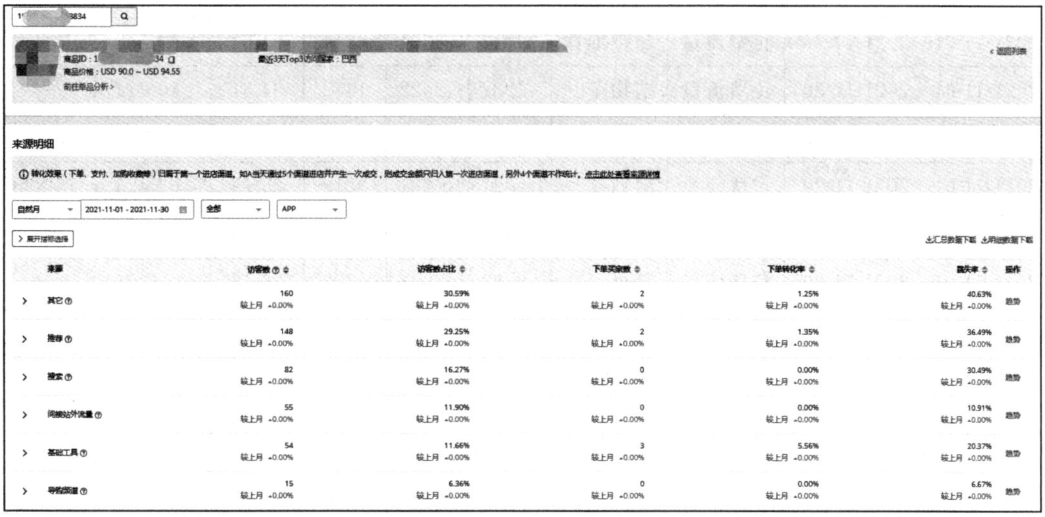

图 3-33 某商品在指定时间段的流量来源情况

3.5.2 流量结构分析

1. 流量结构分析的重要性

当前各项新兴技术层出不穷、商业形态日新月异,网店想要在复杂多变的环境中生存并不断做大,需要有能够适应环境的商品结构以及合理的流量结构。不同的场景下,卖家能够获取的流量是不一样的,不同的流量所花费的成本、带来的效果也不尽相同,因而,流量结构分析的重要性不言而喻。流量是电子商务企业的命脉,流量的多少,直接影响企业的营收,对流量结构进行分析,能够帮助网店了解单位时间内哪种渠道为企业带来的流量更多,哪种渠道的投入产出比最大,网店可以根据分析结果优化引流方式。

2. 流量结构分析方法

流量结构的类目,根据不同的划分标准有不同的分法,通常而言,主要有自主访问流量、免费流量、付费流量、站内流量、站外流量等。网店可以根据不同的目的,划分相应的流量结构类目,并进行相应的分析。下面以一个月为时间跨度,对免费流量结构分析和付费流量结构分析两个维度展开分析,采集访客数、点击量、成交订单数对免费流量结构展开分析,采集成交转化率、成交额、投入成本对付费流量展开分析,并运用组合图形实现流量结构可视化,以此明确每种流量类型引流较多的渠道,指导企业后续推广渠道的优化。

(1)获取数据。采集所有的免费流量、付费流量的数据,如表 3-3 所示。

(2)流量类别归类。采用排序的方式对付费流量、免费流量进行归类,完成归类后的效果如表 3-4 所示。

表 3-3　某网店指定时间内免费流量和付费流量数据

统 计 日 期	流量来源	来源明细	访客数	点击量	成交订单数	成交转化率/%	成交额/元	投入成本/元
2021-11-01—2021-11-30	免费流量	自主搜索	3013	2133	885	29.37	9518	—
2021-11-01—2021-11-30	付费流量	超级推荐	9012	8201	2214	24.57	42 548	56 852
2021-11-01—2021-11-30	免费流量	购物车	4232	3022	1452	34.31	10 214	—
2021-11-01—2021-11-30	付费流量	钻石展位	20 124	18 521	7221	35.88	86 241	62 442
2021-11-01—2021-11-30	付费流量	聚划算	12 021	10 231	3213	26.73	62 425	75 898
2021-11-01—2021-11-30	免费流量	其他店铺	2322	1632	635	27.35	5201	—
2021-11-01—2021-11-30	免费流量	首页	2683	1998	702	26.16	6325	—
2021-11-01—2021-11-30	付费流量	直通车	23 514	21 021	6322	26.89	120 121	95 621
2021-11-01—2021-11-30	免费流量	收藏推荐	1062	862	231	21.75	3654	—
2021-11-01—2021-11-30	免费流量	免费其他	2932	1865	862	29.40	6215	—
2021-11-01—2021-11-30	付费流量	淘宝客	26 331	12 101	9521	36.16	151 016	103 254

表 3-4　某网店指定时间内免费流量和付费流量数据归类

统 计 日 期	流量来源	来源明细	访客数	点击量	成交订单数	成交转化率/%	成交额/元	投入成本/元
2021-11-01—2021-11-30	免费流量	自主搜索	3013	2133	885	29.37	9518	—
2021-11-01—2021-11-30	免费流量	购物车	4232	3022	1452	34.31	10 214	—
2021-11-01—2021-11-30	免费流量	其他店铺	2322	1632	635	27.35	5201	—
2021-11-01—2021-11-30	免费流量	首页	2683	1998	702	26.16	6325	—
2021-11-01—2021-11-30	免费流量	收藏推荐	1062	862	231	21.75	3654	—
2021-11-01—2021-11-30	免费流量	免费其他	2932	1865	862	29.40	6215	—
2021-11-01—2021-11-31	付费流量	淘宝客	26 331	12 101	9521	36.16	151 016	103 254
2021-11-01—2021-11-30	付费流量	超级推荐	9012	8201	2214	24.57	42 548	56 852
2021-11-01—2021-11-30	付费流量	钻石展位	20 124	18 521	7221	35.88	86 241	62 442
2021-11-01—2021-11-30	付费流量	聚划算	12 021	10 231	3213	26.73	62 425	75 898
2021-11-01—2021-11-30	付费流量	直通车	23 514	21 021	6322	26.89	120 121	95 621

（3）付费流量结构分析。

① 复制统计日期、流量来源、来源明细、成交转化率、成交额、投入成本对应的区域到新的 Excel 表中，如表 3-5 所示，完成付费流量投入产出比的计算。

② 选择来源明细、成交转化率、投入产出比对应的数值区域，插入组合图形，将成交占比设置为簇状柱形图，将投入产出比设置为折线图，最后，将成交占比设置为次坐标轴，得到付费流量结构分析图，效果如图 3-34 所示。

表 3-5　某网店指定时间内付费流量结构分析

统 计 日 期	流量来源	来源明细	成交转化率/%	成交额/元	投入成本/元	投入产出比
2021-11-01—2021-11-30	付费流量	超级推荐	24.57	42 548	56 852	0.748
2021-11-01—2021-11-30	付费流量	钻石展位	35.88	86 241	62 442	1.381
2021-11-01—2021-11-30	付费流量	聚划算	26.73	62 425	75 898	0.822
2021-11-01—2021-11-30	付费流量	直通车	26.89	120 121	95 621	1.256
2021-11-01—2021-11-30	付费流量	淘宝客	36.16	151 016	103 254	1.463

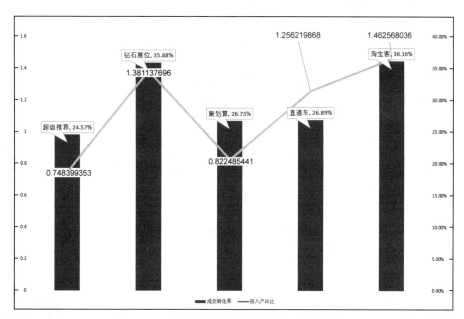

图 3-34　某网店指定时间内付费流量结构分析

（4）免费流量结构分析。复制统计日期、流量来源、来源明细、访客数、点击量和成交订单数对应的区域到新的 Excel 表中。插入组合图形,将访客数设置为簇状柱形图、点击量和成交订单数设置为折线图,并将访客数设置为次坐标轴,完成后的效果如图 3-35所示。

3. 店铺流量结构优化技巧

（1）合理的产品结构,宝贝数量不宜过少;店铺整体的风格价位尽量统一,这样才能吸引到同一个人群,从而获得精准的定位,获得足够多的免费流量。

（2）宝贝标题是搜索流量的入口,也是系统对宝贝进行精准定位的根据之一,非常有必要花时间对全店的宝贝进行关键词布局,使宝贝之间错开竞争,抢占尽可能多的关键词入口。

（3）下架时间的布局也是完善流量结构的一部分,在每天每个时间段都有宝贝参与竞争流量。

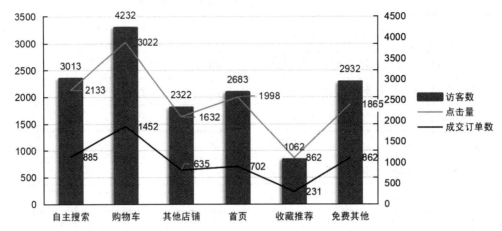

图 3-35　某网店指定时间内免费流量结构分析

（4）适当的付费广告占比，不要过于关注直通车或钻展的投产比，而是多考虑全店的投产比，直通车账面上看可能是亏本的，但直通车给你带来的人气、精准定位、访客足迹等，从长远来看，往往是赚的。

（5）尽可能地提升流量入口数量，像什么淘宝客肯定是需要开通的，微淘也尽量定期去更新，鼓励买家们收藏或加购，发放时效较长的优惠券，淘口令宝贝二维码或链接可以在站外一些合适的地方推送，报名参加一些容易上去的活动或页面，流量入口越丰富，系统给予的店铺权重越高，越有利于免费流量的引入。

（6）关注同行的流量结构分布，看自己缺少哪部分的流量，如有些类目整体钻展流量占比大，说明这个类目适合通过钻展去把店铺推动起来，如果你有这样的类目就应该跟上，让自己这部分流量跟得上同行。

3.5.3　流量效果分析

付费推广是店铺做大、做强的一把利刃，但引入的流量到底有没有价值呢？这就需要进行计算了。计算流量的价值，可以帮助卖家知道店铺整体流量的健康状态，尤其是店铺经营进入稳定期后，每一个流量能产生多少价值，商家要做到心中有数，如果流量价值开始下降，那么商家就需要考虑是不是在错误的引流渠道上投入了太多的资源。

微课：网店推广
数据指标分析

流量价值（UV价值）的定义是一个流量能带来多少交易金额，又称流量产值。流量价值计算公式为

$$流量价值 = \frac{流量产生的交易金额}{流量大小}$$

$$= \frac{访客数 \times 转化率 \times 客单价}{访客数}$$

$$= 转化率 \times 客单价$$

流量价值（UV价值）还可以定义为一个流量能带来多少利润。流量价值的计算公式为

$$流量价值 = \frac{流量产生的利润}{流量大小}$$

$$= \frac{访客数 \times 转化率 \times 客单价 \times 利润率}{访客数}$$

$$= 转化率 \times 客单价 \times 利润率$$

根据公式,计算流量价值需要获取的数据主要包括店铺的转化率和客单价。在生意参谋的首页的运营视窗中的整体看板可以获取每日的交易金额、流量、商品、推广和服务相关的数据。在获得计算流量价值所需的数据之后,将数据输入 Excel 表格,按照公式计算流量价值。

 "岗课赛证"融通专题训练

一、单选题

1. 以下说法正确的是(　　)。

　A. SEO 是网店唯一获取平台免费流量的重要手段

　B. SEO 与 SEM 的关系为负相关

　C. 搜索相关性包括类目的相关性和主图的相关性

　D. 关键词可分为核心词、属性词、营销词等

2. 以下不属于标题制作误区的是(　　)。

　A. 直接复制爆款标题　　　　　　　　B. 根据生意参谋提示撰写标题

　C. 堆砌关键词　　　　　　　　　　　D. 盗用其他品牌词

3. 商品权重是电子商务平台根据(　　)给出的一个综合评分,也是电子商务平台对商品进行搜索排名的关键依据。

　A. 商品表现　　　　B. 财务表现　　　　C. 能力表现　　　　D. 服务表现

4. 某网店当天的访客数为 5000 个,总浏览量为 10 000,去重成交人数为 200,总销售额为 55 000 元,该网店当天的客单价为(　　)元。

　A. 2　　　　　　　B. 5.5　　　　　　　C. 110　　　　　　　D. 275

5. 直通车是拥有多种推广形式的营销工具,每种推广形式都是按点击进行扣费,请问以下选项中是直通车推广的扣费规则的是(　　)。

　A. 下一位的出价×下一名的质量得分/您的质量得分+0.01

　B. 下一位的出价×下一名的质量得分/您的质量得分+0.05

　C. 下一位的出价×下一名的质量得分/您的质量得分+0.1

　D. 下一位的出价×下一名的质量得分/您的质量得分+0.5

6. 宝贝每次被点击时,你所愿意支付的最高金额称为(　　)。

　A. 标准出价　　　B. 主动出价　　　C. 最高出价　　　D. 默认出价

7. 以下不属于 SEO 范畴的是(　　)。

　A. 提高网页在百度中的自然搜索排名　　B. 提高美团店铺的自然搜索排名

　C. 优化速卖通商品属性　　　　　　　　D. 优化淘宝直通车主图

8. 以下属于免费流量的是(　　)。

　　A. 淘宝客　　　　　B. 自然搜索　　　　　C. 直通车　　　　　D. 钻石展位

9. 利用直通车进行关键词测试的主要原因是测试所选关键词在直通车中的转化率,而直通车转化率也被公认为是(　　　)的推广方式。

　　A. 数据统计最详尽　　　　　　　　B. 最具有权威性

　　C. 最接近于社会平均数值　　　　　D. 最近似等于自然搜索转化率

10. 骆驼运动鞋男跑步鞋 2023 春夏新款男鞋子轻便减震耐磨休闲跑鞋男的核心词是(　　　)。

　　A. 骆驼　　　　　B. 跑步鞋　　　　　C. 运动鞋　　　　　D. 休闲跑鞋

二、多选题

1. 以下属于百度搜索引擎中网站关键词常见挖掘方法的是(　　　)。

　　A. 百度搜索下拉框　　　　　　　　B. 生意参谋

　　C. 百度指数　　　　　　　　　　　D. 百度关键词规划师

2. 以下属于商品属性优化策略的是(　　　)。

　　A. 系统属性优化　　　　　　　　　B. 商品主图优化

　　C. 自定义属性优化　　　　　　　　D. 主图视频优化

3. 以下属于商品标题优化策略的是(　　　)。

　　A. 爆款商品优化策略　　　　　　　B. 日常销售商品优化策略

　　C. 新品/滞销品优化策略　　　　　　D. 违规商品优化策略

4. 以下属于淘宝关键词常见挖掘方法的是(　　　)。

　　A. 搜索下拉框　　　　　　　　　　B. 生意参谋

　　C. 直通车选词助手　　　　　　　　D. 百度关键词规划师

5. SEO 的搜索排名影响因素主要有(　　　)。

　　A. 商品描述质量　　　　　　　　　B. 商品权重

　　C. 相关性　　　　　　　　　　　　D. 卖家服务质量

6. 宝贝标题中的关键词可以从以下(　　　)途径挖掘。

　　A. 生意参谋　　　　　　　　　　　B. 淘宝搜索下拉框

　　C. 直通车流量解析　　　　　　　　D. 人气宝贝标题

7. 某网店通过多种渠道进行产品推广,其中直通车当月投入 2000 元,通过直通车带来访客 3000 个,销售产品 15 000 元;钻展当月投入 3000 元,带来访客 7000 个,销售产品 20 000 元,若产品利润率相同,那么以下说法正确的是(　　　)。

　　A. 该网店直通车的投资回报率比高于钻展

　　B. 该网店钻展带来访客的成本比直通车低

　　C. 该网店钻展投放不够精准,导致 ROI 低于直通车,因此要降低钻展的费用投入,
　　　加大直通车费用投入

　　D. 该网店的钻展成交转化率低于直通车成交转化率

8. 下列适合交换友情链接的是(　　　)店铺。

　　A. 人气　　　　　　　　　　　　　B. 商品相同

　　C. 商品有关联的　　　　　　　　　D. 客户群相近的

9. 以下说法正确的有(　　　)。

A. 销售量＝流量×转化率×平均客单价

B. 转化率越高的产品,直通车质量得分越高,然后点击越省钱

C. 关键词的优化选取是为了给宝贝提供一个优先的排名展示机会

D. 钻石展位是在淘宝通过用图片的方式以展现付费获取流量,钻展的最大用途最好集中在推广品牌和活动时使用

10. 淘宝新店引流有哪些免费的渠道(　　　)。

A. 微博话题　　　　B. 微信朋友圈　　　　C. 直通车　　　　D. 微淘社区

三、判断题(对的打"√",错的打"×")

1. 点击率可以通过优化图片、卖点来提高。　　　　　　　　　　　　　(　　)

2. 点击率越高,说明宝贝对买家的吸引力越大。　　　　　　　　　　　(　　)

3. 百科营销属于淘宝站外营销。　　　　　　　　　　　　　　　　　(　　)

4. 相关性因素是影响淘宝网自然搜索的主要因素之一。　　　　　　　　(　　)

5. DSR 动态评分不会影响淘宝网自然搜索的结果。　　　　　　　　　　(　　)

6. 淘宝网的钻石展位推广是按点击率计费的。　　　　　　　　　　　　(　　)

7. 跳失率是指只访问了一个页面就离开的访问次数占总访问次数的比例。　(　　)

8. 淘宝网络广告联盟的第三方网站广告是一种定位广告模式。　　　　　(　　)

9. 淘宝店铺页面的访客数其实就是浏览量。　　　　　　　　　　　　　(　　)

10. 如果宝贝的流量不低,但是跳失率高,说明商品详情页中的图片、描述、价格、评价、销量等有问题,需要优化商品详情页。　　　　　　　　　　　　　　　　(　　)

四、填空题

1. _____既是电商平台根据商品表现给出的一个综合评分,也是电商平台对商品进行搜索排名的关键依据。

2. FAB 商品卖点提炼法中,A(advantage)代表的是商品的作用和_____。

3. 直通车推广计划类型包括标准计划与_____计划。

五、案例分析题

拼多多原始用户积累主要是通过农产品和拼团玩法,继而发展"0 佣金""低成本"的平台模式吸引产业带商家,将性价比高的商品扩充到全品类;后以"百亿补贴"为跳板,引入品牌商品吸引"五环内"人群,实现农村包围城市的晋级。2020 年 2 月,拼多多低调上线了拼小圈功能,但该功能没有放在金刚位,而是列出独立的一个功能栏,可见对其重视程度。

拼小圈官方回复是"让消费者了解商品真实评价信息,解决信任问题并为消费者的购买决策做参考。"自媒体对拼小圈多解读为"为讨好五环内用户而生"。由于 2019 年微信加强了对外链的管理,过去拼多多赖以生存的社交电商流量受到重挫。被迫将发展战略倾向于平台补贴,开始以"百亿补贴"的烧钱方式,加大向"五环内"迈进。"相比下沉市场,五环内用户明显更重视商品的口碑、品质。为已有的五环内用户增强黏性,建立用户信任,制作一个购物版的社交拼小圈,可有效提升五环内用户的复购率与低成本获客率"。但拼小圈真是为了讨好五环内的用户吗?官方强调解决信任问题背后是否暗含社交野心?关于拼小圈是否解决了信任问题,可从购买的商品本身和拼小圈发布动态的流程两个方向考虑。从商品本身考虑,购买商品集中在低价名品(如百亿补贴)和日用百货,两者一个不怕造假(百补,假一

赔十）、一个实用至上,信任在上述商品类目中可能不是最重要的。从拼单成功到发布动态,成功后默认发到拼小圈。好友间的种草逻辑往往是得到商品使用后向朋友推进或朋友询问后种草而非没体验商品就种草的逻辑,当然,如看到朋友使用商品并刷到拼小圈内容存在种草可能,但足以让你下单吗?"五环内用户"使用拼小圈和拼小圈解决信任问题在现阶段看可能没有很好的答案,换个思路,如果一切以社交为出发点会怎么样?

社交可谓是互联网万金油,电商社交化让拼多多一举成为移动互联网 Top 级公司。当然拼多多不是第一个拿社交讲故事的公司,阿里、京东都曾在电商页中出现过社交化功能,但奈何各种原因未能如愿。伟大的公司除创新与顺势之外,必定汲取前人经验,拼多多效仿"偷菜"游戏在 2019 年推出多多果园,游戏化的玩法为其带来 5000 万日活用户。它到晋级之路在于将网络虚拟游戏与公司的实际业务相结合,在游戏的同时可获得真水果,用户预期大幅提升。帮助拉日活之外,承接了拼团带来的好友关系,顺便用扶贫助农拉了电商业务一把。后来的拼小圈则更像致敬微信朋友圈,UI 和好友添加展示逻辑都似曾相识,只是内容由生活变成了生活中的一个子类——好友购物,当然满是购物信息可消费价值太低,它要做社交就得不断地进化。通过拼小圈,拼多多正在补齐社交和内容的短板,在购物分享之外上线了"一键做影集、好友合唱、魔法视频、好友问答"四个功能,欲建立起自己的私域流量。

(案例内容摘自网经社。)

根据上述案例内容,分析讨论以下两个问题。

1. 拼多多怎样补齐了社交和内容的短板?

2. 你认可拼多多的商业模式吗?为什么?

六、专项技能实训

登录"ITMC 电子商务综合实训与竞赛系统",根据你经营的商品完成所有站内推广操作,思考和分析在 SEO 优化时依据什么来选择商品标题的关键词?为什么选用这几个关键词?在"团购""秒杀""促销""套餐"这几个促销策略中,你选用了哪几个?为什么?

第4章

网店客户运营

 商道传承悟思政

■**课程思政**：探古今商道，铸网店商魂。

培养学生吃苦耐劳、自强不息、勇于担当、亲仁善邻、诚实为人、诚恳为业、诚意为民的精神，弘扬敬业、诚信的社会主义核心价值观。

■**案例内容**：胡雪岩的"戒欺"经营理念和服务体系。

胡雪岩（1823—1885 年），本名胡光墉，幼名顺官，字雪岩，出生于安徽徽州绩溪，13 岁起移居浙江杭州，是中国近代著名的红顶商人、徽商代表人物（图 4-1）。胡雪岩凭借其卓越的商业才能，利用过手的官银在上海筹办私人钱庄，后在全国各地设立"阜康"钱庄分号。清同治十三年（1874 年），胡雪岩为"济世于民"，在杭州创立了"胡庆余堂"中药店，地处杭州吴山脚下，制"避瘟丹""行军散""八宝丹"等供军民之需，药店以其精湛的制药技艺和独特的人文价值传承至今，赢得"江南药王"之美誉，有"北有同仁堂，南有庆余堂"之称。在悠久的历史中，胡庆余堂所沉淀的丰富独特文化，可以说是中国传统商业文化之精华，也是胡庆余堂百年老店经久不衰的法宝，其中要数"戒欺"文化最为深入人心。胡庆余堂崇尚戒欺经营，著名的"戒欺"匾额系清光绪

图 4-1 徽商代表胡雪岩

四年四月胡雪岩亲笔所写店训，告诫属下："凡百贸易均着不得欺字，药业关系性命，尤为万不可欺"。戒欺的理念，涵盖方方面面，反映在经营上，首推的是"真不二价"，即做生意讲诚信，老少无欺，贫富无欺，不能有丝毫掺假，"采办务真，修制务精"。"戒欺"文化是胡庆余堂的立业之本，也体现了胡庆余堂以客户为中心的经营理念和服务体系。忆古思今，继往开来，流逝的是岁月，不变是真诚服务客户的初心使命。

 商海遨游学本领

■**能力目标**：提运营之质，增管理之效。

理解客户的消费心理,熟悉客户接待和导购、客户投诉沟通处理的方法和技巧,掌握客户满意度和客户忠诚度的衡量指标,能够提升客户满意度、培育客户忠诚度、有效维护客户关系,能够运用客户相关数据,分析优化客户价值和客单价。

■**知识地图**:网店客户运营的知识结构如图 4-2 所示。

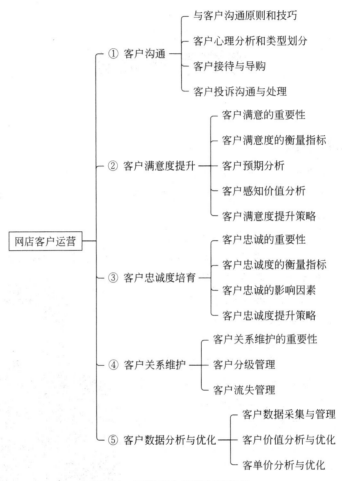

图 4-2　网店客户运营知识结构

4.1　客户沟通

客户沟通是企业通过与客户建立信息交流与互换的桥梁或纽带,加深与客户的感情,从而赢得客户满意与客户忠诚所采取的行动。有效的客户沟通,有助于拉近企业与客户的距离,有利于巩固、维护和发展与客户的关系。在网店经营过程中,实现良好的客户沟通,客服人员是必不可少的重要角色,其工作内容主要包括解答客户的疑问,为客户提供适用的购买建议,提升客户的购物体验,提高客户对店铺的忠诚度,提高询单转化率,增加回头客以及改善店铺服务数据,从而为店铺带来更多收益,树立更好的品牌形象。总之,与客户保持良好沟通是非常重要的。

4.1.1　与客户沟通原则和技巧

1. 与客户沟通的原则

在与客户进行沟通的过程中,要把握好沟通的原则,主要包括尊重原则、规范原则、适度原则和互动原则。

(1) 尊重原则。尊重是良好沟通的前提与基础。在与客户沟通过程中,客户服务人员需要以友善、诚恳的态度与客户平等交流,尊重客户人格,尊重客户的生活习惯、消费习惯等,尊重客户的选择,不能以玩笑或其他任何形式伤害客户的尊严。

(2) 规范原则。客户服务人员需要依据企业制定的服务流程及服务准则进行规范化操作,自觉遵守并执行客户服务人员行为准则,严格规范自己的言谈举止。在服务客户过程中,需要做到行动不出格、言语不失礼,符合社交礼仪规范要求,给客户留下良好的印象。

(3) 适度原则。与客户进行沟通交流时,客户服务人员需要合理把握尺度,既要以热情友好的态度接待客户,及时主动地了解客户需求,又要自尊自爱,不卑不亢,与客户之间保持平等交流的姿态,凭借自己专业的服务意识与服务技能,帮助客户高效解决问题。

(4) 互动原则。要想与客户之间建立起良好的合作关系,就需要主动、积极地与客户进行交流互动,深入调研客户新需求,了解客户对企业服务的意见或建议,从而采取有效的优化措施。同时,加强与客户之间的互动,有利于激发客户活力,增强客户对企业的依赖感、归属感。

2. 与客户沟通的技巧

网店客户服务人员与客户进行有效沟通,必须掌握一定的沟通技巧。常见的沟通技巧主要包括有效倾听、有效提问和有效反馈。

(1) 有效倾听。有效倾听是指聆听者需要通过讲述者的表达,洞察其语言背后的真正内涵。通过有效倾听,客户服务人员可以对客户的语言习惯、性格特征等属性有一个深入的了解,以便在与客户交流过程中,快速捕捉到客户需求,并提出令客户满意的解决方案。要做到有效倾听,需要遵守以下准则。

① 不随意打断客户发言。当客户在表达自己的想法时,客户服务人员需要认真聆听,否则会让客户产生被轻视、不被尊重的感觉。在客户发言过程中,如果必须要对某个观点即刻做出澄清,客户服务人员需要礼貌告知客户,并留意客户反应,巧妙应对。

② 注意力集中。在客户发言过程中,客户服务人员需要全神贯注地聆听,站在客户的角度思考问题,抓住客户想要解决的核心问题,并真诚地给予反馈。只有这样,才有可能赢得客户信任,与客户建立起稳定友好的合作关系。

③ 理解并给予反馈。客户服务人员需要表现出对话题的兴趣,认真聆听客户的讲话,理解客户话中的真正内涵,可以通过简要概括的形式回应客户,这样不仅能够明确客户需求,向客户表明自己认真聆听的态度,而且可以使客户产生好感,积极投入整个沟通过程中去。

(2) 有效提问。有效提问是指通过不断发问的形式,引导咨询者说出自己的核心需求,从而帮助咨询者高效解决问题。通过有效提问,客户服务人员可以准确把握并了解客户需求,能够引导客户配合自己的调研方向展开谈话,有利于减少与客户之间的误会,建立起良好的客户合作关系。要做到有效提问,需要遵守以下准则。

① 明确提问目标。向客户提问时,首先需要明确提问需要解决什么问题,其次围绕提问目标对客户进行发问,避免沟通过程中偏离重点,浪费时间。

② 尊重客户差异。针对不同类型的客户,客户服务人员需要选择合适的提问方式,提出针对性较强的合理问题,这样不仅可以照顾到不同客户的情绪,提升客户体验,而且可以全面掌握不同类型客户的具体需求。

③ 逻辑清晰,突出重点。提问是企业全面掌握服务质量,了解客户需求,帮助客户更好地解决问题的一种方式。因此,在提问之前,客户服务人员需要厘清问题之间的关系,层层递进,以逻辑清晰、简洁明了的方式向客户发问,突出提问的重点,从而便于客户接收与理解信息,快速解决问题。

④ 合理把握问题难度及提问时间。在提问过程中,客户服务人员需要对问题数量、提问难度及提问时间等做到合理把控。否则,问题数量过多、问题太难、提问耗费时间过长等,都会使客户丧失耐心,配合度降低,从而难以收获良好的提问效果。

(3) 有效反馈。有效反馈是指在沟通交流中,针对各类问题,都能积极地表达出自己的真实想法,并提出可行性建议。通过有效反馈,客户服务人员可以使客户感受到企业真诚的服务态度,帮助客户及时高效地解决问题,也可以增进与客户之间的情感联系,深入了解客户需求,为企业运营方案调整提升方向。要做到有效反馈,需要遵守以下准则。

① 真诚平等。在与客户交流过程中,客户服务人员需要认真倾听客户的需求,以真诚、热情、平等、耐心的态度积极帮助客户解决问题,全心全意为客户服务,这样可以使客户满意度得到有效提升。

② 可实施性强。反馈通常是针对某一问题给予明确回复。因此,在客户服务中,客户服务人员需要精准定位客户需求,并能针对客户的问题提出合理的解决方案,客户的问题得到解决,客户对企业的服务评价自然也会提升。

4.1.2 客户心理分析和类型划分

1. 客户消费心理分析

新零售和电子商务的客户主要指的是个人消费者。了解客户的购物需求与心理活动,根据客户的消费心理诉求达成有效沟通,是更好地帮助客户解决问题、满足客户需求、促成更多交易的先决条件。

(1) 追求实用的心理。求实心理意味着客户在选购商品时不会过分看重商品的外观、价格以及品牌等,而是重点考察商品的实用性和技术性能,以朴实耐用为主。面对这类客户时,客服人员应该体现自己的专业性,以真诚、专业、求实、耐心的态度获取这类客户的好感,从而提高客户对商品的好感度,进而促成客户购买商品。

(2) 追求颜值的心理。追求颜值是人的一种本能和普遍要求,这类顾客在购买商品时关注商品的风格和个性,强调"艺术美",而且关心商品的包装、款式、颜色、造型等欣赏价值。对于这类客户,网店客服人员要推荐适合他们的商品,并尽可能展现商品的颜值、款式等外在优势,对客户的选择多点夸奖和肯定。

(3) 追求性价比的心理。这是一种"少花钱多办事"的心理动机,其核心是"廉价"和"低档"。这类顾客在选购商品时,往往要对同类商品之间的价格进行仔细的比较,还喜欢选购折价或处理商品。只要价格低廉,其他一切都不太在意,精打细算,尽量少花钱成了习惯。客服人员在与这类客户的实际交流中,应当在心理上对其进行鼓励,利用各种优惠措施留住客户,让客户感觉物超所值。

(4)从众心理。在心理学上有一种称为"羊群效应"。羊群是一种很散乱的组织,它们在平时会盲目地左冲右撞,但是一旦有头羊发现草场而行动起来,其他的羊也会不假思索地一哄而上,全然不考虑旁边是否有狼或不远处是否有更好的草。简单地说,就是头羊往哪里走,后面的羊就跟着往哪里走。"羊群效应"也可以称为"羊群心态",也就是一种从众心理。客户在网络购物过程中也存在从众心理,为了规避购物中的不确定因素,往往会参考别人的购物体验。例如你想要买本书,首先会去看看这本书得到好评有多少,差评又是如何评的。这类客户看到别人买的商品不错或者有差评时,也会前去购买或果断离开。面对这类客户,网店可以把以前的成交记录或客户的良好评价展示在商品详情页中。

2. 客户类型划分

(1)按性格特征分类。

① 友善型。消费者性格随和,对自己以外的人和事没有过高的要求,具备理解、宽容、真诚、信任等美德。

② 独断型。消费者异常自信,决断力强,感情强烈,不善于理解别人,不能容忍欺骗,自己的想法和要求要得到认可。

③ 分析型。消费者情感细腻,容易被伤害,逻辑思维能力强,懂道理,也讲道理,要求公正的处理和合理的解释。

④ 自我型。消费者以自我为中心,缺乏同情心,有较强的报复心理,性格敏感多疑,时常以小人之心度君子之腹。

(2)按消费心理分类。

① 初次上网购物者。消费者在试着领会网络消费,他们的体验可能会从在网上购买安全种类的物品开始。

② 便宜货购物者。消费者广泛使用比较购物工具,这类购物者没有品牌忠诚或平台忠诚,只要最低的价格。

③ "手术"购物者。消费者在网购前已经很清楚自己需要什么,并且只购买他们想要的东西。

④ 狂热购物者。购物者把购物当作一种消遣,他们购物频率高,也最富冒险精神,迎合其好玩的性格十分重要。

⑤ 需求购物者。消费者因需求而购物,而不是把购物当作消遣。他们有自己的一套高超的购物策略来找到所需产品。

(3)按购买行为分类。

① 交际型。消费者喜欢与商家聊天,聊得愉快了就经常到店里购买产品,生意成交了,也成了朋友。

② 购买型。消费者喜欢直接购买产品,很快付款,收到产品后直接给好评,对于客服的热情很冷淡。

③ 礼貌型。热情的态度加聊天过程中运用恰当的技巧,会使这类消费者直接到你的店里重复购买产品。

④ 讲价型。消费者喜欢讨价还价,甚至以不打折就不要了作为威胁。

⑤ 拍下不买型。对于拍下商品却不付款的消费者,可以使用催付话术进行催促付款。

4.1.3 客户接待与导购

微课:客户接待
与导购

1. 迎接问好

迎接问好是客服人员接触客户做的第一件事情,有些客服人员可能会觉得这是非常简单的一件事,很容易就做得到。然而,在实际网店运营过程中,很多客服没有做好这一步,导致客户流失,图 4-3 所示为两种不同的问好方式。第一种客服沟通的方式不对,不能只回复一个"在"字,回答过于简单,给客户的感觉是你很忙,根本没空搭理他,这样太冷漠了。正确的沟通方式应该是第二种,这样的迎接问好会让客户感到诚心诚意,有一种亲切的感觉。客服在与用户交流的过程可以运用诙谐幽默的方式进行沟通,另外再搭配合适的表情(千牛有自带的表情,网店客服人员在与客户交流时可随心选用)使整个聊天的氛围很轻松、很愉悦。这样能使客户感受到客服人员的热情和亲切感,增加对客服人员的好感,进而拉近买卖双方的距离,让成交变得更容易。

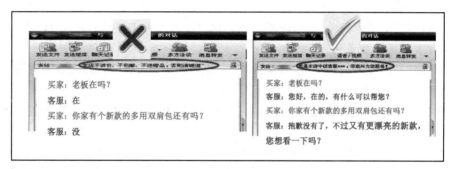

图 4-3 客服的迎接问好对比

2. 导购答疑

根据买卖双方同赢的原则,推荐最适合商品给客户、推荐店内最具货源优势和质量优势的商品给客户,同时客服人员一定要参考店内销售走势和库存情况进行推荐,否则可能商品推荐成功,但是却没有库存,使客户等上很长时间才能收到货,导致客户对本店的好感度下降,降低店铺的回客率。不管在实体店购物还是在网上购物,客户都会对商品及服务提出一些疑问,这需要客服人员进行及时解答。在实体店购物时,服务员可以与客户面对面进行沟通,直接对实物进行演示、讲解。而在网上购物时,客服人员只能通过文字表述来解答客户的疑问,这不仅需要客服人员对客户提出的疑问进行解答,而且需要力争解答的过程耗时最短,回答最正确、有效。这就需要客服人员对商品、物流等相关信息有全面的认知和了解。

3. 关联营销

通常客户咨询下单后,很多客服人员就认为这次交易完成了,其实不然。很多有心的客服人员还会根据客户下单的商品,分析客户的潜在需求。所谓的潜在需求是指客户购买的这些商品里面还缺什么但是客户可能还没购买或者还没想到。这时客服人员不妨直接推荐一些关联的商品给客户,帮助客户快速锁定所需商品,进一步提高服务效率,促进交易。以下是一个成功推荐产品的电商客服沟通案例。

一个顾客购买了辣味的豆干,则可以合理判断顾客比较喜欢吃辣,依据这个判断,可以推荐一款辣味的牛肉干。但当顾客感觉太多的时候,客服要站在顾客的角度着想:一包不过瘾,两款产品加一起不会多。解决了量的问题,接着又加上一句:单买需要邮费,如果两款一起买,就可以包邮。最后顾客购买了客服推荐的商品。

由此可见,推荐产品的核心点就是要根据使用者的实际情况以及产品之间的关联性进行引导,推荐原则是一定要站在买家的角度解决问题,让客户感觉这是一个双赢的结果。最重要的一点就是要学会发问,很多时候并不知道客户真正需求什么,不是客服人员不用心,而是不与客户积极沟通,不懂得怎样让客户告诉他们的需求。盲目推荐是低效的,而且容易引起客户反感。聪明的客服会向客户提出一些有针对性的提问,让客户觉得够专业,有利于提升交易转化率,提高客单价,大幅降低店铺运营成本。

4. 订单促成

在促成订单的过程中,客服人员经常会遇到客户议价、索取赠品、询问商品真伪等情况。同时,店铺是否拥有完善的售后服务保障制度和安全快速的物流运输,也是在此过程中客户普遍关注的。商品品质、售后保障及物流等方面是在前期采购、运营过程中就已经确定和设立完成的,在交易过程中不宜被随意更改或根本无法更改,客服人员仅需快速、有效地给予客户正确的答案即可。客服人员应该想尽办法缩短客户思考的时间,使客户快速做出决定以促成订单。客服人员使用千牛催付时,除可以使用客服人员针对不同客户提前编辑好的话术外,千牛还自带了一些催付话术,以便客服人员使用。使用千牛自带的催付话术的方法:在千牛中打开与客户沟通的聊天窗口,然后点击窗口中的"订单"按钮,在未完成订单中点击"催付"按钮,展开的列表中便会显示系统自带的催付话术。选择其中一种即可发送给未付款的客户。另外,如果客户不在线,客服人员还可以给客户留言或者短信、电话进行催付。

5. 礼貌告别

礼貌告别,不仅是说声"再见"这么简单,客服人员应该将"顾客是上帝"的精神发挥到淋漓尽致的地步,所以需要向对待亲人一般对待店铺的每一位顾客。生活中与亲友的告别,除说"再见"外,少不了一些关怀和叮嘱的话语,所以,工作中也是同样如此。客服人员可以先提醒顾客签收时的一些注意事项,然后提醒顾客如果有任何问题可以随时与在线客服进行联系等,这样做既可以体现出客服服务的完整性,也可以减少售后纠纷的发生。接下来,再与顾客进行真诚的告别,在感谢顾客光顾的同时,也对顾客表示简单的祝福,至此,完整的销售流程就顺利结束了。

4.1.4　客户投诉沟通与处理

在网店运营与管理过程中,售后客服是整个交易过程的重点之一,因为客户对商品属性的问题、对用法的疑问等,都要靠售后客服来解答和解决。由此可见,售后客服工作关系到客户对店铺的满意度、重复购买率及对网店负面评价。

1. 重视客户投诉的意义

（1）影响店铺 DSR 评分。客户投诉会降低卖家服务评级系统（Detail Seller Rating, DSR）评分，增加店铺的负面评价，严重的还会影响店铺的形象。售后服务做得好，客户满意度高，DSR 评分也就比较高。如果客户在店铺内想要购买商品时发现该店铺的 DSR 评分比较低的话，肯定会对客户的心态造成影响。

（2）提高客户的复购率。调查表明，投诉的客户只占全部客户的 5% 还不到，95% 的不满意客户是不会投诉的，他们只会停止购买，或者转向其他品牌，与企业的竞争者交易，甚至会将其不满意的体验进行传播，这些客户根本不给企业解决问题的机会。在网络交易的过程中，客户如果遭遇了不满意的体验，一般来说，首先想到的就是联系客服人员，这时，售后服务就起到了至关重要的作用。售后服务做得好，不仅能解决前期产生的不愉快，而且能和客户有更深入的接触，甚至能把对店铺有过不满情绪的客户转化成店铺的长期重要客户。因此，客服人员处理好客户的投诉可以提高客户的复购率。

2. 客户投诉的原因分析

客户投诉是网店运营与管理中日常处理的问题，任何网店都不可能做到让客户百分之百满意。客户投诉店铺的原因有很多，但不论什么原因，投诉都会对网店造成不同程度的影响。引起客户投诉的原因主要集中在商品质量与服务态度这两方面。

（1）商品质量问题。商品质量问题主要是由于产品的品种不齐全、功能欠缺或者无法发挥原有的功能、给客户提供了错误的信息、没有按照客户的要求提供产品功能而引发的质量问题。例如客户收到的商品质量严重不符合商家对商品的材质、成分、质量等信息的描述，导致客户无法正常使用商品；商家未对商品瑕疵等信息进行披露，并且影响客户正常使用商品。客服要根据不同的后果采取不同的应对策略，如客户拿到的商品基本没有什么使用上的问题，则可以采取象征性赔偿的方式来取得客户的谅解，这样能够减少店铺的损失。

（2）服务态度或服务方式问题。服务的质量问题引起的投诉主要是由于企业所提供的服务没有达到质量标准，或者有重大的质量问题而造成的。例如，客户购买产品后，发现产品的质量不好，或者产品已经变坏、变质，或者产品已经失真、失效；客户发现企业所生产的产品是以次充好、以假充真，产品存在严重问题，导致产品在使用的时候出现故障等；服务人员在回答客户的问题时，不理会客户的询问，或者不耐烦、敷衍了事，对客户冷漠、爱理不理的；包装失当，导致产品损害或者遗漏等，都会使客户感到不满而投诉。

（3）恶意骚扰。恶意骚扰是指商家在交易中或交易后采取恶劣手段骚扰客户的行为，如频繁拨打客户电话、大量发送短信、恐吓或辱骂客户等。有的客服可能因为之前与客户沟通时比较心急，主动拨打了较多次的电话，或者发送了较多的信息，对客户的生活造成了一定的困扰，所以导致客户投诉"恶意骚扰"。也有的一线客户服务人员确实对客户做了比较恶劣的骚扰行为，这就需要店长或客服主管来调查处理。

3. 客户投诉的处理流程和方法

正确处理客户的投诉，首先要找到最合适的方式与客户进行交流。很多客服人员都会有这样的经历，客户在投诉时会出现情绪激动、愤怒，甚至对你破口大骂。此时，客服人员要明白，这实际上是一种发泄，当客户把自己的怨气和不满发泄出来，不快的心情便得到释放和缓解，从而维持了心理平衡。此时，客户最希望得到的是同情、尊重和重视，因此客户服务人员应立即向其表示歉意,并采取相应的措施。

(1) 客服及时反应。客户认为商品有问题,一般会比较着急,怕不能得到解决,而且会不太高兴。这个时候客服人员要快速反应,记下他的问题,及时查询问题发生的原因,及时帮助顾客解决问题。有些问题不是能够马上解决的,也要告诉顾客会马上给您解决,现在就给您处理,及时缓解客户的紧张心情。

(2) 热情接待。如果客户收到东西后反映有什么问题的话,客服人员一定要热情地对待,要比交易的时候更热情,这样买家就会觉得你这个卖家好,不是那种虚伪的,刚开始的时候很热情,等钱收到之后呢,就爱理不理的那种。对于爱理不理的那种,买家就会很失望,即使东西再好,他们也不会再买了。

(3) 认真倾听。客户投诉商品有问题,不要着急去辩解,而是要耐心听清楚问题的所在,然后记录下顾客的用户名、购买的商品,这样便于回忆当时的情形。和客户一起分析问题出在哪里,才能有针对性地找到解决问题的办法。在倾听客户投诉的时候,不但要听他表达的内容,还要注意他的语调与音量,这有助于了解客户语言背后的内在情绪。同时,要通过解释与澄清,确保你真正了解客户的问题。

(4) 认同客户的感受。客户在投诉时会表现出烦恼、失望、泄气、愤怒等各种情感,你不应当把这些表现理解成是对你个人的不满。特别是当客户发怒时,你可能会想:“我的态度这么好,凭什么对我发火?”要知道,愤怒的情感通常都会潜意识中通过一个载体来发泄。客户的情绪是完全有理由的,理应得到极大的重视和最迅速、合理的解决。你要让客户知道你非常理解他的心情,关心他的问题。认同的常用语包括:“您的心情我非常理解”“您说的话有道理”“是的,我也这么认为”“碰到这种状况我也会像您那样”。只要与客户沟通的过程中抱着积极、诚恳的态度,那么也会使客户的不满情绪降低很多。

(5) 记录投诉要点,诚意提供帮助。客服人员接到客户投诉的时候,认真记录投诉的要点。例如,投诉的物品、投诉的内容、何时投诉、客户购买产品的时间、客户的使用方法、投诉要求、客户的联系方式、客户希望以何种方式解决问题等。在记录的同时,客服人员要快速判断投诉的类型,投诉是否成立。投诉的要求如果不成立,客服人员也要用委婉的方式使客户认清是非曲直,耐心解释,消除误会。如果投诉成立,确实是企业的责任,首先应该感谢客户,让客户感到其投诉是受欢迎的,其意见很宝贵。其次,客服人员要诚意提供帮助,根据实际情况,参照客户的处理要求,应提供解决投诉的具体方案,如退货、换货、维修、赔偿等。提出解决方案时,要注意用建议的口吻,然后向客户说明它的好处。

(6) 提出补救措施。对于顾客的不满,要能及时提出补救的方式,并且明确地告诉顾客,让顾客感觉到你在为他考虑、为他弥补,并且你很重视他的感觉。一个及时有效的补救措施,往往能让顾客的不满化成感谢和满意。

(7) 寻求上级帮助。对于顾客的要求或者无理取闹,如果客服人员没有相应的权限给予满足,此时客服人员要及时寻求上级的帮助,请求上级来处理客户的投诉,以免激化矛盾。

(8) 通知顾客并及时跟进。通知客户并及时跟进体现了企业对客户的诚意,会给客户留下很好的印象,让客户觉得企业重视他提出的问题,是真心实意地帮他解决问题。另外,客服人员为客户采取什么样的补救措施,以及工作进行到哪一步,都应该告诉客户,让客户及时了解客服的工作进度,以免客户感觉客服人员处理问题敷衍应付的态度。通过跟踪服务,对投诉者进行回访,对客户提出的问题,企业进行整顿改进,避免类似的投诉再次发生,这样不仅有助于提高企业形象,而且可以提高客户的忠诚度。

4.2 客户满意度提升

客户满意是一种心理活动,是客户的需求被满足后形成的愉悦感或状态,是客户的主观感受。当客户的感知价值没有达到期望时,客户就会不满、失望;当感知价值与期望一致时,客户是满意的;当感知价值超出期望时,客户感到"物超所值",就会很满意。客户满意是客户忠诚的基础,是企业战胜竞争者的最好手段、是取得长期成功的必要条件。

4.2.1 客户满意的重要性

1. 客户满意是客户忠诚的基础

客户的满意直接影响店铺的客户复购率。通常情况下,客户满意度越高,客户的忠诚度越高;客户满意度越低,客户的忠诚度越低。只有让客户满意的商品,客户才会回购。客户多次认可后,才有可能发展成为忠实客户。所以说客户满意是形成客户忠诚的基础,是留住客户的最好方法。

2. 客户满意是企业战胜竞争者的最好手段

随着电子商务市场的扩大,客户在购物时有了更大的选择空间,和竞争对手之间拉大距离的其中一个关键因素就是客户满意度。谁能更有效地满足客户需要,让客户满意,谁就更有竞争优势,从而战胜竞争对手。可见只有能够让客户满意的企业才能在激烈的竞争中获得长期的、起决定作用的优势。

3. 客户满意是企业取得长期成功的必要条件

"250人法则"认为每一位顾客身后,大概有250个亲朋好友。如果你赢得了一位顾客的好感,就意味着赢得了250个人的好感;反之,如果你得罪了一名顾客,也就意味着得罪了250个顾客。在电子商务平台中购物,很多客户都会习惯性地参考其他人给出的评价。好评数量越多,越能激发其他人的购买欲望,增加商品销量。

4.2.2 客户满意度的衡量指标

客户的满意度是指客户满意程度的高低,通常情况下分为以下七种:非常满意、满意、较满意、一般、不太满意、不满意、很不满意。这些词语是日常生活中做评价经常会用到的,用来形容对一件事情的满意程度。那么在网店运营与管理过程中,用来衡量客户满意度的指标有哪些呢?

1. 美誉度

美誉度基本等同于好评率,是指客户对企业商品或服务感到满意,并对其做出好评的程度。产品评价是客户了解商品品质及服务的一个重要渠道,当商品的好评越多,美誉度越高,就能从一定程度上证明该企业的商品及服务可靠、有保障,会带给客户良好的印象,增强客户的信赖感,从而促成交易。在电子商务平台上,每个交易完成后客户都可以进行评价(如果客户没有主动给予评价,很多平台会自动给予交易好评)。另外,美誉度也是企业对外宣传的一种途径,可以直接体现出客户对企业产品及服务的满意度,有利于扩大其品牌影响力。

2. 回购率

回购率是客户消费了某产品之后,愿意再次消费的次数。客户是否继续购买某企业或者某品牌的产品或服务,是衡量客户满意度的主要指标。如果客户多次购买该企业的产品,说明该用户对企业的产品非常满意,否则说明对该企业的产品不满意。商家可通过查看该商品的回购率来判断该商品在客户心中的满意度。回购率越高,说明客户满意度越高。当然,一些奢侈品的商品回购率是很低的,这些商品无法以回购率来衡量客户满意度。

3. 退货率

一个好的商品,客户是不会选择退货的。只有商品达不到客户心理的预期,客户才会选择退货。所以,商家可通过统计退货率来判断该商品在客户心中的满意度。退货率越高,说明客户满意度越低。

4. 投诉率

投诉率是指客户在购买或者消费了某企业的产品之后所产生投诉的比例。如果商品在某段期间内投诉率特别高,说明较多客户不满意该商品。客户投诉率越高,说明客户对店铺或商品的满意度越低。

5. 购买额

购买额指的是在一段期间内,客户购买店内商品的总额。一般而言,客户对某企业的商品购买额越高,客户对该企业商品的满意度也就越高。反之,企业提供的产品或服务若是不能满足客户消费需求,客户满意度较低,那么其销售力也就越弱。

6. 价格敏感度

价格敏感度指的是客户对某个商品或服务的价格承受能力。价格承受能力越强,则满意度越高。例如,某个女包活动价为 99 元,在恢复原价 299 元时,客户仍然回购,则表明该客户对商品价格承受力较强;反之,一旦涨价就流失的客户,其对商品价格承受力较弱。

4.2.3 客户预期分析

客户预期指的是客户在购买商品、服务之前,对产品价值、品质、服务价值、形象价值、货币成本、时间成本、精神成本、体力成本等方面的主观认识或期待。

1. 客户预期对客户满意的影响

客户预期对客户满意是有重要影响的,也就是说,如果企业提供的产品或者服务达到或超过客户预期,那么客户就会满意或很满意。而如果达不到客户预期,那么客户就会不满意。

例如,某客户在查看某款羽绒服时,通过主图、主图视频、详情页的图文描述以及其他客户评价,客户预期收到的应该是一件款式独特、用料讲究、工艺精湛的羽绒服。结果在收到货后,发现羽绒服材质一般,其款式在大街上随处可见,做工也比较粗糙,客户自然会感到不满。但如果这位客户在查看信息时,预期就是一件很普通的羽绒服,但收到货后,发现羽绒服其实有很多不错的地方,物超所值,自然会对羽绒服有着极高的满意度。

假设 A、B、C 三个客户同时进入一家餐厅消费,A、B、C 三个客户对餐厅的预期分别是

a、b、c,并且 a>b>c,假设餐厅为他们提供的服务都是 b。

那么消费后,A 对餐厅感觉不满意,因为 A 在消费前对餐厅抱有很大的预期,其预期值为 a,但是他实际感受到的餐厅服务只是 b,而 a>b,也就是说,餐厅所提供的产品和服务没有达到 A 客户的预期值,使 A 客户产生失落感,所以 A 客户对餐厅是不满意的。

B 客户在消费前的预期值为 b,而他实际感受到的餐厅服务刚好达到了他心中的预期值 b,所以 B 客户对餐厅是满意的。

C 客户在消费前的预期值为 c,而在消费过程中,餐厅服务达到了 b,而 b>c,也就是说,餐厅所提供的产品和服务不但达到而且超过了 C 客户的预期值,从而使 C 客户产生"物超所值"的感觉,所以 C 客户会对餐厅非常满意。

这个例子说明,商家提供的商品或服务达到客户预期,那么客户就会满意;反之,客户就会感到不满意。所以,这里先了解一下,影响客户预期的因素有哪些。

2. 客户预期的影响因素

(1)客户自身的消费经历。客户往往会把商品与之前的消费经历相比较。例如,客户过去吃一份快餐要 10 元,那么他下次再去吃快餐可以接受的价格(即对快餐的价格预期)是 10 元;如果过去吃一份快餐只要 5 元,那么他下次再去吃快餐可以接受的价格就是 5 元,也就是预期的价格。不同的人有不同的消费经历,新客户与老客户对同一产品或者服务的预期往往不同,新客户由于没有消费经验往往预期过高或者过低,而老客户由于消费经验丰富,其预期会比较合理。不过这个因素也不是商家能改变的,可以说是一个无须过多关注的因素。

(2)商品详情页的描述。商品的详细信息都由详情页展现,如其中对于商品的描述或图片展示过于夸大,可能导致客户对商品产生过高的预期,从而导致差评。所以,在描述商品详情时,也要注意从实际出发。

(3)商品的包装。部分商品本身价值不高,但由于商品包装方面过于奢华、精美,让客户对商品的预期值升高,开箱后造成失望。所以,商家在选择包装时,应和商品价值相匹配,过高或过低都不利于客户给予正面评价。

综上所述,为了给客户设置一个合理的客户预期,商家要注意商品详情页的描述和包装的选择,掌握一个合适的度,适当美化可以,但不要过度夸张。

4.2.4　客户感知价值分析

顾客感知价值是顾客在感知到产品或服务的利益之后,减去其在获取产品或服务时所付出的成本,从而得出的对产品或服务效用的主观评价。

1. 客户感知价值对客户满意的影响

客户感知价值对客户满意有着重要影响,如果企业提供的产品或服务的感知价值达到或者超过了客户预期,那么客户就会感到满意或者非常满意。而如果企业提供的产品或者服务的感知价值达不到客户预期,那么客户就会不满意。

假设 A、B、C 三个客户同时进入一家银行办理业务,A、B、C 三个客户对银行办理业务的服务预期分别是 a、b、c,并且 a>b>c,假设银行为他们提供的服务都是 b。

那么,办理完业务后,A 对该银行业务办理感觉不满意,因为 A 在业务办理前对银行服务抱有很大的预期,其预期值为 a,但是他实际感受到的银行服务只是 b,而 a＞b,也就是说,银行所提供的服务没有达到 A 客户的预期值,使 A 客户产生失落感,所以 A 客户对该银行是不满意的。

B 客户在业务办理前对银行服务的预期值为 b,而他实际感受到的银行服务刚好达到了他心中的预期值 b,所以 B 客户对该银行是满意的。

C 客户在办理前对银行服务的预期值为 c,而在业务办理过程中,银行服务达到了 b,而 b＞c,也就是说,银行所提供的服务不但达到而且超过了 C 客户的预期值,从而使 C 客户产生"客户上帝"的感觉,所以 C 客户会对该银行非常满意。

这个例子说明:商家提供的商品或服务使客户所获得的感知价值达到或者超过了客户预期,那么客户就会满意;反之,客户就会感到不满意。

2. 影响客户感知价值的因素

影响客户感知价值的因素有客户总价值和客户总成本两大方面,即一方面是客户从消费产品或服务中所获得的总价值,包括产品价值、服务价值、人员价值、形象价值等;另一方面是客户在消费产品或服务中需要耗费的总成本,包括货币成本、时间成本、精神成本、体力成本等。也就是说,客户感知价值受到产品价值、服务价值、人员价值、形象价值、货币成本、时间成本、精神成本、体力成本八个因素的影响。进一步说,客户感知价值与产品价值、服务价值、人员价值、形象价值成正比,与货币成本、时间成本、精神成本、体力成本成反比。

(1) 产品价值。产品价值是由产品的功能、特性、品质、品种、品牌与式样等所产生的价值,它是客户需要的中心内容,也是客户选购产品的首要因素。在一般情况下,产品价值是决定客户感知价值大小的关键因素和主要因素。产品价值高,客户的感知价值就高。产品价值低,客户的感知价值就低。假如产品的质量不稳定,即使企业与客户建立了某种关系,这种关系也是脆弱的,很难维持下去,因为它损害了客户的利益。所以,企业应保持并不断提高产品的质量,这样才能提升产品价值,进而提升客户的感知价值,使客户关系建立在坚实的基础上。假如产品缺乏创新,样式陈旧或功能落伍,跟不上客户需求的变化,客户的感知价值就会降低,客户就会不满意,还会"移情别恋""另觅新欢",转向购买新型的或者更好的同类产品或服务。此外,随着收入水平的提高,客户的需求层次也有了很大的变化,面对日益繁荣的市场,许多客户产生了渴望品牌的需求,品牌对企业提升产品价值的影响也就尤为突出,同时,品牌还充当着企业与客户联系情感的纽带。因此,企业可通过对品牌形象的塑造来提升产品价值,进而为客户带来更大的感知价值。

(2) 服务价值。服务价值是指伴随产品实体的出售,企业向客户提供的各种附加服务,包括售前、售中、售后的产品介绍、送货、安装、调试、维修、技术培训、产品保证,以及服务设施、服务环境、服务的可靠性和及时性等因素所产生的价值。服务价值是构成客户总价值的重要因素之一,对客户的感知价值影响也较大。服务价值高,感知价值就高。服务价值低,客户的感知价值就低。虽然再好的服务也不能使劣质的产品成为优等品,但优质产品会因劣质服务而失去客户。例如,企业的服务意识淡薄,员工傲慢,服务效率低,对客户草率、冷漠、粗鲁、不礼貌、不友好、不耐心;客户的问题不能得到及时解决,咨询无人理睬、投诉没人处理等都会导致客户的感知价值低。优异的服务是提升客户感知价值的基本要素和提高产品价值不可缺少的部分,出色的售前、售中、售后服务对于增加客户总价值和减少客户的时间成本、体力成本、精神成本等方面的付出具有极其重要的作用。企业只有不断提高服务质量,才能使客户的感知价值增大。例如,有着中国台湾"经营之神"之称的台塑集团前总裁王永庆先生,年轻时曾经开过米店。那时还没有送货上门的服务,但是王永庆却主动给客户送米,还帮客户将米倒进米缸里。如果米缸里还有米,他就将旧米倒出来,将米缸刷干净,然后将新米倒进去,将旧米放在上层。这样米就不至于因陈放过久而变质。就是这样的举动让客户感动得不得了,都铁了心要买他的米。产品价值和服务价值不相冲突,甚至可以说相辅相成。例如,某客户购买一把遮阳伞,在选购时,客服详细询问客户的需求,为之推荐款式和颜色,并主动为客户发送物流信息,让客户感到商家服务很贴心。在客户收到实物后,发现遮阳伞的遮阳效果极佳,体型小且便于携带,性价比又高。这就体现出了商品价值和服务价值,客户自然很满意。对客服而言,不能过多干预商品价值,但是在服务价值上,则有很大的提升空间。例如,服务态度上更加积极主动,对客户的情绪变化更加体察入微,从而及时调整销售策略等。总之,要让客户感受到商家的用心服务,从而提高对产品的满意度。

(3) 人员价值。人员价值是指企业"老板"及全体员工的经营思想、工作效益与作风、业务能力、应变能力等所产生的价值。例如,一个综合素质较高的工作人员会比综合素质较低的工作人员为客户创造的感知价值更高。此外,工作人员是否愿意帮助客户、理解客户,以及工作人员的敬业精神、响应时间和沟通能力等因素也会影响客户的感知价值。例如,李素丽的服务给乘客带来温暖、尊重、体贴和愉悦,而冷漠的乘务人员则会给乘客带来不安全感、不舒服感。凯马特(K-Mart)是美国一家著名的大型折扣连锁店。虽然它的卖场很大,店里陈列的商品品种繁多、价格便宜,但客户如想找店员询问有关问题却不是一件容易的事,因为为了节约人工成本,这里的店员很少,客户在这里虽然满足了购买便宜商品的欲望,但是无法感觉到店员对他们付出的一点点关心,于是在客户心中就产生了被冷落的感觉。也就是说,客户在这里得不到多少人员价值,这使客户对凯马特的感知价值不高,对凯马特的感觉总不是那么满意。

(4) 形象价值。形象价值是指企业及产品在社会公众中形成的总体形象所产生的价值,它在很大程度上是产品价值、服务价值、人员价值三个方面综合作用的反映和结果,包括产品、服务、人员、技术、品牌等产生的价值,以及企业的价值观念、管理哲学等产生的价值,还包括企业"老板"及员工的经营行为、道德行为、态度作风等产生的价值。企业形象价值高,将有利于提升客户的感知价值,如果企业形象在客户心目中较好,客户就会谅解企业的个别失误。相反,如果企业原有的形象不佳,企业经营过程中如果存在不合法、不道德、不安全、不健康和违背社会规范的行为,即使企业的产品或者服务很好,客户对它的印象也会大打折扣,那么任何细微的失误也会造成很坏的影响。因此,企业形象被称为客户感知的"过滤器"。竞争对手可以说是无所不在、无时不有,但竞争中不要损人利己、相互拆台、造谣、诽谤、中伤,否则最终只能导致两败俱伤。相反,如果能与对手建立良好的竞争关系,则会塑造一个全新的企业形象,从而提升客户的感知价值。美国纽约梅瑞公司把客户介绍给竞争对手的一反常态的做法,既获得了广大客户的普遍好感,又向竞争对手表示了友好和亲善,不仅树立了良好的企业形象,也改善了经营环境,因此该公司生意日趋兴隆。

(5) 货币成本。货币成本是客户在购买、消费产品或服务时必须支付的金额,是构成客户总成本的主要的和基本的因素,是影响客户感知的重要因素,对稳定和巩固客户关系有着举足轻重的作用。

客户在购买产品或服务时,无论是有意还是无意,总会将价格与其消费所得相比较,总是希望以较小的货币成本获取更多的实际利益,以保证自己在较低的支出水平上获得最大的满足。即使一个企业的产品或服务再好,形象再好,如果需要客户付出超过其期望价格很多才能得到,客户也不会满意。因此,如果客户能够以低于期望价格的货币成本买到较好的产品或服务,那么客户感知价值就高;反之,则客户的感知价值就低。

　　(6) 时间成本。时间成本是客户在购买、消费产品或服务时必须花费的时间,它包括客户等待服务的时间、等待交易的时间、等待预约的时间等方面。激烈的市场竞争使人们更清楚地认识到时间的宝贵,对于一些客户来说,时间可能与质量同样重要。在相同情况下,如果客户所花费的时间越少,客户购买的总成本就越低,客户的感知价值就越高。相反,如果客户所花费的时间越多,客户购买的时间成本就越高,客户的感知价值就越低。因此,企业必须努力提高效率,在保证产品和服务质量的前提下,尽可能减少客户时间的支出,从而降低客户购买的总成本,提高客户的感知价值。如今,对客户反应时间的长短已经成为某些行业(如快餐业、快递业和报业)成功的关键因素。如麦当劳为了突出"快"字,站柜台的服务员要身兼三职:照管收银机、开票和供应食品,客户只需排一次队,就能取到他所需要的食物。

　　(7) 精神成本。精神成本是客户在购买产品或服务时必须耗费精神的多少。在相同情况下,精神成本越少,客户总成本就越低,客户的感知价值就越大。相反,精神成本越高,客户的感知价值就越低。一般来说,客户在一个不确定的情况下购买产品或者服务都可能存在一定的风险。例如,预期风险,即当客户的预期与现实不相符时,就会有失落感,产生不满;形象风险或心理风险,即客户担心购买的服装太前卫会破坏自己的形象,或担心购买价格低的产品被人取笑,或购买价格高的产品又会被人指责摆阔、逞能等;财务风险,即购买的产品是否物有所值、保养维修的费用是否太高、将来的价格会不会更便宜等;人身安全风险,即某些产品的使用可能隐含一定的风险,包括驾驶汽车、摩托车可能造成交通事故等。这些可能存在的风险,都会导致客户精神压力的增加,如果企业不能降低客户的精神成本,就会降低客户的感知价值。例如,同一个月,甚至同一周购买的,仅差一天或者几天,价格就不一样,这让客户时常担心今天买会不会亏了,明天会不会更便宜,从而增加了客户的精神成本和负担,降低了客户的感知价值。又如,旅馆不守信用,旅客预订的客房无法按时入住,而旅馆没有任何补偿行为,这也会增加旅客的精神成本,从而降低客户的感知价值。根据日本知名的管理顾问角田识之的研究,一般交易活动中买卖双方的情绪热度呈现出两条迥然不同的曲线:卖方从接触买方开始,其热忱便不断升温,到签约时达到巅峰,等收款后便急剧降温、一路下滑;然而,买方的情绪却是从签约开始逐渐上升,但总是在需要卖方服务的时候,却发现求助无门,这往往是买方产生不满的根源。如果买方始终担心购买后,卖方的售后服务态度会一落千丈,那么就会犹豫是否要购买。客户的精神负担往往是企业的失误造成的,也可能来自企业制度和理念上的漏洞。例如,有些通信企业为了防止客户有意拖欠话费和减少欠费,而采取了预交话费的办法,一旦客户通话费用超过预交话费,账务系统就自动中断对客户的服务。这种办法的确有效地防止了欠费,但同时也让从来就没想到要有意欠费的客户十分反感和不满,觉得这是对自己的不尊重、不信任,从而增加了客户的精神成本,降低了客户的感知价值。于是,这些客户在一定的外因促使下很容易叛离企业,寻找能信任他们的更好的合作伙伴。

（8）体力成本。体力成本是指客户在购买、消费产品或服务时必须耗费体力的多少。在相同情况下,体力成本越少,客户的感知价值就越高;相反,体力成本越高,客户的感知价值就越低。在紧张的生活节奏与激烈的市场竞争中,客户对购买产品或服务的方便性要求也在提高,因为客户在购买过程的各个阶段均需付出一定的体力。如果企业能够通过多种渠道减少客户为购买产品或服务而花费的体力,便可降低客户购买的体力成本,进而提升客户的感知价值。

总之,客户总是希望获得最多的产品价值、服务价值、人员价值、形象价值,同时又希望把货币成本、时间成本、精神成本、体力成本降到最低限度,只有这样,客户的感知价值才会更高。

4.2.5　客户满意度提升策略

既然客户预期和客户感知价值两方面是影响客户满意度的关键所在,那么,如果商家能掌握、引导客户的预期,就可以用最小的代价让客户满意。如果客户对某件商品、服务预期过高,在得到实物、服务后就会感到失望,导致客户不满。但如果客户对某件商品、服务预期过低,可能

微课:客户的满意

连购买的欲望都没有。所以,客户预期过高、过低都不是好事,商家应把握好客户的预期度,对可控因素进行调控,如不过度宣传、制定合适的价格、做适宜的包装等。同时,可以从增加客户的总价值(如商品价值、服务价值等)和降低客户总成本(如货币成本、时间成本等)两方面着手提升感知价值。总之,要让客户获得的总价值大于付出的总成本。提升网店客户感知价值可以从以下几方面着手。

1. 商品信息服务全面

在网络购物中,客户一般对商品难以形成真实、充分的认知,只能通过查看商家提供的商品信息、商品图或者视频的方式来了解商品。这时,商家就需要精准定位客户需求,从行业信息、产品设计、产品属性、商品功效等方面入手,对产品进行全方位的客观展示、介绍,帮助客户深入了解产品详情,使客户对商品的认识更加具象化,便于客户理性决策。对商品有了客观、理性的认识之后,客户的期待值不会落空,客户满意度自然也能得到保证。

2. 重视在线客服沟通培训

在线客服是连接产品与客户之间的关键纽带,规范在线客服服务行为,提升在线客服服务质量是十分必要的。客户在通过产品介绍,了解产品详情的过程中,难免会存在一些疑惑。这时,就需要在线客服及时了解客户需求,以自己的专业性帮助客户答疑解惑,打消客户顾虑,帮客户选购能够满足需求的产品;以自己的服务热情增强客户的信赖感,促进店铺流量转化的提升。因此,企业需要加强对在线客服人员的培训,使其充分了解产品信息、行业信息等相关内容,对待客户持以热情、包容、耐心的态度,在和客户的交流中,做到有效沟通,服务周到。客户问题都能得到良好的处理结果,并且沟通过程愉快,客户满意度也就会得到提升。

3. 加强与客户的情感交流

情感交流是加强客户黏性,提升客户忠诚度,激发客户活跃度的一种重要方式,与客户之间的情感交流一般包括售后交流、活动信息传达、节日问候等。比如,某品牌官方旗舰店

在会员客户生日当天,通过提供会员专享优惠券及生日礼包的形式与客户进行互动交流。这种为客户着想的情感交流形式,不仅可以有效传达出品牌对客户的关怀,召回老客户,而且能让客户从情感关怀中增强对品牌的喜爱感与归属感,从而使客户的满意度得到进一步提升。

4. 提供可靠的服务承诺并落实

诚信经营是企业长久发展的先决条件。要想赢得客户喜爱与满意,企业不仅需要不断优化产品及服务质量,使客户感到物有所值;而且需要加强产品服务管理与落实,例如 7 天无理由退换、家装上门服务等,以客户为中心,充分考虑客户的消费体验及需求,确保提供给客户的各项承诺都能实现,使客户能够安心购物,没有后顾之忧。产品及服务质量有了充分保障,客户得到良好的消费体验,满意度也会因此提升。

5. 提供个性化服务

提供个性化服务主要表现在根据不同的客户消费需求、消费习惯等,对客户实行分级管理,为其提供精准服务。对客户特征有了更加准确、全面的定位之后,不仅可以提高客户服务人员的工作效率,降低沟通成本,而且可以围绕客户画像,深度挖掘并了解客户的需求和痛点,给客户提供更加周到、细致的服务,使客户产生一种被重视、尊重的感受,进而使客户满意度得到有效提升。

总之,要提升客户满意度,就需要在准确把握客户预期的基础上,想办法让客户感到商品实际价值超越预期价值,这样才会有较高的满意度。

4.3　客户忠诚度培育

客户忠诚度,也称客户黏度,是指客户一再重复购买,而不是偶尔重复购买同一企业的产品或者服务的行为。客户忠诚可细分为行为忠诚、意识忠诚和情感忠诚。理想的客户忠诚是行为忠诚、意识忠诚和情感忠诚三者合一,本节所指的客户忠诚主要是指客户的行为忠诚。

4.3.1　客户忠诚的重要性

如前所述,客户满意度对店铺而言,有着重要意义。实际上,客户忠诚度是建立在客户满意度之上的,所以更具有重要意义,具体体现在以下几个方面。

1. 能为企业创造更多的价值

客户忠诚往往通过以下行为表现出来:再购买意向,实际再购买行为,忠诚客户比普通客户重复购买次数更多,越是忠诚度高的客户,重复购买的次数越多。表现出超强的信任关系,更能接受企业新开发的产品,即便没有体验过新产品,也会优先选择相信该新产品,相信企业。对竞争对手的排斥行为,当客户忠诚于某一个企业或品牌时,会自行排斥竞争对手的产品或服务。充当"传教士"的角色。忠诚客户是企业产品或服务的有力倡导者和宣传者,他们会向周边的亲戚朋友推荐、推广、传播企业产品或服务,间接地帮助企业开发新客户。

2. 可以为企业节省成本

数据表明,开发一个新客户的成本是维系一个老客户的 8 倍。随着企业开发新客户成本越来越高,维系老客户显然比开发客户在"成本"上更节约,忠诚客户还有帮助企业开发新客户的间接价值。忠诚客户比新客户更了解和信任企业,忠诚客户与企业形成一种合作伙伴关系,彼此之间已经达成一种信用关系,交易的程序化使企业大幅降低了搜寻成本、谈判成本和履约成本,企业的交易成本也逐步降低。忠诚度高的客户比新客户更能接受企业的服务,尤其是对企业产品质量表现出更高的承受力,当产品或服务出现质量问题时,他们会采取宽容、谅解和协商解决的态度。可以提高企业的服务效率和减少企业与客户的摩擦,从而降低企业的服务成本。

3. 降低企业的经营风险并且提高效率

相对固定的客户群体和稳定的客户关系,可使企业不再疲于应对因客户不断改变而造成的需求变化,有利于企业排除一些不确认因素的干扰,集中资源去为这些固定的客户提高产品质量和完善服务体系,以降低企业经营风险。同时,企业能够为老客户提供熟练的服务,也意味着更高的效率、更低的失误率。

4. 确保企业实现可持续发展

随着市场竞争的日益加剧,客户忠诚已成为影响企业长期利润高低的决定性因素。只有忠诚的客户才会持续为企业创造利润,保证企业的可持续发展。忠诚客户的数量决定了企业的生存与发展,客户忠诚度高低决定着企业竞争能力的强弱。

4.3.2　客户忠诚度的衡量指标

客户忠诚度能确保店铺的长久收益,使店铺在收入增长的同时节约成本、降低经营风险、提高工作效率,是商家可持续发展的重要因素。客户忠诚度可以通过以下指标来衡量。

1. 客户的重复购买次数及重复购买率

一定时间内,客户对某一商品或服务重复购买的次数越多,说明客户忠诚度越高;反之,则越低。企业为了便于识别和纳入数据库管理,一般将忠诚客户量化为 3 次或 4 次以上的购买行为,但现实中,不同消费领域、不同消费项目有很大区别,因此不能一概而论。

2. 商品或服务购买的种类、数量与购买百分比

这是指客户经常购买某一商品或服务的种类、数量,以及在最近几次购买中,客户购买各种品牌所占的比例。一般来说,客户经常购买的品牌数量越少,或者在最近的几次购买中,某一品牌商品所占比例越高,说明客户对该品牌越青睐,对该品牌的忠诚度也就越高。

3. 客户购买挑选的时间

客户购买都要经过商品的挑选,因而在其购买某商品时所花费的挑选时间能够反映出客户对于某种商品或服务信任程度的差异。一般而言,客户对某企业或品牌商品挑选的时间越短,说明他对这个企业或品牌商品越偏爱,忠诚度就越高;反之,则越低。

4. 客户对价格的敏感程度

客户在选择商品或服务时,价格是一个重要的考量因素,而且对于不同商品或服务价格的敏感程度是不同的。一般而言,对于客户喜爱和信任的商品,即便价格波动很大,客户也会选择继续购买,他们对其价格变动的承受能力较强,即价格敏感度较低;相反,对于不信任和不喜欢的商品,价格稍微波动就会影响他们的选择,他们对价格变动的承受能力较弱,即对价格敏感度较高。通常,对价格敏感程度高的客户,说明客户对品牌的忠诚度较低;反之,则较高。但是在使用此标准判断客户忠诚度时,需要注意排除该商品或服务对于客户的必需程度、商品供求情况及商品竞争程度三个因素的影响。

5. 客户对竞争商品的态度

客户如果转换商品供应商,那一定是经过对相关企业的商品或服务比较之后决定的。一般来说,对某种品牌忠诚度高的客户会自觉排斥其他品牌的商品或者服务,因而可以通过客户对竞争商品的态度来判断其对某一品牌商品或服务的忠诚度。如果客户对竞争商品的促销活动或降价与促销行为越不敏感,则客户对现有企业品牌的忠诚度就越高;反之,则越低。

6. 客户对商品质量事故的承受能力

产品出现质量问题时,客户的态度可以表现在其对商品或企业的忠诚度。一般来说,客户对出现的质量事故越宽容,其对商品或品牌的忠诚度越高;相反,若客户对出现的商品质量问题强烈不满,并要求企业给予足够补偿,甚至可能会通过法律途径来解决,则表明客户对企业的忠诚度较低。

7. 客户对商品的认同度

客户对商品的认同度可以通过向身边的人士推荐商品,或通过间接地评价商品表现出来。如果客户经常向身边的人推荐商品,或在间接地评价中表示认同,则表明忠诚度高。

4.3.3　客户忠诚度的影响因素

客户忠诚度的影响因素主要包括客户的满意程度、品牌形象、转换成本和关系信任等。

1. 满意程度

满意程度表现为客户从企业产品和服务中所得到的超出或至少不低于客户的预期。一般情况下,只有当客户满意,才有可能再次购买企业的产品或服务,才可能发展成为企业的忠诚客户。一般来说,客户满意度越高,客户忠诚度才会越高;客户满意度越低,客户忠诚度越低。

2. 品牌形象

品牌形象是存在于人们心里的关于品牌各要素图像及概念的集合体,是在竞争中的一种产品或服务差异化的含义的联想集合。购买者希望品牌的一些个性特征能够与其自我形象以及个性相符合,因而他们会购买能够代表自我形象的品牌。该品牌形象与客户形象或所期盼的形象吻合程度越高,其对客户忠诚度正向影响也就越大。

3. 转换成本

转换成本是指客户在改变服务供应商时对所需时间、货币和精力的感知。这些成本不仅包括客户承担因地域分散而产生的服务搜索与评估成本,而且包括心理和情感成本。由于服务具有地域分散、个性化和用户定制等特征,客户在服务消费中会面临转换成本带来的障碍。从企业视角看,转换成本有助于企业对客户消费行为做出更加准确的预测。在客户转换成本较高的时候,客户行为忠诚就会很高,即使客户对企业提供的产品或服务很不满意。

4. 关系信任

关系信任是客户对企业履行交易诺言的一种感觉或者信心。如果客户没有对企业产生一定程度的信任,客户关系就不可能保持长久。信任无疑是影响客户忠诚度非常重要的因素之一,没有人会希望一段长期关系的建立和维持是没有信任基础的。许多关于忠诚的定义都有一个核心思想:愿意去维护一段有价值并且重要的关系。所以从这个核心理念里可以看出,客户忠诚的建立是由相关关系的重要性所决定的。如果一段关系对一个人越重要,那么这个人就越愿意去容忍一些不满意,甚至愿意试图去修复这些不满意;相反,如果这段关系不重要,甚至已经很满意的购买者也会转移到其他品牌或卖家去尝试一些新的事物。关系信任降低了关系中的感知风险和缺陷,使客户对关系具有更高的忠诚度。

4.3.4　客户忠诚度提升策略

1. 提高客户满意度

在激烈的市场竞争中,商品及服务质量的优劣是决定企业发展的首要条件。只有商品及服务质量获得客户满意,才会让客户逐渐产生信赖感,并对企业做出好评,从而帮助企业建立起良好的品牌形象。如果想让客户忠诚,必须先让客户满意;如果想让客户满意,必须实现企业对商品及服务质量承诺。因此,不断优化商品及服务质量,提高客户满意度,增强客户对企业的信任感与认同感,可以有效提升品牌的影响力,降低企业营销成本,使企业获得稳定长远的发展,实现客户忠诚。

微课:客户忠诚度提升策略

2. 提高转移成本

客户购买一家企业的产品越多,对这家企业的依赖性就越大,客户流失可能性就越小,就越可能保持忠诚。例如,微软公司和瑞星公司通过网上智能升级系统,及时为使用其产品的客户升级,并且可免费下载一些软件,从而增强了客户对其的依赖性。因此,企业在为客户提供物质利益的同时,还可通过向客户提供更多、更宽、更深的服务来建立与客户结构性的联系或者纽带,如为客户提供生产、销售、调研、资金、技术、培训等方面的帮助,为客户提供更多的购买相关产品或服务的机会。企业要不断地让客户有这种感觉,只有购买本企业的产品,他们才会获得额外价值,而其他企业是办不到的。如果能做到这一点,就可以增加客户对企业的依赖性,从而坚定客户对企业的忠诚。所以当客户转换成本很高,而让客户使用企业产品或服务的成本最低,这样就可以建立起客户流失的壁垒。

3. 提升商品的差异化创新能力

塑造品牌的企业才能让客户保持忠诚度,因为品牌代表了品质、品牌代表了信任、品牌代表了承诺、品牌代表了差异化、品牌更代表了客户体验。但是客户也都是好奇的,是喜新厌旧的,如果商品和服务不能够给客户带来新的体验,他们一定会投入竞争对手或替代者的怀抱,所以持续的商品创新能力是提高客户忠诚度的法宝,也是企业基业长青的源泉。企业要以客户需求为核心,极力开发出区别于竞品属性的商品或服务的独特价值,从而使自身在市场竞争中处于不可替代的地位。要想做到商品差异化,首先需要深入挖掘目标消费人群的核心需求及痛点,了解竞品特色,然后寻找自身的竞争优势,并提炼卖点,使客户感受到商品或服务的最大价值,从而吸引客户购买。

4. 及时主动地提供服务

主动定期与客户对话,了解客户的不满、抱怨和建议;询问他们是否会将公司的产品或服务积极推介给朋友;询问企业是否能对他们关心的问题快速进行应答。通过服务差异化来提升客户满意度,特别是在产品同质化的今天,企业更应该把服务作为企业的核心竞争优势。服务的关键是要做到"四心",即爱心、用心、细心、专心。服务没有最好,只有更好,服务追求的目标是完美。

5. 增加与客户沟通

网店如果想要客户忠诚,必须了解他们并同他们形成互动,让他们成为主人而不仅是消费者。对最终用户分析所有的客户接触点和机会,以增加互动。让客户教你怎样去迎合他们的要求,怎样服务客户并与他们沟通,给他们多种选择。跟踪客户的选择和行为方式,以避免使客户两次回答同样的问题;对中间商寻求增值服务,使分销更有效率、利润更高,或者对客户更有价值。

4.4　客户关系维护

4.4.1　客户关系维护的重要性

微课:客户关系维护的
重要性

客户关系维护是企业在核心竞争力建设中,为求竞争制胜和快速成长,树立以客户为中心的理念,所制定的包括判断、选择、争取、发展和保持客户的完整商业战略;是以客户关系为重点优化组织体系和业务流程,提高客户满意度和忠诚度,能有效提高效率和利润的业务实践;也是企业围绕客户创造价值,为最终实现数字化、智能化运营目标,在此过程中创新性地使用先进技术(软硬件)、管理制度与解决方案等方法的总和。

互联网的快速发展正以前所未有的广度和深度改变着零售企业的运作方式。一般来说,网店可以通过两种方式保持竞争优势:一是在能够发挥自身优势的业务领域以超过竞争对手的速度增长;二是要比竞争对手提供更好的优质客户服务,而提供优质服务的前提是实施客户关系维护。由此可见,客户关系维护在网店运营与管理中意义重大。归纳起来,客户关系维护的重要性体现在以下几个方面。

1. 提升网店的核心竞争能力

进入新经济时代,竞争的基础和竞争优势的本质已经发生了变化,这主要是因为信息时代使地理和环境不再具有以往的意义,规模和权力也不再能确保市场份额。技术发展和全球化趋势减弱甚至消除了许多过去妨碍经济增长的障碍。人们可以在全球范围内建立人与人以及人与信息之间的连接,这不仅使客户可以随时、随地寻找到能够满足其需求的最佳服务供应商,而且消除了现存市场和机遇固有的防卫壁垒。在市场中获胜所需的条件组合,例如土地、人力、资本、信息等,可以很快被竞争对手复制。那么,如何才能保持业务领先呢?可以采用的一个方法就是比竞争对手提供更好的客户服务。优质的服务可以促使客户回头购买更多的商品或服务,同时会不太在意价格的高低。这可以通过建立以忠诚度为目标的持续不断的关系来实现,整个业务也将从每位客户未来不断的消费中获益。当业务超越了最初的客户交流,开始专注于长期的关系,并通过在全机构范围内实施客户为本战略来强化这一关系时,优质服务就成了客户关系维护。客户关系维护不仅针对第一次接触或优质服务,它针对的是整个接触生命周期以及如何处理这些接触。网店采取客户关系管理方式可以使其从竞争中脱颖而出。退一步讲,从价格、服务和客户知识等方面展开全面的竞争要优于单纯的价格竞争。进一步讲,有效维护客户关系甚至可以按照网店自身的意图改变整个竞争格局。

2. 提升客户需求分析能力

在电子商务时代,企业从大规模生产体系转向灵活敏捷的竞争体系,要满足用户在丰富客户价值、通过合作提高竞争力、建立适应变化的组织、充分利用人员与信息的杠杆作用等方面的需要,最终帮助企业造就一个获利稳定的经营基础。客户关系维护把上述抽象的认识具体化,使之成为可供操作的平台、自动运转的"机器",给客户关系管理工作以强有力的支持。网店需要深刻理解客户做什么、想什么和应该做什么。三者的变化意味着客户需求的变革,意味着客户服务的扩展和升级,在这一点上反应不准确、不迅速就会失去客户。客户关系维护的过程,就是把潜在客户培养为现实客户,并进一步变为忠诚客户的过程。

3. 重塑网店营销功能

客户关系维护重塑了网店营销功能。这种重塑要求来自网店所处的竞争环境发生的结构性变化:正在从一个大量市场商品和服务标准化、寿命周期长、信息含量小、在一次性交易中交换的竞争环境向新的环境转变,在新的竞争环境中商品和服务个性化、寿命周期短、信息含量大,并处在客户基础不断变化的交易过程中。网店运营从以商品为支点变为以客户为支点,飞速发展的互联网和日益开放的全球技术经济市场使网店不可能再固守一隅以求得生存。在这样的环境中,捕捉销售机会和满足客户需求的准确性和速度决定网店的生存,网店需要一个信息畅通、行动协调、反应灵活的客户关系维护体系。

4. 提升网店销售业绩

通过整理分析客户的历史交易资料,强化与客户的关系,以增加客户再次光顾的次数或购买数量,通过确认顾客、吸引顾客和保留顾客来提高获利率。客户关系维护直接关系到网店的销售业绩,它可以重新整合网店的用户信息资源,使以往"各自为战"的销售人员、市场推广人员、售前服务人员、售后服务人员等实现真正的协同,成为围绕着"满足客户需求"这一核心宗旨的强大团队。客户关系维护的成效经得起销售额、用户满意度、用户忠诚度、市场份额等硬指标的检测,它为网店新增的价值是看得见、摸得着的。

5. 降低运营成本和提高运营效率

客户关系维护使网店运营团队的效率和准确率大幅提高,服务质量的提高也使服务时间和工作量大幅降低,这些都在无形中降低了企业的运作成本。通过实施完整的客户关系维护策略,采用不同手段处理整个商业流程,这不仅极大地改善了公司内部的运作效率,也赢得了更多客户、供应商和合作伙伴的赞许,在成本控制和管理方面取得了最显著的收益。

4.4.2　客户分级管理

网店的资源是有限的,在进行网店客户关系维护过程中,如何将有限的资源最大化,把更多资源投放到高价值客户身上,从而为网店创造更多利润,这就是客户分级管理的关键意义所在。

1.客户分级管理的缘由

(1)客户价值有差异。客户有大小,贡献有差异。每个客户带来的价值是不同的,有的客户提供的价值可能比其他客户高 10 倍、100 倍,甚至更多,而有的客户则不能给企业带来多少利润,甚至还会吞噬其他客户带来的利润。一份统计资料表明,23%的成年男性消费了啤酒总量的 81%,16%的家庭消费了蛋糕总量的 62%,17%的家庭购买了 79%的即溶咖啡。也就是说,大约 20%的客户消费了商品总量的 80%,其余 80%的客户对商品的消费量只占该种商品总量的 20%。

(2)网店资源有限。由于任何一家网店的资源都是有限的,因此把网店资源平均分配到价值不同客户上的做法既不经济也会引起大客户、优质客户的不满。有些企业对所有的客户一视同仁,无论是大客户,还是小客户,无论是能带来盈利的优质客户,还是根本无法带来盈利甚至造成亏损的普通客户,都会平等对待,从而导致企业成本增加、利润降低、效益下降。

(3)客户分级是客户沟通、客户满意的基础。有效的客户沟通应当根据客户的不同采取不同的沟通策略,如果客户的重要性和价值不同,就应当根据客户的重要性和价值的不同采取不同的沟通策略。实现客户满意也要根据客户的不同采取不同的策略,因为不同客户的满意标准是不一样的。

2.客户级别的划分

美国著名营销学者泽瑟摩尔、勒斯特和兰蒙认为:管理人员可以根据不同的客户那里获得的经济收益,把客户划分为几个不同的类型,理解不同类型客户的需要,为不同类型的客户提供不同的服务,可明显提高本企业的经济收益。据此,他们提出了"客户金字塔"模型,通过设定全方位、多角度的客户价值指标,对企业现有的和潜在的客户进行可量化的价值评估,并将评估结果展现为可视化的"金字塔"形分层客户价值图,如图 4-4 所示。

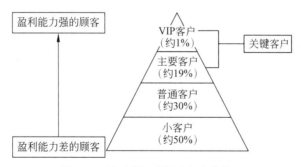

图 4-4 "金字塔"形分层客户价值图

(1)VIP 客户。VIP 客户的消费能力极强,追求高档消费,他们的消费金额在企业的销售额中所占比例很大,对企业贡献的价值最大。这类客户数量最少,一般情况下占企业客户总量的 1%。

(2)主要客户。主要客户消费能力很强,追求时尚品牌,生活很稳定,他们的消费金额所占比例很大,能够为企业带来较高利润。一般情况下,这类客户占企业客户总量的 19%。

（3）普通客户。普通客户消费能力较强，收入较高，他们的消费金额所占比例一般能够为企业带来一定的利润。一般情况下，这类客户占企业客户总量的30％。

（4）小客户。小客户消费能力有限，能够为网店提供的利润不多，甚至使网店不盈利或者亏损。小客户人数众多，一般占网店客户总量的50％。

3. 客户分级后的关系维护策略

（1）关键客户的关系维护策略。VIP客户和主要客户统称为关键客户。关键客户创造了企业80％的利润，维护与关键客户的关系才能保证企业持续发展。关键客户管理是对未来业务的一种投资，关键客户管理的目标是提高关键客户的忠诚度，并且在"保持关系"的基础上提升关键客户给网店带来的价值。网店需要成立关键客户服务的专门机构，负责联系关键客户，为高层管理提供准确的关键客户信息，利用客户数据库分析每位关键客户的交易历史，注意了解关键客户的需求和交易情况，关心关键客户的利益得失，加强跟踪管理。关键客户往往占企业客户的20％，要为20％的客户花费80％的努力，准确预测关键客户的需求，把服务想到他们的前面，领先一步提供能为其带来最大效益的全套方案，增加关键客户的财务利益以及创建关键客户服务通道。网店应该定期安排相关人员有目的、有计划地联系关键客户，经常性地征求关键客户的意见，及时、有效地处理关键客户的投诉或者抱怨，充分利用各种手段与关键客户建立快速、双向的沟通渠道，增进与关键客户的感情交流，为他们提供上乘服务，给他们特殊礼遇和关照，努力提高他们的满意度，从而维系他们的忠诚度。

（2）普通客户的关系维护策略。针对有提升潜力的普通客户，努力培养其成为关键客户，增加从普通客户获得的价值，设计鼓励普通客户消费的项目，根据普通客户的需要扩充相关商品组合，或者为普通客户提供"一条龙"服务，鼓励现有客户购买更高价值的商品或服务。针对没有升级潜力的普通客户，减少服务，降低成本，网店可以采取"维持"战略，在人力、财力、物力等限制条件下，不断降低投入，甚至减少促销努力，以降低交易成本。另外，还可以所见对普通客户的服务时间、服务项目、服务内容，或对普通客户只提供普通档次的产品或一般性的服务，甚至不提供任何附加服务。

（3）小客户的关系维护策略。对于低价值的客户，企业通常的做法有两种：一种是坚决剔除，不再与他们联系和交易；另一种是坚决保留，信奉客户是上帝，无论小客户多么难缠，都不遗余力地与其保持关系，这两种做法都过于极端、不可取。网店应该科学评判客户是否为小客户，如果客户有升级的可能，应帮助其成长；如果没有升级可能，也要考虑是否淘汰。网店要时刻谨记开发新客户的成本是老客户的8倍，在淘汰客户的时候，综合成本优势和失去成本优势，慎重分析该客户是否为非淘汰不可的客户。网店对小客户的关系维护应该视情况而定：针对有升级潜力的小客户，要努力培养其成为普通客户，甚至是主要客户；针对没有升级潜力的小客户，可提高服务价格、降低服务成本；坚决淘汰劣质客户（注意竞争对手）。

综上所述，网店针对不同级别客户采取分级管理和差异化关系维护措施，为不同级别的客户设计不同的关怀项目，区别对待不同贡献的客户，可以使关键客户自豪地享受网店提供的特殊待遇，并激励他们努力保持这种尊贵地位；同时，积极提升各级客户在客户金字塔中的级别，刺激有潜力的普通客户向关键客户看齐，鞭策有潜力的小客户向普通客户甚至关键客户看齐，坚决淘汰劣质客户，合理分配企业的资源，从而使网店在其他成本不变情况下，产生可观的利润增长，这就是对客户进行分级管理的理想境界。

4.4.3　客户流失管理

1. 客户流失的原因

（1）人员离职导致的客户资源流失。这是客户流失的重要原因之一，特别是公司的高级营销管理人员的离职变动，极易带来相应客户群的流失。因为职业特点，营销人员是每个公司最不稳定的"流动大军"，如果控制不当，在他们流失的同时，往往也伴随着大量客户的流失。

（2）服务不到位导致的客户资源流失。网店对客户的关系维护很重要，如果经常疏忽客户的评价、投诉与意见等细节，容易导致客户失望甚至让客户心寒。所以，网店应该具备完善的客户关系维护考核机制，为老客户源源不断地提供优质服务，只有这样，才能留住老客户的心。

（3）客户跟进不到位导致的客户资源流失。销售人员每天要跟踪大量的客户，这既包括对新客户的意向挖掘，也包括对意向客户的销售推进工作，还包括对老客户的回访。由于业务线索繁多，销售人员难免会因为跟进不到位而导致客户流失。

2. 流失客户的挽回策略

（1）加强客户档案管理。建立健全客户档案，包括客户基本信息、需求标签、客户等级、客户匹配度等，也包括大量的一对多关联数据，如与客户对应的联系人及关系、跟进记录、销售机会和报价历史、历史订单等，可通过客户关系管理系统进行实时的客户信息录入、严格的权限管控、日志追踪，保证即使营销人员离职，企业也可以通过详尽的客户资料，无缝、连续地后续跟进，不用担心因交接不到位而导致客户流失。

（2）优化客户反馈处理流程。不仅需要留存客户信息与跟进记录，还应该及时记录客户反馈，及时处理客户问题，稳步提升客户满意度。客户的反馈记录与购买记录可以让我们了解客户的实际需求，帮助完善产品。当有类似新产品上市时，可以优先联系此类客户，以提高二次销售率和客户满意度。客户的反馈记录与购买记录还帮助企业管理人员更直观地做出客户服务员工考核绩效，减少因为服务不到位导致的客户资源流失。

（3）制订客户跟进计划，按期提醒。针对不同客户分别制订有针对性的跟进计划，到期自动提醒营销人员，再也不用担心因为事情繁多而忘记跟进的问题。每个业务节点产生的消息提醒，帮助营销人员在推动销售、签约、回款等过程中，做到有条不紊。

4.5　客户数据分析与优化

4.5.1　客户数据采集与管理

对新零售企业来说，数据分析在企业内部非常重要，人、货、场等核心要涉及的各个环节都离不开数据分析，利用数据分析可以发现企业内部管理的不足、营销手段的不足、客户体验的不足等，进而用于制订营销计划、树立更好的品牌定位和建立更好的客户关系管理。

不管一个人的大脑有多聪明，不可能记住每个客户的每一个细节，除了客户的姓名和年龄外，还包括客户的爱好、家庭情况、购买的产品类型、使用方法、使用寿命等，记录得越详细越好，这些细节将对

微课：客户运营指标
数据采集

维护客户起到非常重要的作用。所以,客户数据采集和管理需要一个全面的客户信息数据库来支持。目前,不少电商平台都提供了相应的客户信息数据库,即客户关系管理系统、客户运营平台或用户运营中心。如图 4-5 所示的某电商网站的客户运营平台,提供目标人群的用户规模、进店访客、下单人数、支付人数、仅收藏未下单、仅加购未下单指标等数据,可查阅人群转化漏斗、策略运营转化漏斗、人群数据简报及运营计划推荐,方便进行客户沟通、客户满意度提升和客户忠诚度培育,能够有效支撑客户关系维护和管理。

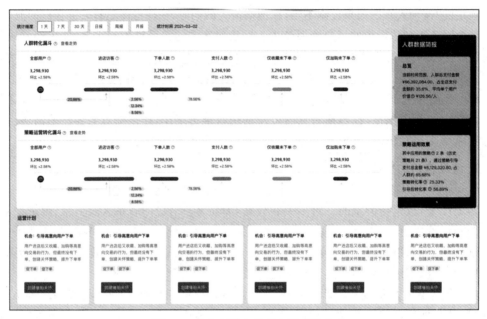

图 4-5 某电商平台的客户运营平台

良好的客户数据管理能力有助于企业快速获得准确的新客户。潜在的客户数据是非常巨大的,通过对潜在客户进行数据剖析,识别出潜在客户群,找到潜在客户的兴趣点及消费习气,进而找到感兴趣的潜在客户,完成获取新客户的目的。在采集客户姓名、性别、联系方式、收入、兴趣爱好、买卖行为等数据的基础上,依据数据分析结果将不同类型的客户进行归类,使同一个客户群里的客户对产品的需求和购买心理、兴趣爱好等类似,然后施行有针对性的营销计划,投其所好,进一步提高客户满意度。同时,客户信息数据库能够反映出每个客户的购买频率、购买量等重要信息,并保存每次交易的记录及客户的反馈情况,通过对客户进行定期跟踪,可使企业对客户的资料有详细而全面的了解,开发适当的技术,加强与客户的互动,能够提高用户保留率。良好的客户数据管理能力还可以帮助企业了解客户过去的消费行为,通过客户过去的消费行为来推测客户未来的消费行为,利用数据挖掘技术和智能分析技术可以发现新的商机,继而采取相应的营销策略。另外,通过对客户行为的研究和理解,也有助于洞悉客户的不同偏好,合理配置网店营销推广、商品销售和服务资源,降低营销成本和运营成本,并为客户提供更好的服务体验,以使他们成为店铺的忠诚客户。

4.5.2 客户价值分析与优化

在客户价值分析中,最经典的分析模型便是 RFM 模型。RFM 分析法是衡量客户价值和客户创利能力的重要工具和手段。通过计算频率和平均消费量来对客户价值进行分析，可以快速识别出哪些客户是重要客户，哪些客户是一般客户，对于这些客户，又应该采取哪些相应的跟进措施。

1. RFM 模型介绍

研究表明，客户信息数据库中有三个非常重要的指标：购买间隔、购买频率、购买金额。RFM 分析法就是通过一个客户的这三项指标来计算该客户价值状况的一种方法，下面对字母代表的含义进行介绍。

R：购买间隔（recency）是指客户最近一次消费时间与当前时间的间隔。理论上，最近一次消费时间越近的客户应该是比较好的客户，对提供的商品或服务也最有可能会有反应。所以最近一次消费的客户就是营销人员首先可以利用的提升业绩的工具，营销人员要密切地关注这些消费者的购买行为，值得公司通过一定的营销手段进行激活。最近一次消费时间越远，则客户越可能会"沉睡"，流失的可能性越大。

F：购买频率（frequency）是客户在一段时间（通常是 1 年）内所购买的次数。购买频率高的客户，与本公司的交易比较频繁，不仅给公司带来人气，也带来稳定的现金流，满意度、忠诚度比较高。购买频率低的客户则不够活跃，还可能是竞争对手的常客。针对购买频率低、购买金额较大的客户，需要推出一定的竞争策略，将这批客户从竞争对手那里争取过来。

M：购买金额（monetary）是指客户在一段时间（通常是 1 年）内的交易金额。购买金额可以是客户每次的购买金额，既可以是最近一次购买金额，也可以是过去的平均购买金额，根据分析的目的不同，可以有不同的计算方法。购买金额也可以验证"帕累托法则"（Pareto's Law），即公司 80％ 的收入来自 20％ 的客户。一般来说，单次购买金额较大的客户，支付能力强，价格敏感度低，是较为优质的客户；而每次购买金额很小的客户，可能在支付能力和支付意愿上较低。当然，这也不是绝对的。

2. RFM 客户细分

通过 RFM 分析法，对每一位客户进行细分，评估客户的活跃度、忠诚度和消费能力，从而对不同类型的客户采取不同的营销策略。把 R、F、M 三个指标按价值从低到高排序，并把这三个指标作为坐标轴，就可以把空间分为八个部分，分别对应重要价值客户、重要保持客户、重要发展客户、重要挽留客户、一般价值客户、一般发展客户、一般保持客户、一般挽留客户八个类别，如图 4-6 所示。

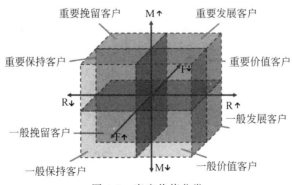

图 4-6　客户价值分类

3. 客户服务与营销策略优化

根据 RFM 分析结果,不同类型的客户有不同的特点,网店需要根据不同客户的特点提供有针对性的客户服务和营销策略,如表 4-1 所示。

表 4-1　基于客户价值分类的客户服务与营销策略

R	F	M	客户细分类型	客户服务和营销策略
高	高	高	重要价值客户	倾斜更多资源,提供 VIP 个性化服务,附加销售
低	高	高	重要保持客户	主动联系,提供有用的资源,通过新的商品换回客户
高	低	高	重要发展客户	交叉销售,提供客户忠诚度计划,推荐其他商品
低	低	高	重要挽留客户	重点联系或者拜访,提高留存率
高	高	低	一般价值客户	向上销售价值更高的商品,要求评论,吸引他们
高	低	低	一般发展客户	提供免费试用,提高客户兴趣,创建品牌知名度
低	高	低	一般保持客户	积分制,分享宝贵资源,以折扣推荐热门商品,重新取得联系
低	低	低	一般挽留客户	恢复客户兴趣,否则暂时放弃无价值客户

（1）重要价值客户。重要价值客户最近一次消费时间近,消费频次和消费金额都很高。重要价值客户是最优质的客户,企业需要投入更多的资源去维护、保持和这些客户的关系,可以向重要价值客户提供 VIP 服务、个性化服务、附加销售等,牢牢抓住这类客户。

（2）重要保持客户。重要保持客户最近一次消费时间较远,但消费频次和金额都很高。重要保持客户忠诚度比较高,只是最近一段时间没有来,需要主动和他们保持联系,可以向他们提供有用的资源,推荐最新款式,通过新的商品重新唤回他们。

（3）重要发展客户。重要发展客户最近一次消费时间较近、消费金额高,但频次不高。重要发展客户忠诚度不高,但很有潜力,贡献度比较高,需要重点识别、重点发展。可以向他们提供客户忠诚度计划,采取交叉销售、推荐其他商品的营销策略,提升消费频次的同时提高消费金额。

（4）重要挽留客户。重要挽留客户最近一次消费时间较远、消费频次不高,但消费金额高。重要挽留客户可能是将要流失或者已经流失的用户,但是有一定的购买力,是有潜在价值的客户。应当分析当前问题,然后重点联系或者拜访、尽量挽留,提高留存率。

（5）一般价值客户。一般价值客户最近一次消费时间较近、消费频次较高,但消费金额不高。一般价值客户忠诚度较好,有一定的潜力可以挖掘,可以向他们推荐销售价值更高的商品、组合商品,或者通过其他途径吸引他们购买,增大购买金额。

（6）一般发展客户。一般发展客户是最近一次消费时间较近,但消费频次较低、消费金额不高的新客户。可以向一般发展客户提供免费试用、折扣等活动,提高客户进一步购买的兴趣,从而创建品牌知名度。

（7）一般保持客户。一般保持客户最近一次消费时间较远、消费频次较高、消费金额不高。一般保持客户消费频次较高,但是贡献不大,可以通过积分制进行管理,让他们分享宝贵的资源,以折扣推荐热门商品,与他们重新联系,一般维持。

（8）一般挽留客户。一般挽留客户最近一次消费时间较远、消费频次较低，而且消费金额不高，FM 值都低于平均值，是价值最低的一类客户，相当于流失状态。可以通过活动恢复客户兴趣，否则暂时放弃此类无价值客户。

4.5.3　客单价分析与优化

1. 客单价的概念

客单价（per customer transaction）是每一个用户在一定周期内，平均购买商品的金额，即平均交易金额。无线端客单价指的是顾客在手机、Pad 等无线端下单购买的平均金额。客单价的计算公式为

$$客单价 = \frac{销售总额}{顾客总数}$$

【实例】 某网店是一家品牌男装专营店，最近一个月的访客数为 60 000 人，支付客户数为 2000 人，销售额为 200 000 元，计算该网店最近一个月的平均客单价。

该网店最近一个月的平均客单价＝200 000÷2000＝100（元）

客单价是影响网店盈利的因素之一，网店的销售额是由客单价和顾客数（客流量）所决定的，因此，要提升网店的销售额，除尽可能多地吸引进店客流，增加顾客交易次数以外，提高客单价也是非常重要的途径。在流量相同的前提下，客单价越高，销售额越高。

2. 影响客单价的因素

在网店的日常经营中，影响客单价的因素有很多，其中对客单价影响比较大的因素有商品类目的广度和深度、商品的关联营销、客户购买能力三大因素。另外，商品品质是网店运营的基础，离开商品品质来谈客单价只能是暂时的。

（1）商品类目的广度和深度。商家往往在开店之初就谋划好自己店铺的主营类目定位，但是随着店铺的不断发展，商家需要从更深层次考虑商品类目的广度和深度，以进一步提升客单价。

① 商品类目的广度。商品类目的广度是指店铺经营的不同商品类目数量的多少。一般而言，店铺类目的广度越广，供买家可选择的范围越大，越有利于提升客单价。例如，某店铺主营男装和女装，同时也销售运动鞋、服饰配件、运动装备等产品，如图 4-7 所示，当买家访问该店铺时，店铺提供的类目较多。如果店铺能进行有效的搭配或者是关联营销，更能有效提升人均购买笔数，从而使店铺的客单价得到较大幅度的提升。

② 商品类目的深度。商品类目的深度是指店铺经营同一种商品类目数量的多少。商品类目的深度能反映一家店铺的专业程度，类目细分程度越高，表示店铺越专业，买家越容易精准找到自己所需的商品，从而赢得买家对卖家专业程度的肯定。如图 4-8 所示，该店铺针对男装又进行专业的细分：男子服装、T 恤、男子鞋类、运动裤、板鞋、短卫裤、外套、休闲鞋、卫衣、衬衫。当买家在访问该店铺时，能够快速地根据卖家对宝贝类目的细分找到想购买的宝贝，同一类目的宝贝，高、中、低三个价位同时展现，不仅有利于提升转化率，更有利于提高客单价。

（2）商品的关联营销。通俗来说，关联推荐就是在一个商品详情页面里，放置其他几个相关性较强的商品。关联营销对网店提升客单价，增加回头客，提升二次回购率，减少店铺

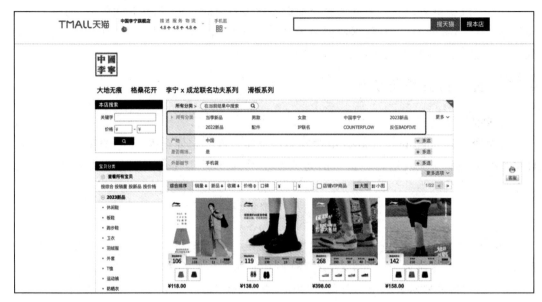

图 4-7　某店铺商品类目的广度

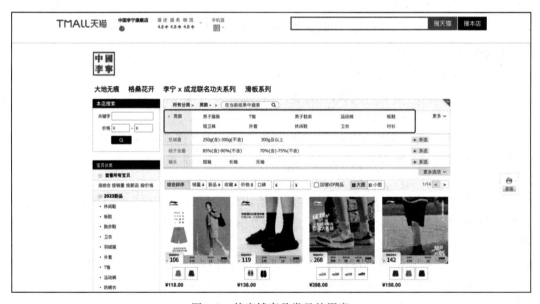

图 4-8　某店铺商品类目的深度

内跳失率,提升浏览深度及转化率都有重要作用。关联营销分为相关型关联营销和互补型关联营销。

① 相关型关联营销。商家把两种或多种商品的相关密切程度进行组合营销。例如,某店铺主营母婴用品,卖家在某款儿童保温杯水壶的商品详情页设置了相关型关联营销,如图 4-9 所示。当买家在选购儿童水杯的时候,通常情况下会访问与儿童水杯相关的宝贝,如婴儿奶瓶、婴儿奶嘴、儿童学饮杯、婴幼儿奶瓶、婴幼儿止痒精华等。买家在访问其他宝贝页面的同时,卖家成功达到为店铺分流的目的,进而提升潜在的客单价。

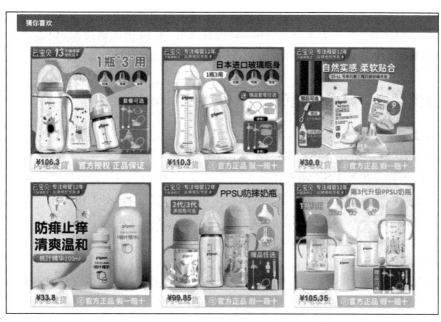

图 4-9　某网店的相关型关联营销

② 互补型关联营销。商家对功能互补的宝贝进行搭配营销。当两种或者多种不同的宝贝在功能上互补,会带来意想不到的效果。在日常生活中,有的商品是固定搭配,例如四件套(床单、被套、枕头套、枕芯)、钢笔与墨水、洗发水与护发素等。买家在搜索框中输入"钢笔"时,搜索结果页面会自动显示钢笔和墨水的产品,如图 4-10 所示。卖家直接把钢笔、墨水进行互补型营销,极大限度地提高商品的客单价。

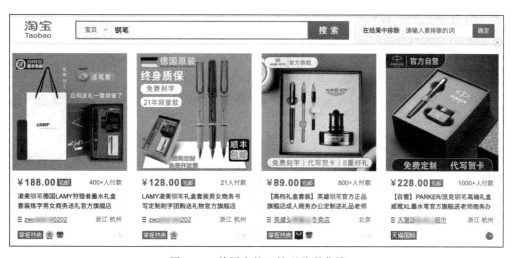

图 4-10　某网店的互补型关联营销

(3) 客户购买能力。客户购买能力是指客户购买产品的支付能力。客户对商品的需求和爱好与其购买能力有很大关系。需求和爱好要以购买能力为基础,经济条件好、收入多,对商品才会有更多、更现实的需求。购买能力强的客户是店铺的 VIP 客户,他们的消费能力强,成交客单价高,能为店铺带来更多销售额。他们既有充足的支付能力,又有购买之心。对客户服务人员来说,当这些人进入店铺、发起咨询时,要快速识别他们,获悉他们的偏好,然后加以引导,促使其成交,而且是多成交,这样客单价往往较高。

 "岗课赛证"融通专题训练

一、单选题

1. 关于网店的动态评分描述不正确的是(　　)。

　　A. 店铺评分也称DSR动态评分

　　B. 每项店铺评分取连续六个月内所有买家给予评分的算术平均值

　　C. 动态分飘红代表三项优于同行平均

　　D. 动态分飘绿则是代表三项优于同行平均

2. 下面说法正确的是(　　)。

　　A. 客服可以通过沟通来直接影响顾客的购买决策,通过优质合理的推荐,提高客单价

　　B. 客服的推荐对于客单价影响不大

　　C. 在流量相同的情况下,客单价越低,销售额就越高

　　D. 关联营销可以增加商品销售数量,但对客单价提升没有帮助

3. 某网店当天的访客数为5000个,总浏览量为10 000,去重成交人数为200,总销售额为55 000元,该网店当天的客单价为(　　)元。

　　A. 2　　　　　　　　B. 5.5　　　　　　　　C. 110　　　　　　　　D. 275

4. 客户关系管理的步骤是(　　)。

　　A. 积累资料—客户分类—划分等级—客户关怀

　　B. 积累资料—客户分类—客户关怀—划分等级

　　C. 积累资料—客户关怀—客户分类—划分等级

　　D. 积累资料—划分等级—客户分类—客户关怀

5. 淘宝网买家申请退货,卖家超过(　　)天未处理,退款协议将生效,交易进入退货流程。

　　A. 5　　　　　　　　B. 7　　　　　　　　C. 15　　　　　　　　D. 20

6. 某网店当天的访客数为1000个,总浏览量为9000,产品订单为90笔,总销售额为11 700元,该网店当天的客单价为(　　)元。

　　A. 1.17　　　　　　B. 11.1　　　　　　C. 130　　　　　　D. 100

7. 按照企业为关系付出成本的大小变化,可以将企业与客户的关系发展分为四个阶段,其中"与客户建立了极大的相互信任"的阶段是(　　)。

　　A. 培育期　　　　B. 成长期　　　　C. 成熟期　　　　D. 衰退期

8. 淘宝的DSR是指(　　)。

　　A. 商品详情页的质量、发货的速度、促销活动的力度

　　B. 宝贝与描述相符、卖家的服务态度、物流服务的质量

　　C. 日均成交量、日均浏览量、日均客服咨询量

  D. 月均店铺转化率、月均店铺浏览量、月均成交量

9. 以下不是客户接待流程中的一个步骤的是( )。

  A. 迎接顾客 B. 产品推荐 C. 关联销售 D. 礼貌告别

10. 关于淘宝网交易评价下列说法错误的是( )。

  A. 买家做出的店铺评分最多可以修改一次

  B. 卖家可以回复买家的追加评价

  C. 买家在交易成功 180 天内可以进行追评

  D. 买家可以在交易成功 30 天内修改一次评价

二、多选题

1. 店铺动态评分(DSR)下滑,会严重影响商品的展现以及转化,店铺应该做好预防工作。以下描述正确的是( )。

  A. 主图、详情页不夸大宣传,不做实现不了的承诺

  B. 客服态度至关重要,客服人员需有专业知识、及时的响应速度以及良好的回复态度

  C. 利用小赠品,让客户有意外惊喜

  D. 物流速度是店铺不可控的,只能由物流公司来维护物流的问题

2. 店铺动态评分 DSR 包括以下( )维度。

  A. 宝贝描述相符 B. 卖家服务态度 C. 卖家商品质量 D. 卖家发货速度

3. 将客户服务的程序性和个人特性两者加在一起,可以把客户服务划分为漠不关心型的客户服务、按部就班型的客户服务、热情友好型的客户服务和优质服务型的客户服务。对以上四种服务类型描述不正确的是( )。

  A. 漠不关心型的客户服务在程序性方面很强,在个人特性方面很弱

  B. 按部就班型的客户服务在个人特性方面和程序性方面都很弱

  C. 热情友好型的客户服务在个人特性方面很强,却在程序性方面很弱

  D. 优质服务型的客户服务在程序特性方面和个人特性方面都很弱

4. 应对客户投诉的方法有( )。

  A. 让客户发泄法   B. 委婉否认法

  C. 转化法   D. 主动解决问题、承认错误法

5. 以下不属于解释澄清阶段对客服人员的要求的选项是( )。

  A. 不与客户争辩

  B. 注意解释语言的语调

  C. 不要给客户不耐烦的感觉

  D. 可按投诉类别和情况,提出解决问题的相应措施

6. 用户衡量客户价值的模型,主要用到三个指标,分别是( )。

  A. 消费频率   B. 最近一次消费

  C. 单次最大消费金额   D. 消费金额

7. 在客户信息管理中,个人客户的信息主要包括( )。

  A. 客户的基本信息   B. 客户的态度信息

  C. 客户的行为信息   D. 客户的业务状况

8. 以下属于电子商务客户关系管理的特点的是(　　　)。

A. 实施以客户为中心的商业策略　　　B. 利用新技术支持

C. 较低的客户关系管理成本　　　　　D. 集成的 CRM 解决方案

9. 以下属于客户保持的影响因素的是(　　　)。

A. 客户个性特征　　　　　　　　　　B. 客户满意

C. 转移成本　　　　　　　　　　　　D. 客户关系的生命周期

10. 客户定期回访的好处有(　　　)。

A. 降低引流成本　　　　　　　　　　B. 有利于保持老客户

C. 增加客户的服务体验　　　　　　　D. 激活老客户

三、判断题(对的打"√",错的打"×")

1. 客服在产品的推广、销售及客户的维护方面均起着极其重要的作用,是连接商家与客户之间必不可少的纽带。(　　　)

2. 卖家服务质量的衡量指标包括店铺 DSR 评分(描述相符、服务态度、物流发货)、品质退款率、纠纷退款率等。(　　　)

3. 企业实行 CRM 的步骤有拟定 CRM 战略目标、确定阶段目标和实施路线、分析组织结构、设计客户关系管理架构、评估实施效果。(　　　)

4. 客户抱怨发生的主要原因:客户不满意销售者所提供的服务;客户不满意所购买的商品;广告误导导致客户抱怨;客户为了增加谈判筹码。(　　　)

5. 潜在忠诚是指虽然拥有但是还没有表现出来的忠诚,通常情况下,潜在忠诚的客户是低依赖程度、高重复购买的客户。(　　　)

6. 客户满意对企业的意义主要表现在:有利于企业获得客户的认同,造就客户忠诚;是企业最有说服力的宣传手段;直接影响商品销售率。(　　　)

7. 客户关系的衰退只发生在稳定期后的第四阶段。(　　　)

8. 客户满意的层次性是指处于不同需求层次的客户对同一产品和服务有不同的要求和感觉,因而不同地区、不同阶层的人或同一个人在不同条件下对某个产品或服务的评价也不尽相同。(　　　)

9. 客户关怀是市场营销理论的基本概念,就是对每位客户采取合适的营销方式,向客户提供量身定做的产品或服务。(　　　)

10. 分析型 CRM 是从企业的信息化系统收集各种与客户相关的资料,再通过报表系统地分析出宏观规律,帮助企业全面地了解客户的分类、行为、满意度、需求和购买趋势等。

(　　　)

四、填空题

1. 根据客户对企业忠诚度不同,可将客户划分为忠诚客户、老客户、新客户和_____。

2. CRM 通过观察和分析客户的行为、企业的收益情况,找出其中的联系和规律,优化企业与客户的关系,提升客户满意度和_____,提高企业核心_____,使双方的利润达到最大。

五、案例分析题

从 1903 年第一辆哈雷摩托车诞生至今,哈雷经历了战争、经济衰退、萧条、罢工、买断和回购等种种洗礼,但它直面这些考验,并善于把握这些考验所带来的市场机会,绝处逢生。100 多年来,哈雷以其超凡的生命力和脱俗的竞争力,创造出了让人目不暇接的世界摩托车制造行业一连串"唯一"——百年来唯一一家始终不离摩托车制造老本行的企业,唯一规模最大、生产时间最长的 V2 缸摩托车生产者,唯一一家把品牌升华为图腾的超长寿企业等。由于它浓缩了激情、自由、狂热的独特品牌个性,最终登峰造极地幻化为一种信仰、一种精神象征、一种品牌文化、一种生活方式,因此也创造出一个世界品牌的神话。哈雷百年辉煌的一个主要因素是它从制造哈雷摩托车开始,就不仅致力于摩托车的设计与生产,同时也在精心营造一种独具特色的"哈雷文化"。哈雷始终坚持质量第一的信念,其对产品质量的要求是苛刻的,在工业化批量生产、追求规模效应的今天,哈雷仍然坚持手工工艺和限量生产,从而使每一辆哈雷车的品质都很过硬,给每一位车迷都留下了坚固、耐用、物有所值的满足感。

　　(案例内容摘自《客户关系管理——建立、维护与挽救》)

　　根据上述案例内容,分析讨论以下三个问题。

　　1. 哈雷是怎样管理客户预期的?

　　2. 哈雷是怎样超越客户预期的?

　　3. 客户为什么会对哈雷摩托车满意?

六、专项技能实训

　　登录"ITMC 电子商务综合实训与竞赛系统",分析品牌人群、低价人群、综合人群、犹豫不定人群四类客户的特征和购买行为,在满足客户对物流方式、发票、售后服务要求的基础上,尝试计算综合人群的成交指数,结合你所经营的商品,思考如何提升综合人群成交比率?

第5章

网店绩效管理

商道传承悟思政

■**课程思政**：探古今商道，铸网店商魂。

培养学生善于调研、一丝不苟、量入为出、持筹握算的精神，弘扬克勤克俭、艰苦奋斗的美德。

■**案例内容**：计然的精准化市场预测和治国理财。

计然（生卒年不详），辛氏，名钘，字文子，又称计倪、计研，号计然、渔父，春秋时期宋国葵丘濮上（今河南商丘民权县）人，著名谋士、经济学家（图5-1），著有《文子》《通玄真经》。史载其博学无所不通，尤善计算。经常遨游于山海湖泽，南游越国时，收越国大夫范蠡为徒，授范蠡七计，范蠡辅佐越王勾践，用其五计而灭吴国。计然认为："知斗则修备，时用则知物，二者刑，则万货之情可得而观已。故岁在金穰、水毁、木饥、火旱。旱则资舟，水则资车，物之理也。六岁穰，六岁旱，十二岁大饥。夫籴，二十病农，九十病末。末病则财不出，农病则草不辟矣。上不过八十，下不减三十，则农、末俱利，平粜齐物，关市不乏，治国之道也。"意思是说，知道将要打仗，就应该加强战备；了解人们什么时候使用什么东西，就懂得商品流通了。搞好市场调研和市场预测，就能把各种货物的供需行情看得很清楚了。根据阴阳五行的变

图 5-1　古代经济学家计然

化，岁在金就丰收，在水就歉收，在木就会出现饥馑，在火就会出现旱灾。旱时，就要备船以待涝；涝时，就要备车以待旱，反其道而行之，才能取得竞争优势。根据岁星（木星）每12年运行一周天的规律，一般来说，六年一丰收，六年一干旱，十二年有一次大饥荒。根据年景的变化，预知农产品市场的走向，决定取舍。出售粮食，每斗价格二十钱，农民会受损害；每斗价格九十钱，商人要受损失。商人受损失，钱财就不能流通到社会；农民受损害，田地就要荒芜。合理的粮价应是粮价每斗最高不超过八十钱、最低不少于三十钱，这样就兼顾农民、商人、国家税收的利益，符合治国理财之道。计然博学多才，擅长通过调研观察和数据分析进行精准的市场预测、商品定价和绩效诊断，非常值得我们学习。

商海遨游学本领

■**能力目标**：提运营之质，增管理之效。

理解现代供应链管理理念，熟悉采购、库存和物流绩效分析的方法，掌握转化率分析和动销率分析诊断，能够有效控制成本和提升盈利能力，能够完成团队搭建、团队激励和考核，提升销售、财务和团队等方面的绩效，能够提出绩效诊断意见建议并撰写绩效诊断报告。

■**知识地图**：网店绩效管理的知识结构如图 5-2 所示。

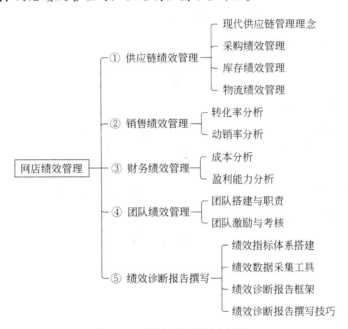

图 5-2　网店绩效管理知识结构

5.1　供应链绩效管理

供应链管理（supply chain management，SCM）是指在最大满足客户需求的条件下，为使整个供应链系统获得总体竞争优势，把供应商、制造商、运输商、经销商和客户等有效地组织成为一个协调发展的整体，从而使成本降低，并使供应链每个成员企业自身效率与效益大幅提高。供应链管理的目的就是要从系统的角度出发，对具有密切联系的不同环节进行统筹管理，全面提高整条供应链的运营效率，特别是连接处的效率，形成共赢的合作关系，以降低总体运营成本，提高总体竞争能力。供应链管理的本质就是对供应链上相关成员的各种活动，以及这些活动所形成的信息流、物流、资金流进行集成管理，从而以最快的速度、最低的成本为客户提供最大的价值。当把供应链上各环节的企业看作一个虚拟企业同盟，而把任一个企业看作这个虚拟企业同盟中的一个部门，同盟的内部管理就是供应链管理。只不过同盟的组成是动态的，根据市场需要随时在发生变化。有效的供应链管理可以帮助实现四项目标：缩短现金周转时间；降低企业面临的风险；实现盈利增长；提供可预测收入。

5.1.1　现代供应链管理理念

新零售时代为传统供应链管理开辟了崭新的世界,同样,由于客户需求日趋个性化和多样化,加之客户对配送、售后等服务的要求越来越高,供应链管理的优劣体现甚至决定了电商运营的成败。供应链管理亟须数字化转型,供应链的价值决定着电子商务运营的利润空间。电子商务运营技术在逐渐地透明化和扁平化,而供应链管理在数据驱动的智能

微课:认识供应链

时代背景下已成主力,甚至有专家称"运营不再是电商的第一核心,供应链管理才是"。

1. 新零售时代供应链管理的特征

新零售时代的供应链不再是人、流程、硬件设施等要素的简单堆砌和叠加,而是要实现供应链的数字化和技术化的变革,让供应链变得更加智慧和全能,新零售时代下的供应链是由消费者驱动的,其具体特征如下。

(1)供应链可视化。供应链可视化就是利用信息技术,采集、传递、存储、分析、处理供应链中的订单、物流以及库存等相关指标信息,按照供应链的需求,以图形化的方式展现出来。供应链可视化可以有效提高整条供应链的透明度和可控性,从而大幅降低供应链风险。新零售时代下的供应链可视化未来将持续向消费者、SKU、店员延伸,并且由传统网络向云计算系统转进。通过可视化集成平台,战略计划与业务紧密连接,需求与供应的平衡、订单履行策略的实施、库存与服务水平的调整等具体策略将得到高效的执行。

(2)供应链人工智能化。在新零售业态中,包括消费者、商品、销售、库存、订单等大量零售运营数据在不同的应用场景中产生,结合不同的业务场景和业务目标,如商品品类管理、销售预测、动态定价、促销安排、自动补货、安全库存设定、供应计划排程、物流计划制订等,再匹配上合适的算法,即可对这些应用场景进行数字建模,简单来说,其逻辑就是"获取数据分析数据—建立模型—预测未来—支持决策"。本质上说,人工智能是一种预测科技,而预测的目的不是为预测而预测,而是用来指导人们的各项行为决策,以免人们在决策时因为未知和不确定而焦虑。就人工智能在新零售业态中的供应链应用而言,其有两大类核心模型:一是预测模型;二是决策模型。

(3)供应链指挥智慧化。新零售企业的运营指挥控制系统是企业的"大脑"和"中枢",新零售企业需建立起由不同业务应用模块所组成的运营指挥系统,这些应用模块各自具有管理一个领域的功能,可显示实时的运营动态(如货龄、售罄率、缺货率、退货率、订单满足率、库存周转率、目标完成比率等),同时又相互链接和协同,最终拟合形成通用运营决策建议(如智能选品、智能定价、自动预测、自动促销、自动补货和下单等)。相信在未来的新零售中,可以做到各种决策自动化的 SKU 将超过 90%。

2. 数字化供应链内涵及策略

电商环境既为供应链管理提供了崭新的舞台,也对供应链管理提出了更多的高要求。人们对个性化产品、即时服务提出更高的要求,使供应链变得更加复杂,流程也会更加烦琐。整个供应链网络比以往任何时候都更需要获取重要信息、实时数据分析和内外部协作工具。物联网、大数据等技术的出现驱动着数字化经济的发展,数字化供应链是未来的发展趋势,

已成为行业共识。最新的调研报告显示,80%的企业认为,数字化供应链未来 5 年将占据统治地位,16%的企业认为数字供应链已经占据统治地位。

(1) 数字化供应链的内涵。供应链的数字化变革始于 2009 年 IBM 提出的"智慧的未来供应链",此定义非常接近现代的数字化供应链的特征。全球数字经济的蓬勃发展,经济全球化的迅速扩张,尤其是工业革命 4.0,数字化技术,如物联网、大数据和人工智能的高速演进,智慧供应链被演进到今天的数字化供应链。智慧的未来供应链有下述三个特征。

① 先进。先前由人工填写的信息将逐步由机器生成,信息来自传感器、射频识别标签、仪表、执行器、全球定位系统等自动化设备。库存可以自动盘点,集装箱可以自行检测其内部的货物。如果托盘被送错地方,会产生自动报错。

② 互联。整个供应链将连为一体,不仅是普通的客户、供应商和 IT 系统,还包含各个部件、产品和其他用于监控供应链的智能工具。这样紧密相连就能使全球供应链网络协同规划和决策。

③ 智能。供应链决策也将变得更加智能化。先进的分析和建模技术可以帮助决策制订者更好地分析其复杂多变的风险和制约因素,以评估各种备选方案。更加智能化的系统甚至还可以自动制订决策,提高响应速度,减少人工干预。构建这种供应链实属战略性事业:对供应链主管而言,这意味着不同的角色和职责。主管必须成为能优化复杂的全球网络的战略思想家、合作者和协调人。首席供应链官们当前的担子越来越重,他们有义务,如今也有能力,创建更加智能的未来供应链。

(2) 数字化供应链的策略。

① 数字化供应链的协同策略。供应链协同(supply chain collaboration,SCC)是供应链管理的关键策略之一。在供应链管理中,供应链协同被定义为两个或两个以上的自主公司共同合作以计划和执行供应链运作。供应链协同是共赢的策略,它可以给供应链主体及合作伙伴带来巨大的利益。当一个或多个公司或业务部门共同创造互惠互利时,这被称为合作战略。供应链协同有,纵向协同和横向协同两种主要类型。纵向协同是指来自供应链不同级别或阶段的两个或多个组织共担其职责、资源和绩效信息以服务于相对相似的最终客户时的协同。横向协同是供应链中处于相同级别或阶段的两个或多个公司之间的组织间关系,目的是使工作和合作更加轻松,以实现一个共同的目标。供应链协同有效地使供应链中的每个成员更好地满足客户的需求。数字化供应链协同大幅提高了供应链协同的能力,极大地提高了市场的速度。它为公司与它们的合作伙伴以新的方式交流它们以前不能做的事情铺平了道路。经典的供应链协同分为以下三个水平层次,不同层次水平的协同的范围和策略是不同的,产生的好处也是不同的。

事务集成:初级协同——事务性。

供应链管理信息共享:中级协同——战术性。

战略协作:高级协同——战略性。

② 数字化供应链的差异化细分策略。如今的供应链,由于全球化、外包以及库存和产品配置的快速增长而变得非常复杂。它们也非常难以管理。一些公司可能已经将供应链作为战略重点领域(沃尔玛在零售业,宝洁和联合利华在消费品领域,苹果在消费电子领域),但即使是非常成功的公司,现在也面临着进一步削减成本的新的巨大压力:用更少的钱做

更多的事情。一直以来,客户的要求比以往任何时候都高:更多的定制、更好的服务和更亲密的关系。未来属于能够将其供应链与客户细分市场的特定需求相匹配的公司。关于供应链细分的优点有很多,现在很少有人会不同意它的基本原理。高产量、低变动性市场段背后的供应链可能是为了提高效率而设计的,而高产量、高变动性市场段背后的供应链可能是为了提高灵活性和响应能力而设计的。敏捷性、成本和服务是制定差异化细分战略的三个需要权衡的重点和聚焦的领域。在数字经济时代,终端客户对供应链的影响已从最后一公里转移到开始的第一公里,迫使供应链管理人员专注于提供差异化的客户体验。毫不奇怪,提供这些不同的客户体验是困难的,因为传统的供应链是"一刀切"的策略。今天和未来,将供应链分割在客户周围,是保持数字世界竞争力的基本要求。

5.1.2 采购绩效管理

采购是任何行业供应链的关键一环。以家电行业为例,原材料成本可占商品总成本的 $60\%\sim70\%$,因此原材料采购在成本控制、保障生产、内部各业务单元间协同、上下游供应链企业的战略合作方面起到了至关重要的作用。

微课:采购管理

1. 采购的原则

经过人们长期的摸索与总结,提出了"5R"原则用以指导采购活动,取得了良好的效果。采购应遵循的"5R"原则分别是指适价原则、适质原则、适量原则、适地原则及适时原则。

(1)适价原则。适价原则是指在保证采购同等品质物资的情况下,价格不高于同类物资的价格。价格永远是采购活动中的核心,这就要求采购者应当及时了解所处行业的市场情况,尽可能多地获取相关资料。

(2)适质原则。适质原则是指所采购的物资的质量应是有保证的,是符合相关要求的。采购质量对企业的成本以及信誉都有着至关重要的影响。因此,采购者应该在日常的采购工作中安排部分时间去推动供应商改善、稳定物料品质,只有采购的质量得到保证,才有可能提高企业的经营质量。

(3)适量原则。适量原则是指采购的物资的数量应是适当的。采购的数量应根据资金的周转率、储存成本、物料需求计划等综合计算出最经济的采购量。物料采购量过大会造成过高的存货储备成本与资金积压,而物料采购量过小,则会增多采购次数,提高采购成本。因此,采购者控制适当的采购量(即适量)是非常必要的。

(4)适地原则。适地原则是指企业应选择地理位置距离合适的物资供应商。企业在选择供应商时还应考虑地理位置的远近,供应商离企业越近,所需运输费用就越低,机动性就越高,协调沟通就越方便,成本自然也就越低。反之,运输费用就越高,机动性就越低,协调沟通就越不便,成本自然也就越高了。

(5)适时原则。适时原则是指所采购物资的时间应是合适的,是符合企业生产计划的,且供应商应在预定时间内交付物资。采购者若提前太多时间将物资采买回来,会造成库存过多,积压大量的采购资金;若延期采购,则会导致企业不能按时出货,引起客户的强烈不满。因此,采购者应根据企业的生产计划合理安排采购时间,并在采购过程中协调和促使供应商按预定时间交货。

2. 采购的渠道

(1) 批发市场进货。批发市场进货是寻找网店采购渠道最简单、最常见的方法,但是很多卖家都会忽略这个简单的方法,而把目光转向商品的原产地。其实在开设网店最初的阶段,如果商品的销售量不高的话,在本地市场进货已经完全可以满足正常的需求了。如果网店经营服装,那么可以去周围一些大型的服务批发市场进货。在批发市场进货,需要有强大的议价能力,力争将批发价压到最低。同时,要与批发商建立良好关系,在关于调换货的问题上要与批发商说清楚,避免日后引起纠纷。在全国各地,像这样的市场很多,例如,深圳华强北、杭州四季青、义乌小商品城等。这种采购渠道要求网店具备一定的议价能力,它的优点是更新快、品种多,缺点是容易断货、品质不易控制。

(2) 厂家直接进货。正规厂家的货源充足,信用好,如果与其长期合作,一般都能争取到产品调换。但是一般而言,厂家的起批量较高,不适合小型批发客户。如果网店有足够的资金储备,有分销渠道,并且不存在压货的危险,就可以采用这种方式。这种采购渠道要求网店有一定的经济实力,并有自己的分销渠道,它的优点是价格有优势,缺点是有资金、库存压力、产品单一。

(3) 批发商处进货。一般用搜索引擎(如百度等)就能找到很多贸易批发商。他们一般直接由厂家供货,货源较稳定。不足的是因为他们已经做大、做强,订单较多,售后服务难免有时就跟不上。而且他们都有自己固定的老客户,很难和他们谈条件,除非当成为他们的大客户后,才可能获得折扣和其他优惠。在开始合作时,就要把发货时间、调换货品等问题讲清楚。它的优点是货源充足、选择种类多,缺点是售后服务往往跟不上,比较适合有自己的分销渠道、销售量较大的网店。

(4) 品牌代理商。品牌代理商关注品牌和授权,但是相对来说,直接联系品牌代理商,需要更大的进货量。越是大品牌,它的价格折扣就越低,但是可以在完成销售额后拿到返利。但如果店铺已经发展到一定程度,想走正规化路线,这就会是一个不错的选择。它的优点是货源稳定、渠道正规、商品不易断货,缺点是更新慢、价格相对较高、利润低,适合做品牌旗舰店。

(5) 代销式供应商。代销式供应商是时下比较流行的一种供应方式。采用这种方式,由代销式供应商提供图片及商品介绍,网店卖出后,代销式供应商可帮助网店直接发货(代发货)。对新手来说,这种方式是一个不错的选择,因为所有的商品资料都是齐全的,关键看网店如何把商品卖出去。不过,在选择这种供应商的时候,一定要注意其信用度和商品质量,否则遇到纠纷就不好解决。它的优点是简单省事,鼠标一点,无须亲自发货,坐收佣金,风险低,资金投入少。但它的缺点也很明显,商品不经过自己的手,品质难控制,对商品可能缺乏了解,与客户沟通较复杂,操作不好会得中评或差评。代销式供应商采购渠道比较适合低成本创业的 C2C 网店主。

(6) 各种展会、交易会。全国每年每个行业都会召开各种展会,如服装展、农博会等,这些展会聚集了很多厂商。因此,当网店经营已经有起色,而苦于货源不够好的时候,参加相关产品的展会,接触真正一手货源,大胆和厂商真正建立合作,对网店的长期发展是很有好处的。各种行业的展会都会在相应的 B2B 网站公布召开日期,参加这种展会要以专业人士身份参加,参会者带好名片和身份证,让厂商感觉与会者是专业人士,这样谈生意也比较容易。它的优点是成本低、竞争力强、商品质量稳定、售后服务有保障,缺点是一般不能代销、需要有一定的经营和选货经验、资金投入大、风险较大,比较适合资金实力较雄厚者。

（7）关注外贸产品或 OEM 产品。目前许多工厂在完成外贸订单之外会有一些剩余产品,或者在为一些知名品牌完成的贴牌生产之外也会有一些剩余产品,这些产品的价格通常十分低,为市场价格的 2～3 折,但品质做工绝对有保证,这是一个不错的进货渠道。但一般要求进货者全部吃进,所以创业者要有经济实力,比较适合有一定的货源渠道,同时有一定的识别能力的店铺。

（8）买入库存积压或清仓处理产品。因为急于处理,这类产品的价格通常是极低的,如果网店有足够的议价能力,可以用一个极低的价格进货,然后转到网上销售,利用网上销售的优势,以及地域或时空差价获得足够的利润。经营这类产品,网店一定要对质量有识别能力,同时要把握发展趋势,并要建立好自己的分销渠道。它的优点是成本低,缺点是具有很多不确定因素,例如进货的时间、地点、规格、数量、质量等都不受自己控制,比较适合有一定的资金实力,对这个行业比较了解的店铺。

3. 采购谈判的技巧

采购谈判是商务谈判的一种类型。采购谈判是指买方与卖方就商品买卖的相关事项,如商品的价格、订购数量、品种、规格、技术标准、质量保证、包装要求、售后服务、交货日期与地点、运输方式、付款条件等进行反复磋商,谋求达成协议而进行的谈判过程。采购谈判的技巧主要包括报价技巧、还价技巧及让步技巧。

（1）报价技巧。在谈判进入正式磋商阶段之后,由谁先报价要根据谈判的性质和不同的需要来决定。一般来讲,如果己方对市场行情,对对方的情况包括需求、底价等很了解的情况下,争取率先报价比较有利,而反之最好请求对方先报价,这可作为己方出价的参考。如果双方势均力敌,己方应先报价,以争取主动。如果采购方对自己的报价有着极为充分的理由,则应该先报价。

（2）还价技巧。采购谈判的磋商阶段中,通常一方报价以后,另一方就会还价。在还价之前必须充分了解对方报价的全部内容,准确了解对方提出条件的真实意图,为了摸清对方报价的真实意图,需要逐项核对对方报价中所提的各项交易条件,摸清对方报价中的哪些条件是关键的、主要的,哪些是次要的、无关紧要的。注意倾听对方的说明,但不可主观地猜度对方的动机和意图,以免给对方提供反击的理由。

（3）让步技巧。采购谈判可以看成双方不断地让步最终达到价值交换的一个过程。采购谈判人员要准确把握供应商的需求,确定每次做出的让步都是供应商所需要的,而不是抱着旁敲侧击的心理在一些不能满足供应商需要的方面进行让步,以期供应商觉得得到补偿。如果供应商并不认为这种让步可以满足其需求,就会继续提出要求,这样等于白白损失掉己方原有的利益,所以让步时一定要针对供应商的要求,这样才能达到让步的目的,为达成目标做出贡献。

4. 数字化采购之道

采购是成本中心,也是传统采购模式最大的"痛"。效率低下的人工采购流程是传统采购的另一痛点,传统采购之所以成为企业的成本中心是由于许多企业仍然采用传统的采购运作模式:采购部门以拉动采购的管理模式进行运作,围绕确定采购需求,供应商询价、议价,下订单,跟踪订单,跟踪交期,收货,付款等流程进行采购日常工作。为了降低可见成本,往往通过议价和供应商的选择进行采购优化,这容易造成采购低质的原材料和元器件,看似可见成本降低了,但造成隐性成本上升。后来发展的 e 采购解决了一部分采购的手工操作问题,但由于供应链没有真正完成数字化转型,筒仓式的组织管理使某些先进的电子采购模式也不能完全把采购从成本中心解救出来。

采购成本通常由可见成本和隐性成本两大部分组成。可见成本包括采购计划编制的成本、原材料、半成品或成品成本、采购管理成本、运输成本、验收成本、仓储成本等。隐性成本则包括时间成本、缺货成本、库存积压成本、其他易于被忽视的成本,如劳动力成本、报废成本、保修成本、检查成本、现场故障成本、更换成本等,环境影响、计划外停工时间、风险管理和安全、培训和教育等。

中医说,痛则不通。传统的采购之所以"痛",是因为采购流程的各个节点不通(系统没连接),全人工或部分人工(如某些初步的 e 采购)使流程(类似于人的经络)不顺畅(电话、QQ 等非数字化方法)。现在是时候进行采购的数字化变革了,数字化将颠覆传统采购模式。数字化采购就是通过采用现代数字技术,如人工智能、物联网、机器人流程自动化和协作网络等实现采购过程的高效协作与自动化,从而实现降本增效,显著降低合规风险,将采购部门打造成企业新的价值创造中心。为此,德勤提出了一个一般的数字化采购框架,包括可预测战略寻源、前瞻性供应商管理、自动化采购执行三个部分。德勤的数字化采购框架为供应链组织提供了构建数字化采购架构和生态系统的一般指南。当数字化采购达到高的成熟度时,有望以价格导向购买便宜货,占采购的 20%,在购买质量上提高 20%~65%,能节省不必要的花费达 20%,并且极大地降低各种采购风险,促进采购创新。

5.1.3　库存绩效管理

库存是指利用仓库存放、储存未即时使用商品的行为。在网店运营与管理中,库存是指为有形商品提供存放场所并对存放物进行保管、存取与控制的过程。库存管理的存在是为解决供应链中供给与需求之间的不匹配,库存影响供应链持有的资产、所发生的成本以及提供的响应性。

微课:库存管理

1. 零库存管理

零库存不能简单理解为库存为零,"零"是一个相对的概念,指在一定时间、一定范围内没有多余库存的理想状态。零库存作为一种特殊的库存概念,是指物料始终存在于采购、生产、销售、配送等环节当中,处于动态周转状态,而不以仓库存储的静态形式存在。零库存管理不只是库存管理人员的事,它涉及采购、计划、生产、销售等各个环节,关联企业的每一项活动。

(1) 零库存的形式。零库存的形式主要包括委托保管方式、协作分包方式及轮动方式等。

① 委托保管方式。委托保管方式是指将物料委托给第三方保管,企业无须再保有库存,从而实现零库存。这种方式的优势在于,在第三方仓储日益成熟的当下,委托只需支付一定费用,即可享受较高水平的仓储服务,并省去了建设仓库的大量成本和管理费用,企业可集中力量于生产经营。

② 协作分包方式。协作分包方式是指基于完善的供应链协同运作,由供应链核心企业

进行业务分包,对供应链进行协调管理,确保供应链各环节的运作节奏一致,从而降低整个生产流通环节的库存总量。

③ 轮动方式。轮动方式也称同步方式,是在对系统进行周密设计的前提下,使各个环节都保持完全协调的运作速率,从而在根本上消除库存,甚至消除工位之间暂时停滞的物料,达到完全的零库存。

(2) 实现零库存的方式。

① 第三方保管方式。所谓的第三方企业,多是指专门负责物流或仓储的企业。通过一定的程序,企业将所有的物资交由供需双方外的第三方企业保管,而由企业向第三方企业支付一定的代管费用。这样,企业将不再保有库存,从而实现"零库存"。这种"零库存"形式的优势显著,第三方企业利用其专业的优势,可以实现较高水平和较低费用的库存管理,企业不再设仓库,同时省去了仓库及库存管理的大量事务,可集中精力于生产经营,体现了生产企业的专业化。因此,第三方保管方式是当前国内企业实现零库存的主要方法,其中常见的是委托营业仓库存储和保管货物。

② 协作分包方式。协作分包方式是制造企业从产业结构上对供应链管理的整合模式,这要求若干分包工艺的企业以柔性生产、准时交付的形式帮助主企业的库存趋近于零。同时,主企业也将承担所有销售库存,使若干分包企业对主企业的半成品库存为零。主企业负责开拓产品市场、主体设计,承担主工艺的装配。分包企业则负责分包零部件制造、分包供应、分包劳务和分包销售。在实际工作中,各分包企业按照主企业要求的生产速度和进度来安排和调整生产活动,并在指定的时间内送货到位。

③ 科学配送方式。配送作为物流的重要中间环节,其速度和节奏对库存的呈现效果有直接的作用。科学配送方式是对整个物流配送体系实行统一的信息管理和调度,按照采购方的订货要求,在第三方物流基地或指定地点进行理货、配货,然后将配好的货物按采购方的需求量送交采购方的物流方式。科学配送方式包括多批次及少批量配送、集中库存、即时配送和适时适量生产的方式,这种先进、优化的配送方式可以有效降低收货企业的物流成本、优化其库存配置,同时保证了对其的及时供应,使其可以实现"零库存"的理想目标。

2. 供应商管理库存管理

供应商管理库存是一种供应链集成化运作的决策代理模式,以双方都获得最低成本为目标,在一个共同框架协议下将用户库存决策权代理给供应商,由供应商代理分销商或批发商行使库存决策权利,并通过该框架协议经常性监督和修正使库存得到持续改进。

(1) 供应商管理库存系统的构成。供应商管理库存系统可分成两个模组:一是需求预测计划模组,可以产生准确的需求预测;二是配销计划模组,可根据实际客户订单、运送方式,生产客户满意度高及成本低的配送。

① 需求预测计划模组。需求预测最主要的目的是协助供应商做库存管理决策,准确预测可让供应商明确了解应该销售何种产品、销售给谁、以何种价格销售、何时销售等。

② 配销计划模组。配销计划最主要的是有效地管理库存,VMI可以比价库存计划和实际库存量并得知目前库存量尚能维持多久,所产生的补费计划是依据需求预测模组得到的需求预测。

(2) 供应商管理库存的优势。

① 提升企业的核心生产能力。企业能从外部资源管理中解脱出来,集中精力提升核心

生产能力,利用供应商在资源方面的专业优势,进行自我管理。同样,客户企业也无须建立大面积的仓库,减少高额的库存资金占用,从而提升采购、品质检验、出入库、仓管及运输管理等一系列工作的效率,有效集中更多的人力、物力和财力,用于提升其核心竞争力。

② 低成本和高服务质量。不同于客户企业自行管理库存,供应商对自身的产品进行的管理肯定更专业,经验更丰富,存放环境更好,设施也更先进。在供应商的专业管理下,材料或产品会容易处在高质量状态,必要时能以更高的合格品率上线生产,不耽误生产效率。在提高客户服务水平的同时,也能降低库存管理成本。

③ 降低缺货风险,减少库存积压。一方面,供应商可掌握客户企业的物料使用情况,同时直接接触客户企业库存的消耗变动情况,以便及时补充物料,降低客户的缺货风险。另一方面,充分的信息共享能帮助供应商知晓市场需求的变化,从而及时调整内部生产计划和采购计划,避免客户企业形成超量的库存积压,占用大量资金。

3. 联合库存管理

联合库存管理(jointly managed inventory,JMI)是指供应链上的各类企业通过对消费者需求的认识和预测的协调一致,共同进行库存的管理和控制、利益共享、风险同担。联合库存管理是一种新型的供应链库存管理方法。体现了以协调为中心的管理思想,相邻节点需求的确定都是供需双方协调的结果。库存管理不再是独立运作的过程。

(1) 联合库存管理的内容。

① 集中库存模式。在集中库存模式下,各个供应商的零部件直接存入核心企业的原材料仓库中,以将各个供应商的分散库存变为核心企业的集中库存。集中库存模式要求供应商按核心企业的订单要求,实行小批量、多频次的配送,直接将各个供应商的库存送到核心企业的仓库中以补充库存。在这种模式下,库存管理的重点在于核心企业应根据生产的需要,保持合理的库存,既能满足市场需求,又能使库存总成本最小。

② 无库存模式。无库存模式是指供应商和核心企业都不设立库存,核心企业实行无库存模式。此时,供应商直接向核心企业的生产线上进行连续、小批量、多频次的库存补充,并与之实行同步生产、同步供货,从而完成在需要的时候把所需要的品种和数量的原材料送到需要地点的操作。这种准时化供货模式尽可能地取消了库存,使供应链的效率最高、成本最低。但是,其对供应商和核心企业的运作标准化、配合程度、协作精神的要求更高,对操作过程的要求也更为严格。

(2) 联合库存管理的优势。

① 信息优势。信息作为稀缺资源,对企业的发展非常重要。JMI 模式通过在上下游企业之间建立起战略性的合作伙伴关系,实现了企业在库存管理上的信息共享,既保证了供应链上游企业通过下游企业能够及时准确地获取市场需求信息,又能使各企业的活动围绕客户需求的变化而开展。

② 成本优势。JMI 模式在库存管理方面实现了从分销商到制造商再到供应商的一体化,让三方都能实现准时采购。准时采购不仅能减少库存,还能加快库存周转,缩短采购和交货提前期,降低企业的采购成本。

③ 物流优势。JMI 模式打破了传统的各自为政的库存管理局面,体现了供应链的一体化管理思想,强调各方同时参与,共同制订库存计划,共同分担风险,有效地降低库存。

④ 战略联盟的优势。JMI 模式的实施是以各方充分信任为基础展开的,企业之间利益

共享、损失共担。JMI模式的有效实施既加强了企业之间的联系与合作,又保证了由库存管理带来的企业之间的独特合作模式不会轻易地被竞争者模仿,为企业塑造了竞争优势,强化了战略联盟的稳固性。

4. 仓储业务流程和注意事项

仓储业务流程主要包括入库、在库及出库三部分,如图5-3所示。其中入库包括收货检测录入、对应储位上架等环节,网店的商品入库后需录入批次,按批次进行管理并进行全程监控;在库流程包含货品在库周转、货品在库盘点、货品在库调拨等环节,网店通过仓储管理系统对仓储及保质期进行监控;出库则包括订单集合处理、根据集合单拣选产成品、商品匹配与核对、包装及第三方快递公司揽件等环节。

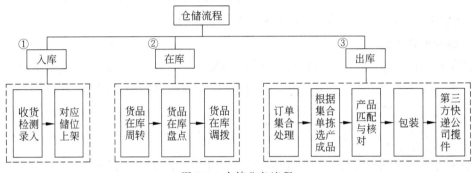

图 5-3　仓储业务流程

在网店仓储业务流程中,需要遵循一些普适性的原则。对网店来说,无论其店铺经验规模多大,都要基于商品的特性来规划商品的位置和出库次序。具体而言,要注意以下几点要求。

(1) 商品定位管理。商品定位管理就是将不同的商品分类、分区安排货架摆放,登记商品信息。仓库要合理设置功能分区,例如集中存放区,用来整箱整包地囤货;零散摆放区,就是专门为单独少量的商品存放的位置,便于仓管人员及时找到;退货商品区,就是商品退换集中摆放的区域,还可以细分为退换货待处理区和已处理区。

(2) 配备全区线路图,贴在显眼的位置,方便工作人员找到。仓库货架陈列要配备货品的"三码":商品码、货架码和区位码。对于配货人员来说,网店仓管要能为他们配备PDA等设备,将商品陈列信息自动录入,便于翻找,为以后拿货节约时间和效率。

(3) 保证一定的仓库室内温度和湿度。要营造防霉防潮、干燥通风、无尘整洁的优良环境。针对不同的季节变化,温度、湿度也要及时调整。

(4) 基本安全设施要提前做好。为确保企业资产安全,仓库要符合防水防火的设施,此外,还要做好防盗措施,安装监控及自动报警系统等。

(5) 商品和人员进出库要做好登记工作,这样不仅能够及时掌握商品库存动态,也能明确管理责任。

(6) 网店仓库能够运用电商管理软件来辅助仓库的管理。这些软件能够对仓库进行高效管理,不仅能够编排处理商品信息,方便仓库人员快速找货、配货、发货,还能够对网店库存实时监控更新,一旦仓库库存量减少到设定值时,就会提前报警,提醒仓库人员及时补货。

5.1.4　物流绩效管理

1. 物流模式的分类

微课：物流管理

目前常见的物流模式主要有自营物流、第三方物流、物流联盟及物流一体化等几种。

（1）自营物流。所谓自营物流就是企业自身经营物流。这种物流模式需要电子商务企业自行组建物流配送系统，经营管理企业的整个物流运作过程。企业自营物流主要包括以下三类。

① 完全型自营。完全型自营是指企业为构造适应电子商务需要的物流系统，对物流各功能、各环节进行研究和管理，建立的一个功能健全、环节配套的物流运作系统的基本方式。

② 管理型自营。管理型自营分两种类型：第一种类型是企业在掌握物流管理主要权力的前提下，将有关的物流作业委托给物流企业去做，即从市场上购买有关的物流服务，如由专门的运输公司负责原料和产品的运输；第二种类型是物流服务的基础设施为企业所有，但委托有关的物流企业来运作，如请仓库管理公司来管理仓库，或请物流企业来管理运作现有的企业车队。

③ 整合型自营。整合型自营是指企业将各种物流资源系统、物流活动系统以及企业内外各种系统用供应链思想整合、集成起来，形成统一、高效的物流管理体系的基本方式。

（2）第三方物流。第三方物流是物流产业专业化发展和分工细化的结果，它是由相对"第一方"发货人和"第二方"收货人而言的第三方专业企业来承担企业物流活动的一种物流形态。第三方物流公司通过与第一方或第二方的合作来提供其专业化的物流服务，它不拥有商品，不参与商品买卖，而是为顾客提供以合同为约束、以结盟为基础的、系列化、个性化、信息化的物流代理服务。

（3）物流联盟。物流联盟是以降低交易费用为目的的多家物流企业或生产制造实体企业所构成的联合体。它基于电子商务基础上出现，是一种介于自营和外包之间的物流模式，并可以有效降低前两种物流模式的风险。这种物流模式的主要特征是费用风险共担和利益共享，通过互联网技术将分散的单个企业有效地连接起来，从而进行统一计划、统一调度，提高配送效率。

（4）物流一体化。物流一体化是指以物流系统为核心，由生产企业、物流企业、销售企业直至消费者的供应链整体化和系统化。它是建立在物流成熟发展和电子商务高度应用的基础之上的，旨在消除物流链条体系上下游成员之间的利益冲突，提高物流体系的运作效率。这种物流配送模式中物流企业与生产企业为代理合作关系。当客户订购商品后，生产企业通过将产品信息、客户信息等传输给物流代理公司，然后物流公司负责将产品发往客户的手中。

2. 物流模式选择的原则

一般情况下电子商务企业在选择合作的物流服务企业时，主要遵循以下几种原则。

（1）物流服务的方向与目标清晰。首先，在选择物流企业时，要考虑需要的服务水平应该达到怎样的一个层次，成本预估在什么样的一个范围内，即必须明确企业的物流方向与目标。

（2）只选对的，不选贵的。应该根据既定的物流目标结合自己的实际业务去选择合适的物流企业。并不是说那些大而全的物流企业就是最好的。

（3）行业内口碑好的公司受青睐。口碑对于企业选择的影响已是有目共睹。好的口碑在一定程度上影响了企业选择的侧重点。对于物流行业，口碑往往比广告所达到的效果要好得多。因此，作为电子商务企业在选择服务商时，需要了解各个物流服务商的口碑情况。

（4）个性化服务商更受欢迎。电子商务企业所服务的目标客户涉及各行各业，不同的目标客户会提出不同的服务需求，为了充分考虑客户的不同业务需求，就需要了解服务商的运行机制。

（5）业务形态决定服务商选择。不同的行业在选择物流服务商时考虑的因素不同。例如快消品行业一般会选择储运网络比较安全、最后一公里运输资源丰富及信息化程度比较高的企业；大宗物品会选择车辆资源比较丰富的以运输为主的企业；汽车、医药、化工等专业性比较强的企业会选择以本行业业务为主的企业等。

（6）信息化、标准化成为趋势。新零售时代，物流也在从劳动密集型向技术密集型转变，货主在选择服务商时，要充分考虑其信息化水平，还应考虑其仓库管理、货物运输的可视化、透明化水平等。一个信息化技术高的服务商，有助于企业对商品、在途运输的管理，可以随时对库存情况、签收情况进行调取，便于更加迅速地做出决策。

3. 物流服务的构成要素

网店的物流配送服务是指物流配送企业采用网络化的计算机技术和现代化的硬件设备、软件系统及先进的管理手段，严格、守信用地按客户的要求，进行一系列分类、编码、整理、配货等理货工作，定时、定点、定量地将商品送达各类客户，满足其对物流的需求。物流服务本身并不创造产品的形质效用，而是产生空间效用和时间效用。物流配送服务的构成要素主要有以下三个。

（1）备货保证。所谓备货保证，是指配送中心要拥有客户所需的商品，否则会让客户产生失望的情绪。好比超市，物品种类要齐全，并且要数量充足。备货保证的考核指标是在库服务率，即商品符合和满足顾客要求的此率。

（2）品质保证。所谓品质保证，是指配送的商品要达到客户所希望的质量要求，不能将过期的、有质量问题和有瑕疵的货物送给客户，否则会引起客户的不满和投诉。在配送中货物途中的物理损伤、仓储中损伤、运输中损伤、错误输送等几乎每天都在发生，配送中心要把客户需要的商品或服务最大化，不需要的商品或服务最小化。

（3）运输保证。所谓运输保证，是指物流企业要在客户希望的时间内把货物配送到客户手中。订货截止日期、进货周期、订货单位、订货频率等都是衡量配送中心运输效率的指标。

4. 物流服务的质量要求

从网店运营与管理角度看，物流服务属于客户服务的范畴，是客户服务的主要构成部分，是网店提供给客户的最终物流服务，或者说是让客户最终感受到的物流服务。物流服务的质量取决于物流系统的质量，与物流系统的各项工作的质量高低密切相关，相关物流服务质量要求有以下几点。

（1）产品可得性。产品可得性是配送服务最常见的度量，衡量的标准是可得产品百分比。

（2）备货时间。备货时间是指客户下单之后,配送中心完成备货需要的时间。

（3）配送系统信息。配送中心要关注配送信息系统对客户需求信息反应的及时性与准确性。

（4）配送系统的纠错能力。当数据出现错误时,配送中心要有应急方案,争取把损失降到最低。该项指标的衡量标准是应答与恢复的时间,这个时间越短,说明系统的纠错能力越强。

（5）配送服务后的支持。配送服务后的支持就是指售后服务,衡量指标是应答时间与应答质量。

5. 物流服务质量常见的问题及对策

（1）送货速度慢。对于配送速度不能达到客户要求的问题,改进方法包括:第一,重新拟定送货路线,选择时间较短的路线;第二,调整配送作业流程,对着急的客户可以先配送,对不着急的客户后配送;第三,考虑共同配送,把几个客户的货物集中在一起配送。

（2）送货不准时。要想提高送货的准时性,可以采用以下几种方法:第一,制定一个合理的配送管理规章制度和作业规范,并且严格执行配送管理制度;第二,测算送货所需要的时间;第三,加强人员业务培训,提高员工素质,这也是提高客户满意度的一种方法;第四,调整商品品种,适当增加经常缺货的商品的库存量。库存过多是浪费之源,配送中心要减少库存,但也要把握好度,要保证畅销商品有充足的库存。

（3）与客户缺乏有效沟通。配送中心有时缺乏与客户沟通的途径,为了解决这个问题,提高客户的满意度,应做到在店铺中公布多种客服方式及投诉处理程序,加强人员管理。这样就能把客户的意见和建议及时反馈到配送中心,也能把配送中心掌握的情况及时告知客户,减少误会的发生率,提升客户满意度。

（4）商品质量问题。在配送物品的过程中,有时会出现商品质量问题,对于这种情况,解决途径主要有以下几种:严格制定配送系统的岗位责任制,保证每个模块的工作质量都能达标;对工作人员进行业务培训,提高其工作能力;对配送物品进行严格检查,以保证其适宜及准确配送。

5.2　销售绩效管理

5.2.1　转化率分析

1. 转化率的概念及重要性

（1）转化率的概念。转化率是指在一个统计周期内,所有到达店铺并产生支付行为的人数与到达该店铺的总人数的比率。转化率高说明进店的客户中成功交易的人数比例高。要想网店销量好,就要让更多的进店客户下单购买商品,提高转化率。转化率是衡量店铺运营健康与否的重要指标。

$$支付转化率 = \frac{产生支付行为的客户人数}{所有到达店铺的访客人数} \times 100\%$$

例如,某网店某日有 1515 名访客,最终只有 169 人产生了购买行为,那么该网店的支付

转化率为

$$169 \div 1515 \times 100\% \approx 11.15\%$$

（2）转化率的重要性。从店铺的销售额和利润公式可以看出转化率的重要性。

销售额＝成交人数×客单价＝进店人数×转化率×客单价

从上述公式中，可以看到客单价和支付转化率都是影响销量额的因素。如果店铺流量转化率低，则可以思考一下会不会是商家获取的流量有问题？是不是流量不够精准？除流量不够精准以外，还需要考虑是不是店铺的装修、宝贝的详情页以及价格的原因等。

利润＝进店人数×转化率×客单价×净利润率

由于访客主要通过搜索、推广、信息流广告等途径进店，因此进店人数就等于这些途径的有效展现后产生实际点击行为的人数。转化率才是网店利润的源泉，是网店最终是否盈利的核心，提升转化率是网店运营与管理必须采取的战略决策。

2. 成交转化漏斗模型

成交转化漏斗是通过直观的图形方式，能详细显示出网店进行营销时，不同活动在不同阶段之间的关系和相应的营销效果，是一种科学反映推广效果转化全过程的重要模型。最理想的漏斗形状接近于圆柱形，意味着每一次有效的展现都能转化成订单，这也是每一个网店孜孜以求的目标。但是在实际情况中，没有任何一种推广方式能做到100%转化，转化漏斗的五层，从上到下，数量必然会逐层递减，如图5-4所示。要想使订单顺利往下流，就要步步为营，在营销推广的过程中，尽可能扩大漏斗的每一层。

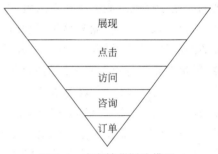

图5-4　成交转化漏斗模型

要利用好成交转化漏斗模型，光有展现量、点击量、访问量、咨询量、订单量五个基础数据是远远不够的，还需要详细分析点击率、访问转化率、咨询转化率、订单转化率。

（1）点击率。点击率就是点击量/展现量。通过这个数据，可以知道所展现的内容是否符合客户的需求，如果点击率很低，那么就意味着你的推广出现了问题，无法吸引客户的兴趣，需要改进广告的创意和关键字词，反之亦然，如果点击率较高，那么意味着网店推广是有成效的。

（2）访问转化率。访问转化率就是访问量/点击量。如果这个数据比较小，意味着有许多客户虽然点击了但并没有完全打开页面。访问转化率低可能有两种情况：一是网页打开的速度比较慢，客户不愿意继续等待；二是客户误点，就需要思考关键词是否有误导客户的情况。

（3）咨询转化率。咨询转化率就是咨询量/访问量。如果咨询转化率较低，就意味着客户在进入页面后没有产生强烈的购物意愿，或者没有产生咨询的意愿，这时候网店需要对页面进行美化和改进。

（4）订单转化率。订单转化率就是订单量/咨询量。如果这个数值比较大，那么意味着店铺的转化是非常成功的；反之，则意味着客户在与客户进行沟通后没有形成订单，这时候就需要强化客户的沟通技巧。

3. 转化率影响因素分析

影响转化率的因素很多,但是从消费者的角度来看,主要有以下五个方面的因素。

(1) 商品质量。商品是一个网店运营与管理的基础及核心。商品的质量、设计也是打动消费者的重要因素,优化店铺的货源与商品款式,也是提高转化率的重要手段。商品的销量对消费者来说是质量有保障的一个说明,买的人多,至少说明商品的质量不会太差,当然这里面也有从众心理在作怪。如果自己的商品让消费者找到了信心,那么下单的机会转化率就会大幅提高。

(2) 商品价格与促销。目前各类电子商务平台上的商品,同质化非常严重。这就为消费者货比三家提供了便利,同一件商品,如果价格偏高,那么转化率就会受到明显的影响。店铺的促销活动也是提高转化率不可或缺的手段,促销的方式多种多样,例如团购、秒杀、套餐、满就送、满就减、清仓、换季、发放抵价券、抽奖等。促销活动描述时也有一定技巧,有商家曾做过测试,原来的优惠活动为买 5 赠 1,把促销活动描述改为"第 6 条 0 元"后转化率明显提升。

(3) 购物环境。网店的购物环境基本都是基于视觉的,所以店铺装修、分类设置、活动引导、商品展示等均是购物环境的组成部分。店铺装修好不好看会直接影响浏览和收藏及转化,一家有自己独特装修风格的店铺不仅让商品锦上添花,还会让顾客产生兴趣和购买欲望。清晰、便捷的店铺设计,也能保证买家在最短时间内找到自己想要的商品,从而产生更高的成交转化率。消费者在网店购物与在实体店购物的体验是不一样的。在实体店中,访客可以真实地触摸商品,判断它的质量,但在网店购物时,顾客对商品质量的判断在很大程度上取决于商品详情页的设计。商品详情页的整体颜色、板块的布局设计、商品主图、文字描述都要尽量做到消除消费者在商品质量方面的疑虑,放心购物。

(4) 服务质量。店铺对消费者的服务贯穿整个购物流程,包含售前咨询、售中导购、售后服务、物流质量、退换货承诺等。专业的导购及良好的退换货承诺能让买家产生信赖,增强购买欲望。一般消费者来购物时,客服要耐心、礼貌地回答买家提出的问题,也可以根据买家提出的需求,相对推荐一些商品给买家,这需要客户服务人员非常熟悉自家店铺的商品。售后及物流也是购物体验的重要组成部分,良好的购物体验能带来回头客,而回头客转化率通常较高。

(5) 顾客评价。不少消费者在下单购买商品前会去查看该商品以往的顾客评价,所以顾客评价的内容、DSR 分值和买家的回复对转化率有重要的影响。如果商品的好评率较高,那么就能提高商品潜在消费者的购买信心。尤其是新上架的商品,好评率和好的评语对提升转化率至关重要,如果前面的人对这个商品的评价都很低,那么该商品的转化率是很难提升上去的。

5.2.2　动销率分析

1. 动销率的概念

动销率是一个比值,指店铺中有销售的产品的品种数与店铺所有商品总品种数的比率。一般按照月度进行商品动销率的评估,主要用来评估店铺经营商品的销售情况,是评价店铺经营商品结构的贡献效率的指标。

$$商品动销率＝\frac{动销品种数量}{店铺总品种数量}×100\%$$

2. 动销率分析

商品动销率等于100%,不一定就是正常现象,动销率小于100%也不一定就是滞销商品的原因。一般动销率分析结果,会出现以下三种情况。

(1)商品的动销率超过100%。表示在某个时段内,有销售的商品种类数量高于当时库存的商品种类数量,说明在该时间段内,店铺出现了种类数量流失的现象。商品的动销率超过100%的原因主要包括商品严重缺货、商品停进停销、存在虚库存。例如实际上某类商品有货,但库存数为0。

(2)商品的动销率等于100%。从表面上看,店铺所有的商品种类都有销售,而且都符合消费者的需求,店铺的商品种类还存在待发展的空间。但造成这种现象很大程度上是因为有错误的数据或某些特殊原因,主要包括长期没有维护缺少的商品种类、动销的商品长期缺货或结构性商品缺货、存在虚库存。

(3)商品的动销率低于100%。说明店铺在某个时段内,存在一定比例的滞销商品,原因主要包括存在结构商品、同类商品的种类过多、商品的引进与淘汰不成正比、存在虚库存,例如实际上某类商品无货,但库存数不为0。

3. 动销率的优化管理

(1)动销率过高,或超出100%。对于动销率过高,甚至超出100%的商品类别,要加强对这些类别中商品缺货的管理,特别是一些畅销、常销商品和结构性商品的缺货管控。另外,对虚库存商品要进行调整,保证数据的准确性。

(2)动销率低于100%。当店铺的整体动销率低于100%,而且处于一个较低水平时,需要对店铺的滞销品进行管控和调整:加强对消费者习惯的数据分析,并进行消费心理调研,根据消费者的需求谨慎选择新品的种类;重新对滞销品进行上架处理,并且规划和制定新的营销策略;若确定某一类商品在数月内销量都是0,采取一定促销手段后,依旧没有起色,则考虑该类产品下架。

5.3　财务绩效管理

尽管新技术发展不断推动商业变革,创造价值和实现价值的方式也在不断改变,但网店运营本质并没有发生变化,仍然是成本、效率和体验,并通过业务流程再造、组织变革和管理创新等途径,努力实现"物流""资金流""客流"三流合一,降低运营成本、提升运营效率和改善用户体验,实现网店增值和盈利的目标,持续改善财务绩效。下面分别就成本和盈利能力两个方面进行分析。

5.3.1　成本分析

1. 商品成本

商品成本是店铺总成本中最关键的部分,这部分的成本控制主要是控制采购成本,如果有优质的供应链,就可以大幅降低货品的成本。其次是尽量降低物流、仓储、包装方面的成本,现在的快递费用确实没有压缩的空间了,但包装、设计、物料还有很多可以节省的。

例如,某网店主营女士箱包,店铺 70％类目的宝贝来自当地的批发市场,其余 30％类目的宝贝则是选择从阿里巴巴批发商城进货。商品成本包括进货成本、人工成本、运输成本和损耗成本。在当地的批发市场进货,除进货成本以外,会产生一定的人工成本;而在阿里巴巴批发商城进货,除进货成本以外,会产生一定的运输费用,并且在运输途中可能出现商品损坏、商品丢失等情况。因此,该网店商品成本的构成如图 5-5 所示。

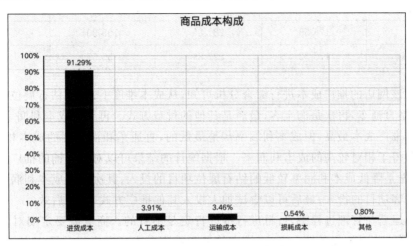

图 5-5 某网店商品成本的构成

假设该网店某次进货的商品总成本为 20 000 元,根据店铺商品成本的构成比例,可以计算出该网店两种不同进货渠道相对应的商品成本。通过当地的批发市场进货所产生的进货成本为 20 000×91.29％×70％＝12 780.6(元),其中人工成本为 20 000×3.91％＝782(元),进货成本消耗率为 782÷12 780.6×100％＝6.12％。通过阿里巴巴的批发商城进货所产生的进货成本为 20 000×91.29％×30％＝5477.4(元),其中运输成本为 20 000×3.46％＝692(元),损耗成本为 20 000×0.54％＝108(元),进货成本消耗率为(692＋108)÷5477.4×100％＝14.60％。将该网店两种不同进货渠道相对应的商品成本整理成表,如表 5-1 所示。综合以上两种不同的进货渠道进行商品成本分析可知,从当地的批发市场进货的成本消耗率为 6.12％;从阿里巴巴的批发商城进货的成本消耗率为 14.60％。因此,为了降低商品成本,该网店可以适当考虑减少店铺在阿里巴巴的批发商城进货的比例。

表 5-1 某网店两种不同进货渠道的商品成本   单位:元

进货渠道	进货成本	人工成本	运输成本	损耗成本
线下的批发市场	12 780.6	782	无	无
线上的批发商城	5477.4	无	692	108

2. 推广成本

当网店发展到一定阶段以后,往往就需要通过有效的营销推广方式来吸引流量。商家在进行营销推广时,除应该考虑推广的方式和推广的效果以外,还应该关注推广的成本。推广成本在网店运营与管理成本中占比较大。淘宝网店的最常用的付费推广方式有直通车、淘宝客及钻石展位,下面就以某淘宝网店的付费推广方式为例进行推广成本分析,该网店最近 30 天付费推广的成本、成交额、利润及成本利润率等数据如表 5-2 所示。

表 5-2　某网店不同推广方式的成本利润率

推广方式	成本/元	成交额/元	利润/元	成本利润率/%
直通车	305.60	526.76	221.16	72.37
钻石展位	775.48	900.09	124.61	16.07
淘宝客	176.55	281.85	105.30	59.64
其他	172.32	227.89	55.57	32.25

通过对该网店的推广成本进行综合分析可知,从成本维度上来看,钻石展位的推广成本最高,其次是直通车,再次是淘宝客,最后是其他的付费方式。再结合成本利润率进行分析,钻石展位的推广成本最高,但成本利润率却是最低的,直通车和淘宝客的成本相对较低,但是它们却取得了相对较高的成本利润率。根据统计的结果可以对该店铺的推广方式进行适当调整,首先是降低成本利润率较低的钻石展位项目的投入;其次增加成本利润率较高的直通车和淘宝客项目的投入;最后可以尝试加大投入其他推广方式,以观后效。

在网店运营与管理过程中,盲目进行推广肯定是不行的。商家需要定期对网店的推广进行有效的数据分析,找到推广方式、推广效果和推广成本三者之间的平衡点,挖掘出最优的推广方式,再对网店的推广方案进行有目的、有方向的策略调整。

3. 固定成本

固定成本是指在一定期间和一定生产规模限度内,不随产品产量变化的费用。对网店而言,固定成本一般包括场地租金、员工工资、网络信息费用及相关的设备折旧费等。例如,某网店现有 3 名客服人员,2 名美工人员,2 名数据运营人员。商家对该网店近 3 个月的固定成本进行了数据统计分析,如表 5-3 所示。

表 5-3　某网店固定成本数据统计　　　　　　　　　　　　　　单位:元

月份	场地租金	员工工资	网络信息费	设备折旧	合　计
1 月	2000	28 000	50	389.29	30 439.29
2 月	2000	20 600	50	145.82	22 795.82
3 月	2000	24 000	50	168.44	26 218.44

通过对该网店的固定成本数据分析可知,场地租金和网络信息费是固定不变的,员工工资和设备折旧费会有小幅度的变动。但是,员工工资与店铺成交额紧密相关,员工工资越高,意味着店铺成交额越高,所以商家尽可能调动员工的工作积极性,制定合理完善的绩效考核制度。

5.3.2　盈利能力分析

盈利能力对于店铺整体运营战略和财务绩效的实现有着至关重要的影响力。网店盈利能力是指企业获取利润的能力,研究的是利润与收入和成本之间的比率关系。一般而言,利润相对于收入和资源投入的比例越高,盈利能力越强;比率越低,盈利能力则越弱。由于利润额的高低不仅取决于商品的运营,还受到各个时期生产规模和商品结构变化的影响,因此商品盈利能力分析的指标依据企业性质的不同而略有变化。一般情况下,网店盈利能力分析主要从商品毛利率、商品结构、SKU、客单件等方面进行。

1. 毛利率

毛利率是毛利润占销售额的百分比。

$$毛利率 = \frac{销售收入 - 销售成本}{销售收入} \times 100\%$$

显然,最终影响毛利率的因素本质上包括两个部分:一是销售成本;二是销售收入。网店的销售成本包括商品的进货货本、人工成本、运输成本、损耗成本以及推广成本、固定成本等。成本越高,利润越低。影响销售收入的因素则主要由商品销售单价和销售数量决定。商品销售数量的变化对毛利率有直接影响,在商品进销价格不变的情况下,销售数量越大,毛利率越高,成正比关系。同理,销售单价与毛利率也成正比关系,但销售单价并不是越高越好,因此不能简单地追求单价最大化。如何以更小的销售成本获取更多的销售收入,是每个网店非常关心的问题。商家要提升毛利率,最理想的状态就是提升店铺销售额,同时降低店铺的销售成本。

2. 商品结构

商品结构是指一个网店各类商品的比例关系,合理的商品结构必然是定位明确、比例适当、相互关联并相互促进的,它是店铺运营到一定阶段,进入良性发展的基础。分析商品结构,可以帮助企业及时理清经营思路、监控市场风向、合理安排库存、打造商品竞争优势、制定有针对性的推广策略,从而有效提升商品销量。根据商品定位,可以将商品结构划分为形象商品、利润商品、常规商品、人气商品和体验商品。通常情况下,形象商品占 10% 左右,利润商品占 20% 左右,常规商品占 50% 左右,人气商品占 15% 左右,体验商品占 5% 左右。商品结构及比例也不是固定不变的,需要在网店运营与管理过程中根据市场变化、季节变化,或是引进新商品、现阶段的运营目标难以实现时不断调整优化。

3. SKU

SKU(stock keeping unit)是库存进出计量的基本单元,可以是以件、盒、托盘等为单位。SKU 现已被引申为产品统一编号的简称,针对电商而言,SKU 指商品的销售属性集合,每款产品均对应唯一的 SKU,一款产品多色,则有多个 SKU。SKU 分析是基于单品进行的,分析内容通常包括 SKU 定价是否合理、商品属性是否符合用户偏好、SKU 结构是否合理、营销是否有效、访客行为偏好分析和销售趋势分析等。SKU 分析的维度众多,分析方法也并不唯一,通常情况下,以收藏转化率、加购转化率、支付转化率、支付金额为研究对象。

4. 客单件

客单件是指统计时间内,每一位成交客户平均购买产品的数量,即平均交易量。

$$客单件 = \frac{交易总件数}{交易笔数}$$

网店的销售额由客单价和客流量共同决定,而客单件则是影响客单价的重要指标。在流量相同的前提下,客单件越多,客单价越高,销售额也就越高。提升客单件的主要途径在于尽可能地唤起顾客的购买欲望,包括产品组合多元化、关联推荐、促销活动和推销技巧等。

5.4   团队绩效管理

5.4.1   团队搭建与职责

1. 组织架构设计

一般的企业组织架构类型分为两种,分别是扁平式结构和金字塔型结构。扁平式结构是一种适合学习型组织的结构,在扁平式结构中,管理者与被管理者的界限模糊,权力分层和等级结构弱化,个人和部门在一定程度上有了相对自由的空间。金字塔型结构是传统常用的企业组织架构类型,在金字塔型结构中,又进一步分为直线制、职能制、直线职能制、事业部制、模拟分权制和矩阵制。下面主要介绍一下在网店运营中常见的直线制和直线职能制组织架构。

(1)直线制组织架构。直线制组织架构是指企业由最高管理者至最低执行者之间的行政指挥系统架构类似于一条直线,一个下级只对一个上级负责,一个下级也只由一个上级进行管理的组织与管理架构。

直线制组织架构是网店发展初期的一种简单的组织结构形式,如图 5-6 所示。除店长之外,不同岗位按照职责主要分为运营、美工、客服、物流仓储四个岗位。直线制组织架构的特点是组织中的一切管理工作均由店长直接指挥和管理,不设专门的职能机构。这种组织中,上下级的权责关系是直线型,上级在其职权范围内具有直接指挥权和决策权,下属必须服从。这种组织架构形式具有权责明确、命令统一、决策迅速、反应灵敏和管理机构简单等优点,但缺点是权限高度集中,易于造成家长式管理作风、形成独断专行、长官意志,组织发展受到管理者个人能力的限制,组织成员只注意上下沟通,而忽视横向联系。这种组织架构的适用范围有限,它只适应于小规模组织,或者是组织规模较大但活动内容比较单纯的组织。

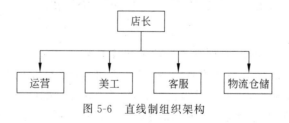

图 5-6   直线制组织架构

(2)直线职能制组织架构。当网店不断发展,组织规模进一步扩大时,店长一人难以负担全部的管理职能,此时就需要进行组织优化,调整成更为成熟的直线职能制组织架构,如图 5-7 所示。企业按照发展状况不同可分为运营、管理、售后和供应链四大系统,各系统再根据工作职责不同进一步划分为不同职能部门。

直线职能制组织架构中各职能部门在自己职能范围内独立于其他职能部门进行工作,各职能人员接受相应的职能部门经理或主管领导。直线职能制组织架构是以直线制为基础、直线指挥系统和职能系统相结合的组织形式。它摒弃了职能式机构多头领导、指挥不统一的缺点,保留了职能式结构管理专业化的优点,又吸取了直线制结构统一指挥的优点,因

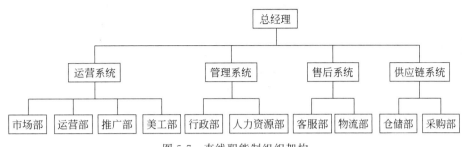

图 5-7　直线职能制组织架构

而是一种有助于提高管理效率的组织形式。

2. 团队工作职责划分

下面以直线职能制组织架构的电子商务企业为例,认识运营、管理、售后和供应链四大系统中各个部门的工作职责及相关内容。

(1)运营系统。运营系统是指电子商务企业中负责各平台店铺整个运作工作的各部门群体的统称。它的职责是获取市场行情、把控电商企业运行状况、根据网店运行策略制作和优化网店页面、监控平台网店运行状况以及组织和参与市场活动等。运营系统中按照工作职责划分为市场部、运营部、推广部、美工部。

① 市场部。市场部主要负责市场调研、产品信息收集、市场活动执行等工作。在市场部中,由于岗位职责的不同又可划分为市场主管和市场专员两类工作岗位。市场主管主要负责把控市场活动的主体进程,对于电商企业在市场中的发展提出决策性建议;市场专员主要负责整合和收集信息,按照市场主管的安排完成基础性工作。

② 运营部。运营是围绕电商企业网店运行所做的系列工作,包括网店流量的监控分析、目标用户客群研究、网店运营数据统计、网店日常更新与维护等。

③ 推广部。推广部的核心工作是为网店引流,吸引顾客对网店产生兴趣。作为网店推广人员来讲,一方面,要对网店所在电子商务平台的各种玩法熟稔于心,能够根据平台规则为网店策划和组织一些平台内的推广活动;另一方面,还需要对电子商务平台外的各个推广渠道有一定的熟悉和了解,能够帮助网店在其他平台渠道,如抖音、微博、微信等实现品牌推广。

④ 美工部。美工部是由原先的网店美工拓展出来的一个部门,其中的美工人员主要负责网店装修、商品图片的设计与美化、网店活动海报素材等内容的设计与制作等工作。网店美工的工作价值在于对网店和商品进行全方位的视觉处理和优化,使其能够激发消费者的购买欲望,因此美工部人员需要与其他部门尤其是运营部和推广部的同事做好沟通协调工作,以保证能够设计出更符合消费者审美观感的页面素材。

(2)管理系统。管理系统主要承担电子商务企业内部的管理职责,主要分为:行政部和人力资源部两个部门。

① 行政部。行政部主要负责电商企业内部行政制度的拟定和实施,以及办公设备、用品采购和管理、活动组织、车辆管理等各种繁杂事务。行政部的工作对于整个电子商务企业具有一定的统筹协调性,因此对于行政部人员的工作能力的综合性和协调性有较高的要求。

② 人力资源部。人力资源部主要负责对于整个电商企业进行人力规划、招聘、薪资、培

训、绩效等各方面的工作。人力资源部对于整个工作的能效负责,因此往往需要结合企业领导层的需求制定各种绩效考核和奖励制度,以激发企业人员工作的积极性。

(3)售后系统。顾名思义,售后系统是专门负责电子商务企业售后工作的系统,无论是好评的追加,与顾客后续的联系,还是快递的选择,物流的跟进,都由这个系统负责。售后系统中主要包含两个部门,分别是客服部和物流部。

① 客服部。客服部主要负责后台的订单审批、到账确认、订单完结、积分处理、退货处理、退款处理,以及网上顾客的投诉和咨询处理。随着企业规模的扩大,网店客服又可详细分为售前客服、售中客服和售后客服。售前客服主要负责顾客的售前咨询、销售促单、会员回访等工作,售中客服主要负责订单查询、订单追踪等工作,售后客服主要负责顾客投诉、商品退换货、商品维修等一系列售后问题处理的工作。

② 物流部。物流部负责商品挑选、质检、配货、打包、发货、库存管理等物流相关事项。在跨境电商中,对于物流人员的要求会更高,需要熟悉 eBay、速卖通、亚马逊等平台的物流功能,对于空运、海运、海外仓等的申请和操作方法要非常熟悉。

(4)供应链系统。供应链系统指的是负责电子商务企业产品供应的整个系统,包括仓储部和采购部。

① 仓储部。仓储部主要负责仓库货品的保存、记录、跟进及监控工作,是电商企业中必要的供应保障部门。仓储部一般要和物流部以及客服部保持好互动沟通,做好所有的出仓、入仓登记,保证好仓库货品数量的准确无误。

② 采购部。采购部主要负责产品货品的选购采购,一般负责电子商务企业货品流程的前期工作。采购部门决定了整个网店的货品供应和初期成本,因此采购人员的工作责任也非常重大,作为一名合格的采购人员,需要不断寻找可靠货源以及性价比高的产品,挖掘和引进新供应商,同时维护好与老供应商之间的关系,把控好货品品质,确保库存周转、采购质量和成本良性化。

5.4.2　团队激励与考核

1. 团队的激励方法

网店运营与管理团队常用的方法有三种,分别是竞争激励、奖励激励、个人发展激励。

(1)竞争激励。适当地引入竞争机制能够在一定程度上激发团队成员的进取心,使他们力争上游,发挥出自己的最大潜能。需要注意的是,竞争激励的目的是鼓励先进、促进发展,因此应该将重点放在关注表现突出的人员,对于在竞争机制中表现落后的人员应提供帮助,提高其积极性。竞争激励的方式主要有优秀员工榜和竞赛等。

(2)奖励激励。奖励激励主要通过提供各种奖励措施激发团队成员工作中的积极性。奖励激励的重点是奖励,因此选择团队成员感兴趣的奖励方式非常重要,常见的奖励激励有加薪、分配股权与期权、旅游、休假、其他形式的奖励等。

(3)个人发展激励。对于一些有积极进取心的团队成员而言,纯粹的物质奖励并不能够完全打动他们,个人职场能力的肯定和成长才是他们所看重的。常见的个人发展激励包括培训及其他学习机会和岗位晋升。

2. 团队 KPI 考核设计步骤

KPI 即关键绩效指标(key performance indicator),是指通过对组织内部流程的输入端、输出端的关键参数进行设置、取样、计算、分析,衡量流程绩效的一种目标式量化管理指标。KPI 考核设计主要分为三个步骤,分别是汇总信息、与团队成员进行有效沟通、制订绩效考核计划。

(1) 汇总信息。KPI 考核计划关系团队的整体运营及发展,因此在制订前需要汇总各方面的信息,帮助各部门管理者制订出各方都满意的绩效考核计划。汇总信息主要包括三方面的内容,分别是汇总与企业相关的信息、汇总与部门相关的信息、汇总与员工相关的信息。

(2) 与团队成员进行有效沟通。与团队成员进行有效沟通是制订绩效考核计划的重要环节。在这个过程中,团队管理者要与团队成员就绩效目标与绩效考核标准展开深入交流并达成一致意见。在与团队成员进行沟通时,为了保障良好沟通效果的实现,需要遵循平等沟通原则和互动沟通原则。

(3) 制订绩效考核计划。制订绩效考核计划是 KPI 考核设计的核心环节。制订绩效考核计划包括制定各岗位 KPI 考核指标、确定 KPI 考核评估周期两步。不同岗位的考核指标有一定的区别,但无论是哪一岗位,岗位 KPI 考核指标都需要确定三个方面的内容,分别是考核指标名称、评分标准及权重分配。KPI 考核一般都有一定的时间限制,根据时间限制的不同,考核内容、评价标准及考核指标方面会有细微的区别,常见的 KPI 考核评估周期分为年度、季度、月度三类。

3. 团队 KPI 数据化考核指标体系

数据是管理的基础,高效管理应基于各种可计量的数据,如果没有数据,则无法准确衡量各岗位的工作业绩,从而做不到精确考核,也就谈不上高效管理。具体数据不但利于监督和考核,而且也让奖惩度量有了具体的依据,所以网店一般会制定好适合店铺发展的、相对公平且行之有效的 KPI 数据化考核指标,再按照 KPI 数据化考核指标进行系统的管理,以实现良好的团队激励作用。下面以售前客服岗位、售中客服岗位、售后客服岗位为例,给出常用的 KPI 数据化考核指标体系,但是在实际工作中各个店铺还需要根据自己的需要进行调整和完善。

(1) 售前客服 KPI 数据化考核指标体系。售前客服岗位的 KPI 主要包括主动性、平均响应时间、询单转化率等几方面指标,其具体评分标准、分值和权重比等内容如表 5-4 所示。

表 5-4　售前客服 KPI 数据化考核指标体系

KPI 指标	详 细 描 述	评分标准	分值	权重比
主动性	在客户购物的过程中,主动与客户交流的次数,假如抽查了 10 次,8 次主动交流,则主动率为 80%	100%	100	30%
		95% ~ <100%	90	
		90% ~ <95%	80	
		80% ~ <90%	70	
		70% ~ <80%	60	
		<70%	50	

KPI 指标	详 细 描 述	评分标准	分值	权重比
平均响应时间	从客户发起咨询到客服回应所用的时间的平均值,单位为秒	＜20	100	30%
		20 ～＜30	90	
		30 ～＜40	80	
		40 ～＜60	70	
		60 ～＜80	60	
		≥80	50	
询单转化率	在客服接待的询单客户中,下单购物的客户数量占接待的询单客户数量的比例	≥70%	100	40%
		65% ～ ＜70%	90	
		60% ～ ＜65%	80	
		55% ～ ＜60%	70	
		50% ～ ＜55%	60	
		＜50%	50	

例如,某网店售前客服在 2022 年 9 月的主动性分值为 95 分,乘以其权重比 30%,则其主动性的最终得分为 95×30%＝28.5(分);以此类推,平均响应时间分值为 70 分,乘以其权重比 30%,最终得分为 21 分;询单转化率分值为 80 分,乘以其权重比 40%,最终得分为 32 分;则该售前客服的 KPI 得分＝28.5＋21＋32＝81.5(分)。此分数属于中上等水平,可据此分析该售前客服在平均响应时间方面还可做进一步提高。除了以上考核维度,还可制定其他的加分项和扣分项,例如销售金额较大的订单奖励 5 分,客单价当月第一的奖励 3 分,询单转化率当月第一的奖励 3 分,由于个人原因造成客户投诉的扣 2 分,客户评价中点名被批评的扣 2 分等。

(2) 售中客服 KPI 数据化考核指标体系。相比售前客服岗位和售后客服岗位,售中客服岗位的工作较为简单,其可考核的内容也相对较少,具体包括确认订单、修改订单、确认发货和客户关系处理等,参考指标如表 5-5 所示。售中客服人员在修改订单时,应及时为订单做备注。如果遇到订单异常的情况,应及时协商处理该异常订单,直到该笔交易结束。平时应整理和分析快递与库房的交接问题,提出改进意见。客服主管将根据售中客服的具体表现酌情加分。

表 5-5　售中客服 KPI 数据化考核指标体系

KPI 指标	详 细 描 述	评分标准	分值	权重比
确认订单	确认订单付款信息和商品信息	订单无误	100	20%
		订单付款信息有误	90	
		订单商品信息有误	80	
		订单付款信息和商品信息皆有误	50	

KPI 指标	详 细 描 述	评 分 标 准		分值	权重比
修改订单	修改订单价格,关闭无效订单	修改订单无误		100	30%
		关闭订单有误		90	
		修改价格有误		80	
		修改有误导致投诉		50	
确认发货	查看订单信息,确认备注信息	订单核实无误		100	20%
		订单核实有误但及时修改		90	
		订单核实有误导致退换货		80	
		订单核实有误导致投诉		50	
客户关系处理	把已经购买的客户加入旺旺群、微信群等			由客服主管打分	30%
	根据店铺活动内容定期为老客户推送促销信息,并以值班时间为准,对群内客户咨询做出回应				
	整理和分析在客户关系处理中的问题和改善方法,并提出有效意见反馈给客服部主管				

（3）售后客服 KPI 数据化考核指标体系。售后客服岗位的 KPI 主要包括 DSR、成交转化率、订单支付率、客单价等几方面指标,其具体标准、分值和权重比等指标如表 5-6 所示。

表 5-6　售后客服 KPI 数据化考核指标体系

KPI 指标	详 细 描 述	评 分 标 准	分值	权重比
DSR	根据月初与月底进行对比服务动态评分	提高	100	25%
		持平	80	
		下降	60	
		严重下降	40	
成交转化率(X)	成交人数与进店咨询人数的比值	$X \geqslant 60\%$	100	30%
		$50\% \leqslant X < 60\%$	90	
		$40\% \leqslant X < 50\%$	80	
		$30\% \leqslant X < 40\%$	70	
		$20\% \leqslant X \leqslant 30\%$	60	
		$X < 20\%$	50	
订单支付率(F)	支付宝成交笔数与下单总笔数的比值	$F \geqslant 90\%$	100	25%
		$80\% \leqslant F < 90\%$	90	
		$70\% \leqslant F < 80\%$	80	
		$60\% \leqslant F < 70\%$	70	
		$50\% \leqslant F < 60\%$	60	
		$F < 50\%$	50	

续表

KPI 指标	详 细 描 述	评分标准	分值	权重比
客单价 （Y）	客服客单价与店铺客单价的比值	$Y \geqslant 1.3$	100	20%
		$1.2 \leqslant Y < 1.3$	90	
		$1.1 \leqslant Y < 1.2$	80	
		$1.0 \leqslant Y < 1.1$	70	
		$0.9 \leqslant Y < 1.0$	60	
		$Y < 0.9$	50	

同样地,售后客服岗位的 KPI 除了以上考核维度,还可制定其他加分项和扣分项。例如,执行力较强的客服可灵活加分,因客服的个人原因造成客户投诉的扣 2 分,客户投诉中点名被批评的客服扣 2 分等。

5.5　绩效诊断报告撰写

"无数据,不电商"。不管是实体店还是网店,背后都有一个庞大的数据库,作为运营人员,不仅要学会看懂店铺的数据,还要学会分析数据和诊断绩效。绩效诊断是网店运营过程中每个运营者的"吃饭工具"、必备技能。要运营好店铺,首先要清楚影响网店绩效的主要指标,然后深入分析这些指标,采集和分析数据,提出改进意见建议并撰写绩效诊断报告,这样才能帮助运营人员更好地调整运营策略,提高网店运营的效率和管理效果。

5.5.1　绩效指标体系搭建

一家网店业绩的好坏,关键看网店运营做得好不好?怎么评价?业绩指标,用业绩指标说话。业绩指标是由网店产生的数据通过分析加工转化得出。任何一家网店都要逐步实现运营数据化,以数据为指导思想,发现问题、解决问题,逐步使运营工作稳健地走上一个又一个台阶。

微课:运营各阶段的关键指标

1. 绩效指标的选取

网店绩效指标十分丰富,涉及电子商务市场经营环境数据指标、商品运营数据指标、流量运营数据指标、客户运营数据指标、供应链管理数据指标等多方面的业务指标。网店绩效指标选取需要针对不同的业务内容设定相应的衡量指标,以便更好地从数据量化层面分析网店运营与管理各方面的状况。下面以网店流量绩效诊断为例,分析可供选取的流量数量指标、流量质量指标、流量转化指标、销售业绩指标等。

（1）流量数量指标。

① 独立访客数(UV)。独立访客数是指访问某网店的访客数量。在网店流量分析中,该指标可以用来分析网络营销效果和反映网店访问者的多项行为指标,例如用户终端的类型、浏览器名称、版本等。

$$UV = 截至当前时间访问店铺页或商品详情页的去重人数$$

② 浏览量(PV)。浏览量是指网页浏览量或点击量。用户每次打开或刷新一个页面,该页面的"浏览量"都会增加。此指标可以用来反映网店或商品详情页对用户的吸引力。

$$PV = 网店或商品详情页被访问的次数$$

（2）流量质量指标。

① 跳失率。跳失率是指顾客通过相应入口进入,只访问了一个页面就离开的访问次数占该页面总访问次数的比例。该值越低,表示所获取流量的质量越好。

$$跳失率 = \frac{一天内来访店铺浏览量为 1 人次的访客数}{店铺总访客数}$$

② 点击率。点击率是指统计日期内,网店展示内容被点击的次数与被显示次数之比,即 clicks/views。它是一个百分比,反映了网页上某一内容的受关注程度,经常用来衡量广告的吸引程度。

$$点击率 = \frac{网店展示内容被点击的次数}{总展示次数}$$

③ 新访客占比。新访客占比是指一天中新访客数占总访客数的比例。该指标反映访问网店的新用户比例。如果店铺新访客占比过低,说明网店曝光偏少。

$$新访客占比 = \frac{来访店铺的新访客数量}{当天访客数量}$$

④ 停留时间。停留时间是指用户在网站或页面停留时间的长短。时间越长,则网店黏性越高,转化访客价值的机会也就越多。当网店的平均停留时长低于行业平均水平时,说明网店的黏性不足,用户体验不好,需要改进。

$$平均停留时长 = \frac{来访店铺的所有访客总的停留时长}{访客总时长（秒）}$$

⑤ 访问深度。访问深度又称人均页面浏览量,用来评估用户浏览了多少个页面。该指标用来衡量用户质量的好坏,访问深度越高,意味着用户对网站内容越感兴趣;但访问深度并不是越高越好,过高的访问深度可能意味着用户在网站中迷失了方向而找不到目标内容。

$$访问深度 = \frac{店铺页面浏览量}{店铺总访客数}$$

（3）流量转化指标。

① 下单转化率。下单转化率是指在统计时间内,下单买家数与访客数之比,即来访客户转化为下单买家的比例。下单转化率主要考验店铺和商品带给访客的感受,如果两者都能给访客带来良好的感觉,那么下单转化率就高。

$$下单转化率 = \frac{下单买家数}{访客数} \times 100\%$$

② 支付转化率。支付转化率是指统计时间内来访客户转化为支付买家的比例。此指标用来衡量网店对访问者的吸引力程度。如果网店的支付转化率低于同行水平,则说明网店对访问者吸引力不足,应积极寻找应对策略。

$$支付转化率 = \frac{支付买家数}{访客数} \times 100\%$$

③ 订单退货率。订单退货率是指商品售出后由于各种原因被退回的订单数量与同期总订单量的比率。此指标可以从退货订单数量程度来判断网店商品质量和售后服务质量。

$$订单退货率 = \frac{某段时间内的退货订单数量}{总订单量} \times 100\%$$

（4）销售业绩指标。

① 客单价。客单价是统计时间内每一个顾客平均购买商品的金额。该指标可以用来衡量每位买家的消费金额大小,如果客单价低于行业平均水平,则说明网店在关联销售、商品活动等环节存在不足,需要改进。

$$客单价 = \frac{统计时间内支付金额}{支付买家数}$$

② 支付金额。支付金额就是网店总销售金额,反映网店销售情况。通过支付金额的同环比,可以了解本网店销售变动的情况。通过支付金额的行业排名,可以了解本网店在行业内所处的地位。

$$支付金额 = 统计时间内买家拍下商品后支付的金额总额$$

③ 营业利润金额。营业利润金额是指统计时间内网店的盈利总额,反映网店的盈利情况。如果网店的营业利润总额低于网店经营的预期目标,则需要寻找原因,并采取措施进行优化。

$$营业利润总额 = 营业收入总额 - 营业成本总额$$

④ 营业利润率。营业利润率是指统计时间内网店的利润金额占收入总金额的百分比。该指标用来反映网店的盈利情况,营业利润率高表示网店盈利能力强;反之,则表示网店盈利能力弱。应该查找原因,并寻求对策。

$$营业利润率 = \frac{营业利润总额}{营业收入总额} \times 100\%$$

2. 绩效指标体系验证

建立了指标体系后,针对所建立的指标体系还需要进行验证,验证数据指标体系完整性、准确性和合理性,也就是对指标体系的质量进行评估。

（1）完整性验证。完整性验证是最基础的一项评估标准,用来评估指标缺失的程度。常见的情况是分析维度或指标缺失,导致指标体系不完整。如通过活动推广一款 App,经常会使用"下载量"这个指标来衡量推广的效果,缺失"注册量"。实际上大多数时候用户下载只是因为推广活动的利益,最后并没有注册使用 App,这就可能误导产品负责人,误以为 App 很受欢迎,这是典型的指标缺失。

（2）准确性验证。准确性验证是某个值与它所描述的客观事物的真实值之间的接近程度,就是指数据指标记录的信息是否存在异常或错误。常见的是指标所对应的数值或分析维度不准确。例如,运营人员在统计的数据中发现转化率是 134%,造成了转化率指标数据的信息与客观事实不符,这就是典型的指标所对应的数值不准确。

（3）合理性验证。合理性验证是指使用已有的指标体系所完成的分析目标能否反映实际情况,若不能则指标不合理。例如,以某女装网店第四季的销售数据为基础建立指标体系,规划未来年的销售额,则分析结果不合理。这就是典型的合理性验证反面案例。

5.5.2　绩效数据采集工具

网店运营过程中针对网店进行数据分析,已经成为每个网店运营人员每天的必备功课,它可以帮助运营人员准确地抓住用户动向和网店的实际状况。网店数据分析是一个非常复杂的过程,借助数据分析工具能够大幅简化运营人员的工作。对一般数据分析人员而言,目前市面上有数以百计的数据采集工具,其功能、用途、使用难易程度各异,在选择数据采集工具上可以从以下几方面考虑。

1. 采集工具的特点

(1) 适用范围。用户根据自身的不同情况,应当选择不同的数据采集器。例如生意参谋基础班可以采集到所属淘宝、天猫店铺的流量、销售、产品、运营相关数据;如要采集行业市场数据,则需要选择市场行情版;同时如果想要采集京东等其他平台店铺数据,则需要选择京东商智等相对应的数据采集工具;如果采集各大电商平台商品信息、商品售价、销量数据,除了使用店侦探等电商专业数据采集工具,有一定网页代码知识的数据分析人员还可以使用八爪鱼、火车采集器等专业网页数据采集工具。

(2) 数据类型。很多电商类数据采集工具所提供的数据并非项目运营实际数据,而是对实际数据进行转化后的展现,例如百度指数显示的数据并非是真实的客户搜索数量,而是将真实的搜索数量进行了转化,转化为指数数据予以呈现。

(3) 功能需求。专门针对电子商务类数据采集工具大多是数据分析工具中的一个功能模块,除能进行数据采集外,还具备一定的数据处理分析功能,例如使用逐鹿工具箱进行淘宝商品数据采集,采集完成后,系统还提供了对于数据分析结果的可视化呈现。

2. 采集工具的种类

在进行数据采集工具选择时,并非适用范围越广泛、功能越强大越好,核心选择要素是数据采集人员能够熟练操作,并能采集到所需的数据即可。

(1) 生意参谋。淘宝/天猫平台官方提供的综合性网店数据分析平台,不仅是店铺数据的重要来源渠道,同时也是淘宝/天猫平台卖家的重要数据采集工具,为天猫/淘宝卖家提供流量、商品、交易等网店经营全链路的数据展示、分析、解读、预测等功能,如图 5-8 所示。

图 5-8 生意参谋页面截图

(2) 店侦探。一款专门为淘宝及天猫卖家提供数据采集、数据分析的数据工具。通过对各个店铺、宝贝运营数据进行采集分析,可以快速掌握竞争对手店铺销售数据、引流途径、广告投放、活动推广、买家购买行为等数据信息,如图 5-9 所示。

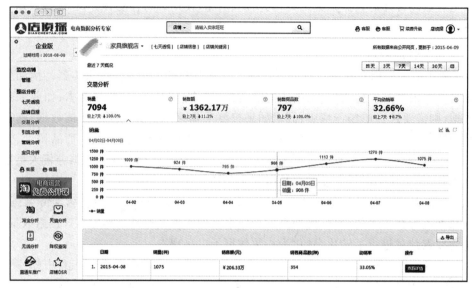

图 5-9　店侦探页面截图

（3）八爪鱼采集器。一款通用网页数据采集器，使用简单，完全可视化操作；功能强大，任何网站均可采集，数据可导出为多种格式，如图 5-10 所示。八爪鱼采集器可以用来采集商品的价格、销量、评价、描述等内容。

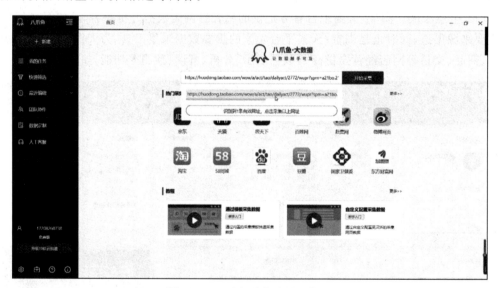

图 5-10　八爪鱼采集器页面截图

（4）火车采集器。火车采集器是一个供各大主流文章系统、论坛系统等使用的多线程内容采集发布程序，如图 5-11 所示。对于数据的采集，其可分为两部分：一是采集数据；二是发布数据。借助火车采集器可以根据采集需求在目标数据源网站采集相应数据并整理成表格或 TXT 导出。

网店绩效管理离不开绩效诊断报告的撰写。很多运营人员往往会忽略这一步，认为这

图 5-11　火车采集器页面截图

一步可有可无。实际上,撰写绩效诊断报告是对网店运营与管理的总结,发现当前运营过程中存在的问题,提炼管理过程中值得保持的优势,提出相关解决方案,让网店的运营与管理改进有据可依。

5.5.3　绩效诊断报告框架

绩效诊断报告一般包括六个部分,分别为标题、序言、摘要、正文、总结、附录。

1. 标题

标题制定时要求具有较强的概括性,通常情况下使用简洁、准确的语言表达出绩效诊断报告的核心分析方向,还可以将报告中的基本关系表现出来,从而使报告阅读者快速了解其内容。

2. 序言

序言通常包括扉页、目录和简介,主要用来阐述行业环境、企业现状的整体情况。扉页主要内容包括部门信息及报告的完成日期。目录是为了方便读者快速了解报告的内容而设置的。一般情况下,目录篇幅较短。最后,简介是整个报告的概括,包括该报告的研究目的、对象、内容、方法和数据源,并且给出结论,提出建议等。

3. 摘要

摘要的主要目的是让阅读者快速了解报告的基本结果,形成整体印象。其内容一般包括项目总体介绍、运行状况、核心指标、对策与建议等。

4. 正文

正文是绩效诊断报告的主要部分,包括环境分析、定位分析、网店概述、网店视觉诊断分析、商品分析、数据分析、营销转化七个部分。正文必须准确阐述完整的论据,包括问题的提出、数据的引出、论证分析的全过程以及对这些情况和内容所做的分析总结。

（1）环境分析。

对市场的整体情况分析：主要分析同类目店铺排行榜、同类目产品销量排行榜。

竞争者信息整理：收集整理同类目主要竞争者的网店运营、层级、销量、定位等方面的情况。

竞争力分析：运用 SWOT 模型、波特五力分析模型明确网店的竞争力。

（2）定位分析。

价格定位分析：分析低价位、中等价位和高价位商品对店铺的引流和盈利情况，并制定定价原则。

目标人群分析：分析目标人群性别、年龄、区域、消费等级等特点，制定人群画像。

产品定位：分析产品的质量和特点，明确产品是属于低端销售，还是中高端销售。

（3）网店概述。

网店名称：网店的名称或账号。

网店地址：在淘宝、拼多多、天猫、京东等平台的网店地址。

主营商品：细分类目。

网店定位：依据行业和自身现状，确定合适的定位。

网店运营策略：针对定位确定合适的运营策略。

网店视觉风格：确定适合网店定位的风格，制作首页、详情页等页面。

（4）网店视觉诊断分析。

首页：主要对设计风格、布局与结构、功能模块进行分析与优化。

宝贝页面诊断：主要对主图、详情描述、连带产品、利润产品分析与改进。

（5）商品分析。

SKU 数：网店商品数量。

商品分类：对所有商品进行分类管理。

定价策略：不同商品、不同平台的定价策略。

商品策略：商品品类开发结构/销售结构、上架频率、新品开发等。

爆款销量诊断：对爆款重要级次序、爆款流量级别次序、爆款转化级别次序、爆款销售额级别次序、爆款连带情况次序进行分析。

搭配组合诊断：对爆款搭配组合产品是否合理进行分析，并给予合理化建议。

差品诊断：针对高跳失产品、低转化产品、重要引流产品，分析原因并提出改进意见。

（6）数据分析。

流量来源分析：整体流量分布结构、免费/付费比例等。

成交来源分析：分析对比流量来源，哪些流量成交率最高或转化率最高。

推广效果分析：各个付费推广手段以及免费推广手段的实际引流效果分析，对于实际成交效果占比分析。看一下哪个手段引流好，销售高。

（7）营销转化。

活动策划：全年活动次数/活动盈亏情况分布(以时间为轴)、活动报名失败率及失败原因分析总结等。

客户服务：客服询单转化率(从客服人员的工作态度、人员任用、专业知识、销售技巧等方面做出建议)。

5. 总结

总结是绩效诊断报告的总结性文字,要认真阐述自己的新见解,将所得结果与已有结果进行比较,分析其优点和特色,有何创新和改进,对其运用前景和价值等加以预测和评价,并应指出绩效诊断报告中尚存在的问题和尚待解决的问题、研究设想以及进一步开展分析的见解和建议等。

6. 附录

附录是作为绩效诊断报告的补充内容,并不是必需的。对于有助于理解绩效诊断报告详细内容或有重要参考价值、篇幅过大或取材于复制品而不便编入正文的材料,或者是编入正文又有损于编排的条理和逻辑性的内容,可以考虑收入绩效诊断报告的附录。

5.5.4　绩效诊断报告撰写技巧

1. 绩效诊断报告的撰写要求

(1) 受众对象要明确。"报告是写给谁看的",这是撰写绩效诊断报告的起点。报告的对象一般是网店店长、管理人员、企业决策层,也可能是行业专家。撰写报告时,要从报告对象的角度组织内容、结构,以及报告里各个模块的侧重点。例如,受众对象是企业决策者,报告侧重点就在于关键指标是否达到目标预期,若未到达,为什么没有达到预期,需要进一步地拆解、细化数据指标来简要说明问题出在哪里,未来如何改进;若到达预期,主要做了哪些动作值得推广,并总结团队下一步的改进计划。

(2) 分析框架要清晰。一份绩效诊断报告是否能够完整、系统地展现应该回答的全部信息,是衡量报告使用价值的关键特效。好的绩效诊断报告一定是有层次的,能让阅读者一目了然、架构清晰、主次分明,让人容易读懂。值得注意的是,如果问题都界定不清楚,这份绩效诊断分析报告基本就失去"价值"(在界定问题的时候往往也需要一定的数据进行参考,而且对数据进行分析与解读过程中,可能对问题的界定还会有所改变)。

(3) 标准方法要科学。绩效诊断报告要体现客观性,就要做到两点:一是在数据提取、标准制定时做到准确,没有标准就无法判断好坏,但是标准需要对业务有深刻理解,并结合过往的经验来科学制定,并确保原始数据的正确性;二是在建立数据模型、选择数据分析方法时,要强调科学合理。

(4) 数据图表要规范。绩效诊断报告要遵循日常公文的基本格式,数据翔实规范,可以使用合适的图表展现数据,有助于阅读者更形象、更直观地看清楚问题和结论,当然,图表也不要太多,过多的图表一样会让人无所适从。值得注意的是,要明确图表使用原则、场景,例如折线图、面积图通常用来表示随时间变化的情况、趋势情况,而散点图、气泡图通常用来进行相关性对比。而一些重点的数据,可以用颜色、大小等来区分,让传达变得更加明显,要注意一般红色代表增长,绿色代表下降这些使用习惯。

(5) 分析结论要精准。一份绩效诊断报告,能有一个重要的结论就达到目的了,不要事事求多,如果别人看到问题太多,结论太繁,读不下去,一百个结论也等于 0。绩效诊断报告可以采用先抛出结论,再逐层验证的方式,这样方便阅读者快速读懂报告的目的,抓住核心信息,提升阅读体验,也有助于报告效果的达成。

（6）意见建议要可行。作为决策者，需要看到真正的问题，才能以便他们在决策时做参考，报告提出的意见和建议切记不要假大空，无法落地。值得注意的是，报告做出来后，一定要和受众对象进行沟通，收集反馈，随需应变。

2. 绩效诊断报告的数据化诊断思维

数据化诊断思维是绩效诊断报告撰写的核心思维。网店运营人员应该根据实际情况，充分运用相关数据进行阶段性的动态监控和及时诊断，分析存在的问题，提出有针对性的改进建议和优化方案。网店绩效的数据化诊断可以借助必要的工具或表格来实现。下面以 A 图书专营店为例，对其同类目店铺、同类目产品、高跳失产品、低转化类产品以及指定时间段内的主要运营数据指标，进行分析和数据化诊断，并提出简要的改进建议。

【诊断示例 1】 针对同类目店铺排行进行的数据统计，通过数据对比可以发现 A 图书专营店存在的问题，并提出相应的改进建议，如表 5-7 所示。

表 5-7　同类目店铺排行榜

排　名	店铺名称	店铺信用等级	热销指数	人气指数
1	D 图书专营店	商城	1478.35	8333
2	A 图书专营店	商城	1462.46	6815
3	B 图书专营店	商城	1425.43	7760
4	E 图书专营店	商城	1223.99	4468
5	C 图书专营店	商城	1128.27	5586

问题诊断：A 图书专营店热销排名在第二名，但是人气排第三名，想超越第一名，还需要在人气指数上下功夫

改进建议：①增加引流入口；②增强转化率

【诊断示例 2】 A 图书专营店通过对同类目产品的价格、销量、销售额以及销售率、升降进行统计和分析，进而发掘店铺产品存在的问题，通过分析问题，提出改进建议，如表 5-8 所示。

表 5-8　同类目产品销量排行榜

排名	书　名	价格/元	销售量/套	销售额/元	销售率/% 升降	所属店铺
1	正版 2023 年江苏省江苏公务员考试用书 ABC 类通用教材 3 本	70	337	23 590	4.8 ↓	B 图书专营店
2	正版行测申论真题 2023 年国家公务员考试用书国家公务员教材	59	268	15 812	9.15 ↓	B 图书专营店
3	包邮 2023 年浙江省公务员考试教材行测＋申论＋历年真题赠题	90	233	20 970	17.96 ↓	D 图书专营店
4	包邮 2023 年浙江省公务员考试教材行测＋申论＋历年行申送大礼包	92	179	16 468	297.78 ↓	D 图书专营店

续表

排名	书　名	价格/元	销售量/套	销售额/元	销售率/%升降	所属店铺
5	模块宝典第 7 版全套 2023 年国家公务员考试用书教材	245.9	168	41 311	18.31↓	C 图书专营店

问题诊断：B 图书专营店，一个店有 2 款产品在销量前 5 名里面，而 A 图书专营店一个也没有，说明该店没有拳头产品，流量带动也不强，人气低，因此销量会不稳定，优势不明显，很容易被超越

改进建议：①巩固店铺内热卖产品，打造成全网第一；②加强管理营销

【诊断示例 3】　A 图书专营店通过对高跳失产品排名前五的宝贝页访客数、跳失率、支付宝成交金额数据进行统计和分析，进而发掘店铺产品存在的问题，通过分析问题，提出改进建议，如表 5-9 所示。

表 5-9　A 图书专营店高跳失产品排行榜

宝贝名称	宝贝页访客数	跳失率/%	支付宝成交金额/元
包邮 2023 年职称英语考试教材真题通关宝典词典 卫生类 A 送光盘	609	73.88	3583.49
现货正版 2023 年职称英语等级 职称外语考试用书卫生类附光盘	1472	73	8268.79
包邮现货 2023 年职称英语考试新编英语多功能词典可带入考场	3660	70.79	12 985.11
包邮 2023 年湖南省公务员考试教材历年预测行测申论全套	290	70.49	3053.33
预售正版 2023 年全国职称英语等级考试教材理工类含盘赠 6 重大礼	4014	70.06	16 442.26

问题诊断：①产品页面卖点不够突出；②内容过多，而且不够精；③关联营销产品多且乱

改进建议：①主推产品的卖点一定要突出；②精简内容；③关联营销产品要少且精

【诊断示例 4】　A 图书专营店通过对低转化产品排名前五的宝贝页访客数、宝贝页成交转化率、支付宝成交金额数据进行统计和分析，进而发掘店铺产品存在的问题，通过分析问题，提出改进建议，如表 5-10 所示。

表 5-10　A 图书专营店低转化产品排行榜

宝贝名称	宝贝页访客数	宝贝页成交转化率/%	支付宝成交金额/元
包邮正版 2023 年国家公务员考试用书 第 7 版 模块宝典 6 册 国考	605	4.63	2959.39
包邮新大纲 2023 年国家公务员考试用书国考教材 真题全 3 册送大礼	1405	7.05	6063.06
包邮 2023 年北京市公务员考试用书教材预测 历年真题 全套 6 本	398	7.54	2722.03
预售官方指定正版 2023 年全国职称英语等级职称外语考试用书 综合类	3197	8.01	11 285.56

续表

宝贝名称	宝贝页访客数	宝贝页成交转化率/%	支付宝成交金额/元
现货包邮2023年国家公务员考试专项题库申论 行测全6本中公模块	573	8.20	3866.52
问题诊断：①无引导购买段落；②卖点不突出；③定位不清晰			
改进建议：①增加引导段落，突出卖点，引导客户购买；②让目标受众迅速了解书的用途和效果			

【诊断示例5】　A图书专营店通过对某一周的主要运营数据指标进行统计和分析，包括浏览量、访客数、支付宝成交金额、全店成交转化率、客单价、服务态度评分等，进而发掘店铺产品存在的问题，通过分析问题，提出改进建议，如表5-11所示。

表5-11　A图书专营店指定时间段内的主要运营数据指标

日期	浏览量	访客数	支付宝成交金额/元	全店成交转化率/%	客单价/元	服务态度评分
周一	7129	2783	21 783.21	10.20	76.7	4.828
周二	7544	2957	20 838.65	9.44	74.69	4.828
周三	8000	3068	20 387.31	8.02	82.88	4.828
周四	8373	3233	23 115.17	9.25	77.31	4.828
周五	7628	2956	18 804.37	8.395	75.82	4.828
周六	5457	2086	15 899.46	9.44	80.71	4.828
周日	5350	2256	17 905.16	9.84	80.65	4.828

问题诊断：从数据看周一到周五各项数据指标比较稳定，周末流量、访客、成交都明显降低，并且全店的成交转化率一直不是很高

改进建议：在周末时降低店铺投入成本，可以进行人员调休。另外提高客服话术、解决问题能力和回复速度，优化店铺单品页，尤其是流量大的产品一定要优化好，这样才可以带动店内其他产品，从而提高店铺的转化率，单品页做好关联营销，控制流量的跳失

"岗课赛证"融通专题训练

一、单选题

1. 下列属于阿里系物流公司的是（　　）。

　　A. 百世汇通　　　　B. 菜鸟物流　　　　C. 顺丰速递　　　　D. 圆通快递

2. 影响淘宝网转化率的因素不包括（　　）。

　　A. 基础销量　　　　B. 直通车出价　　　　C. 买家评价　　　　D. 商品详情页

3. （　　）是反映店铺商品的品质好坏和商品的性价比。

　　A. 退款率　　　　B. 跳失率　　　　C. 连带率　　　　D. 售罄率

4. （　　）越低表示所获取流量的质量越高。

　　A. 浏览率　　　　B. 支付率　　　　C. 跳失率　　　　D. 连带率

5. 以下属于网店运营成本的是（　　）。

　　A. 推广成本　　　　B. 经营成本　　　　C. 人员成本　　　　D. 以上都是

6. 影响淘宝网转化率的因素不包括( )。

　　A. 基础销量　　　　B. 直通车出价　　　　C. 买家评论　　　　D. 商品详情页

二、多选题

1. 转化率的影响因素主要有( )。

　　A. 人群定位　　　　B. 产品描述　　　　C. 商品评价　　　　D. 客户服务

2. 作为一个资深的卖家,其想通过优化店铺结构来提升店铺的转化率,则以下选项中的举措正确的是( )。

　　A. 产品选取推陈出新　　　　　　　B. 划分店铺产品结构

　　C. 投放直通车　　　　　　　　　　D. 设置钻展提高产品曝光量

3. 第三方物流模式又称( )。

　　A. 合同物流　　　　B. 契约物流　　　　C. 物流一体化　　　　D. 外包物流

4. 从展现到成交,转化漏斗模型的关键步骤是( )。

　　A. 点击　　　　　　B. 浏览　　　　　　C. 展现　　　　　　D. 订单

5. 提高质量得分主要通过对( )进行优化。

　　A. 客单价　　　　　B. 相关度　　　　　C. 转化率　　　　　D. 店铺状况

6. 某网店的女款 T 恤类目下有 100 个款式,平均每个款式有 6 个颜色、4 个尺码,其类目深度为( )个 SKU。

　　A. 80　　　　　　　B. 320　　　　　　　C. 400　　　　　　　D. 1600

7. 对于网店运营人员来说,提升销售额要做好的工作有( )。

　　A. 提高访客数　　　B. 提高转化率　　　C. 提高客单价　　　D. 提高利润率

8. 数据分析报告撰写与应用阶段需要电子商务数据分析师具备的能力包括( )。

　　A. 数据沟通能力　　　　　　　　　B. 数据提取能力

　　C. 项目工作能力　　　　　　　　　D. 业务推动能力

三、判断题（对的打"√",错的打"×"）

1. 店铺转化率低肯定是因为产品的问题。　　　　　　　　　　　　　　(　)

2. 咨询转化率的变化对店铺的销售额是没有影响的。　　　　　　　　　(　)

3. 跳失率是指只访问了一个页面就离开的访问次数占总访问次数的比例。　(　)

4. 跳失率越低越好。　　　　　　　　　　　　　　　　　　　　　　　(　)

5. 访客数＝有效入店人数＋跳失人数。　　　　　　　　　　　　　　　(　)

6. 登录页是指客户浏览的第一个页面,它不一定是网店首页。　　　　　(　)

7. 店铺促销品和新品相比更能带来利润的是促销品,更能带来流量的是新品。(　)

8. 网店的销售额是由客单价和客流量决定的。　　　　　　　　　　　　(　)

四、填空题

1. _____是指顾客的平均交易金额。

2. _____是专注于竞争对手分析的数据分析平台,只针对淘宝网购平台。

3. _____是流量的入口,也是转化的终结者。

五、案例分析题

随着数据成为未来商业发展的利器,锻造数据提炼和分析能力将会是每个优秀商家所必备的本领。要学会用数据找机会、找问题,应用相关统计分析方法对收集来的数据进行分析处理,提取有用的信息来形成结论和提出建议。只有实时的、实效的数据才是企业今后发展所需要的。根据数据走势可分析未来的发展趋势。通过对消费人群的特性分析,可以知道人们消费的行为和习惯;通过对市场的细分,可以选择更合适的目标市场,做好市场定位。数据可以用来诊断网店运营与管理的绩效。

淘宝卖家小王对店铺的历史运营数据进行了统计,细心的小王发现今年上半年店铺的生意虽然比以前好,但是店铺的利润涨幅并不明显,基本处于收支平衡的状态。店铺按照现在这种情况发展下去,到年底也仅是收支平衡,店铺甚至无法为客服人员提供承诺过的年终奖,会直接导致人员的流失,更关键的是店铺要进一步发展会举步维艰。因此,小王决定对店铺的财务绩效进行深入分析。

从销售、成本、盈利能力等方面入手,对该店铺进行全方位诊断,为小王制定出一份绩效诊断报告,并提出可行的意见和建议。

六、专项技能实训

登录"ITMC电子商务综合实训与竞赛系统"并完成至少两轮的实训操作,然后从办公室租赁费、库存费、网店装修费、推广费、商品采购费、物流运费、售后服务费、行政管理费、工资、税费等方面入手,尝试分析网店经营的成本,结合你所经营的商品盈利能力,思考如何提升网店的净利润?

第6章

网店运营与管理综合实训

商道传承悟思政

■**课程思政**：探古今商道，铸网店商魂。

培养学生勇于探索、身体力行、知行合一、实事求是的精神，弘扬理论联系实际的作风。

■**案例内容**：王亥身体力行开创商业贸易先河。

王亥（生卒年不详），子姓，王氏，名亥，商丘（今河南商丘）人，是商朝建立前商部落的统治者之一，为中国商业的创始人（图6-1）。王亥在商丘驯养牛马发展生产，促使农业迅速发展，发明牛车作为运输工具，拉着货物到外部落去搞交易，使商部落得以强大。但是，当时商部落民众并没有对外贸易的经验，对其他部落的情况也是知之甚少。在这种情况下，王亥便亲自充当贸易团队的首领，率领商部落的族人将多余的牛马和粮食运到其他地区进行交易。王亥的贸易团队所到之处受到热烈欢迎，由于他们是商部落人的关系，因此被普遍称呼为"商人"，而他们用来交易的物品被称为"商品"，他们所从事的交易事业在后世又被称为"商业"。王亥开创了商业贸易的先河，商朝建立后，追尊王亥庙号为"商高祖"，殷墟甲骨文中称"商高祖王亥""高祖王亥"。人们尊称王亥为"华商始祖"。

图6-1 华商始祖王亥

王亥重视农业生产和商业贸易，身体力行，知行合一，最终实现国富民强。"知是行之始，行是知之成"，应该理论联系实际做好网店运营与管理，在实践中探索数字化运营与管理之道。

商海遨游学本领

■**能力目标**：提运营之质，增管理之效。

理解网店运营与管理综合实训软件选用原则，熟悉市场需求数据分析和网店开通设置，掌握网店商品采购和发布、网店推广与促销、网店销售和客户服务等环节的实训操作，掌握网店增加流量和提升转化率的基本技巧，能够合理规划资金、控制成本，灵活调整经营策略，能够通过数个会计年度的训练，领悟网店敏捷经营之道，实现大数据环境下网店的精准运营。

■知识地图：网店运营与管理综合实训内容结构如图 6-2 所示。

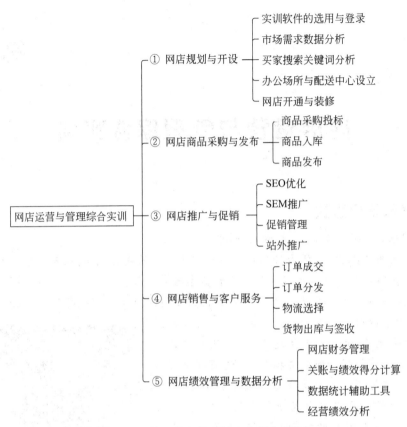

图 6-2　网店运营与管理综合实训内容结构

6.1　网店规划与开设

6.1.1　实训软件的选用与登录

　　网店运营与管理技能是从事网店店长、网店运营、网站推广、网店客户关系管理、网店商品运营、网店供应链管理、网店数据分析等电子商务职业岗位群工作所必须具备的核心技能。在选择网店运营技能实训软件时，需要立足学情，以学生为本，秉承"学以致用、授之以渔"的原则，帮助学生进一步掌握网店运营的流程、方法和技巧，培养学生整体的网店运营能力和实践操作技能，让学生能够通过数据分析提升网店运营效率和管理效果。为了提升网店运营技能实训的教学质量，本书选择中教畅享（北京）科技有限公司开发的"ITMC 电子商务综合实训与竞赛系统"的网店运营专项技能的实训软件。选择"ITMC 电子商务综合实训与竞赛系统"作为网店运营专项技能的实训软件，还考虑到该系统作为全国职业院校技能大赛高职组电子商务技能赛项的比赛软件，不仅软件本身成熟稳定、更新及时、操作界面友好、知名度高，而且能够应用该软件构筑赛训融合的仿真实训环境，优化教学过程，实现以训促学，有效提升学生整体的网店运营能力和实践操作技能。"ITMC 电子商务综合实训与竞赛系统"由网店开设装修、网店运营推广、网店客户服务三个子系统构成，在进行网店运营技能实训时仅需使用其中的网店运营推广子系统。

"ITMC 电子商务综合实训与竞赛系统"的网店运营推广子系统能够全流程模拟网店运营。首先将学生分成若干个团队，每个团队各自经营一个虚拟的网店，一般情况下每个团队由 4 人组成。每个网店拥有 500 万元虚拟启动资金，在同一市场环境下，同样的规则条件下相互竞争与发展。每个网店将依据市场数据魔方信息决定自己的定位和市场策略；通过租赁办公场所，建立配送中心，装修网店，采购商品设立网上商店；根据运营数据进行搜索引擎优化（SEO）操作、获取尽可能多的自然流量，进行关键词竞价（SEM）推广、获取尽可能多的付费流量；进行站外推广（电视广告、网盟、百度竞价排名）获取尽可能多的站外流量，引导买家进店消费；针对不同消费人群采取不同策略，制定商品价格，促成交易，提升转化率；处理订单，配送商品，结算资金；规划资金需求，控制成本，分析财务指标，调整经营策略，创造最大利润。通过数个会计年度的训练，让学生充分了解电子商务企业的敏捷经营之道，掌握网店如何提升流量和如何提高转化率的基本技巧，从而实现大数据环境下网店的精准运营。

在"ITMC 电子商务综合实训与竞赛系统"运营推广子系统网站（http://iec.vip.itmc.org.cn/），输入账号和密码，点击登录。学员账号一般设置为 a1、a2、a3、a4、…、a49、a50，初始密码为 123。实训软件的登录界面如图 6-3 所示。

图 6-3　实训软件登录界面

"ITMC 电子商务综合实训与竞赛系统"的网店运营推广子系统一般由 4 个人构成一个实训小组，每个实训小组分为店长、推广专员、运营主管、财务主管四种角色。如果每个小组有一个人负责实训软件系统操作的话，登录后直接使用店长角色即可。选择角色进入软件系统后，出现在面前是整个软件系统的操作流程，如图 6-4 所示。

6.1.2　市场需求数据分析

ITMC 网店运营技能实训软件内置了动态的市场模型——数据魔方，为卖家提供不同类目商品的市场需求信息以及基于大数据的关键词的相关数据信息。卖家可以通过数据魔方进行市场定位分析，并分析每个关键词的相关数据，制定自己的经营策略。

市场需求数据提供了某类商品在不同城市的市场平均价格以及四类不同需求人群的市场需求数量，如图 6-5 所示。卖家根据市场需求数据，分析热销商品，以尽可能低的价格采购商品；分析买家区域分布，就近建立配送中心；确定目标人群，推出团购、秒杀、套餐、促销等优惠活动，促成交易。

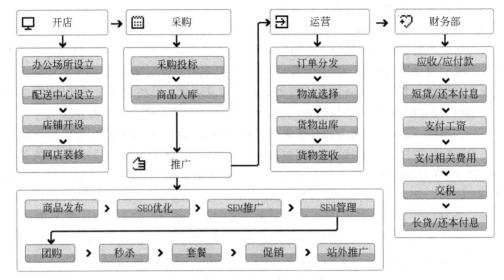

图 6-4　实训软件的操作流程

图 6-5　"数据魔方"界面

6.1.3　买家搜索关键词分析

买家搜索关键词数据提供买家搜索的关键词展现量、点击量、点击率、转化量、转化率、搜索相关性等信息。

关键词展现量(PV):该关键词在展位上所展现的次数。

关键词点击量(UV):点击该关键词不同 IP 地址的人数。

关键词点击率(CTR):点击该关键词的到达率。

关键词转化量:该关键词最终达成的实际成交数量。

关键词转化率(Click_ROI):由关键词引入的点击量与该关键词最终达成的实际成交

数量的比率。

关键词搜索相关性：与该关键词历史的搜索次数、PV、UV、CTR、转化量、转化率等相关，由数据魔方给出该数据。

根据关键词数据，判断"买家怎么来"。买家通过搜索关键词来寻找所需要的商品，一方面卖家通过优化标题的关键词尽可能匹配买家搜索的关键词，即 SEO，属于自然流量；另一方面卖家通过设置与推广商品相关的关键词和竞价价格，在买家搜索其中的某个关键词时，展现与该关键词相关的商品，并按照所获流量（点击数）付费，进行商品精准推广，即 SEM，属于付费流量。卖家通过 SEO 和 SEM 引导买家进店消费。

6.1.4　办公场所与配送中心设立

1. 办公场所设立

单击软件系统"开店"栏目下的"办公场所设立"，依次完成选择办公城市、选择办公场所类型和招贤纳士三部分操作，即可完成办公场所设立，如图 6-6 所示。

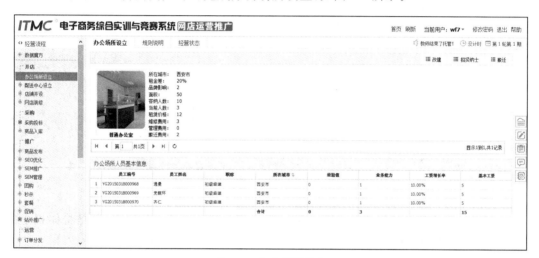

图 6-6　办公场所设立

（1）根据不同城市的城市影响力、租金差等信息选择合适的办公城市。每期办公室租金＝租赁价格×(1＋租金差)×1，其中租金差是不同城市之间租金的差别百分比。城市影响力关系到综合评价指数的计算。

（2）根据办公场所的容纳人数、租赁价格、维修费用等信息选择合适的办公场所。随着经营需求的变化，可以改变办公场所类型。若普通办公室改建为豪华办公室，需要支付租金差额；若豪华办公室改建为普通办公室，则不退还租金差额。也可以将办公室在不同城市之间搬迁，搬迁时需要支付搬迁费用，不同办公室搬迁费用不同。若搬迁至租金高的城市，则需补充相应差价；反之，搬迁至租金低的城市时，不退还差价。办公场所只能在全国范围内建立一个。

（3）根据员工的业务能力、工资增长率及基本工资选择合适的人员。每期人员工资＝基本工资×(1＋工资差)×1，其中工资差是城市之间的工资差别百分比。员工的业务能力关系企业综合评价指数的计算。员工的经验值关系企业综合评价指数的计算，员工每期累加 1 个单位的经验值。

2. 配送中心设立

根据市场需求及不同城市的租金差、物流运费、工资差、是否支持邮寄等信息选择合适的城市设立配送中心。每期配送中心租金＝租赁价格×(1＋租金差)×1。每期人员工资＝基本工资×(1＋工资差)×1。每个城市只能建立一个配送中心。

(1) 配送中心租赁。如图 6-7 所示，单击软件系统"配送中心设立"栏目，然后在页面上方单击"租赁"按钮，弹出选择建设城市界面对话框，在地图上选择配送中心所在城市，最后根据体积、租赁价格、维修费用、管理费用及搬迁费用选择合适的配送中心，确定仓库的体积，即可完成操作。

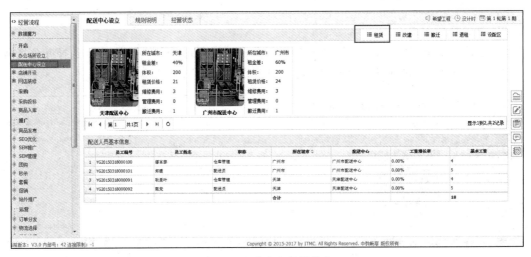

图 6-7　配送中心租赁操作

(2) 配送中心改建。根据经营需求可以进行配送中心改建。改建时，若是将体积小的改为体积大的，则补充租金差价；若是体积大的改为体积小的，不退还租金差价。

(3) 配送中心搬迁。根据经营需求可以改变配送中心所在的城市。搬迁需要支付一定的搬迁费用，若搬迁至租金高的城市，则需补充相应差价；反之，搬迁至租金低的城市，不退还差价。搬迁时仓库必须空置。

(4) 配送中心退租。把闲置的仓库退租，若不退租，则到期后系统默认续租。退租时，仓库必须为空置。若在每期期中退租，则需支付整期人员工资。

(5) 在配送中心设配区。为每个配送中心设置默认的配送区域及默认的物流公司，如图 6-8 所示。若多个配送中心选择的默认配送区域里包含若干个相同的城市，则在这些城市中按照租赁配送中心先后的顺序选择默认的配送中心。

6.1.5　网店开通与装修

1. 网店开通

根据经营需求开设 C 店或者筹建 B 店，如图 6-9 所示。

(1) 开设 C 店。添加店铺名称、经营宗旨及描述；C 店不可以进行站外媒体推广。

图 6-8　在配送中心设置配区操作

图 6-9　开设 C 店和筹建 B 店操作

（2）开设 B 店。添加店铺名称、经营宗旨及描述；筹备周期需要 4 期，每期费用为 60；B 店可以进行站外媒体推广，从而获得品牌人群客户订单。

2．网店装修

根据经营需求，若需提升店铺的视觉值，可以对店铺进行适当装修。店铺装修分为简装修、普通装修及精装修，每种装修费用及获得的视觉值不同，如图 6-10 所示；店铺的视觉值每期都会下降 10。视觉值的高低主要影响综合人群成交。

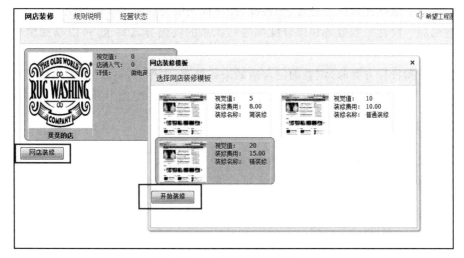

图 6-10　网店装修操作

6.2　网店商品采购与发布

6.2.1　商品采购投标

根据数据魔方的市场需求数据,选择合适类目的商品进行经营,根据供应商提供商品的促销方式、数量、体积、价格制定采购投标方案,通过公开竞标的方式获得该种商品,如图 6-11 所示。

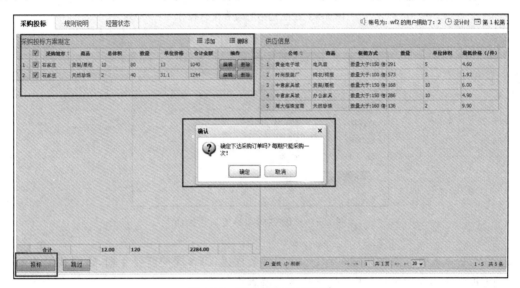

图 6-11　商品采购投标操作

提交采购投标方案后,系统自动评判中标方。只能在有配送中心的城市进行投标。采购竞标时,同一种商品按照单位价格出价的高低依次进行交易。如果竞标价格相同,则与供应商的关系值高的优先成交;如果竞标价格相同,与供应商的关系值也相同,则媒体影响力高的优先成交。继续比较社会慈善、销售额、投标提交的先后顺序来依次交易。

同种商品一次性采购数量和信誉度都达到卖家的促销方式要求,可以享受价格和账期上的优惠。

在制订采购投标方案时,需要确定合适的采购城市,中标后的商品必须入库该城市的配送中心,如果入库其他城市的配送中心,需要先入库该城市的配送中心,再进行调拨。

6.2.2　商品入库

将采购投标成功的商品执行入库操作,如图 6-12 所示。只有在有配送中心的城市并且配送中心的容量大于入库商品的体积时才可以进行商品入库,采购的商品必须全部入库。

6.2.3　商品发布

在开设的店铺中发布计划销售的商品,填写商品基本信息、商品物流信息及售后保障信息,如图 6-13 所示。

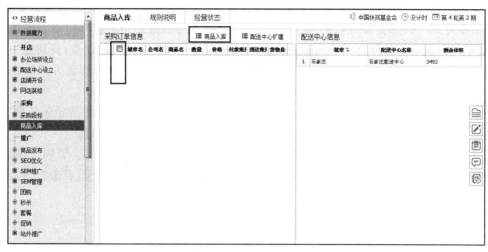

图 6-12　商品入库操作

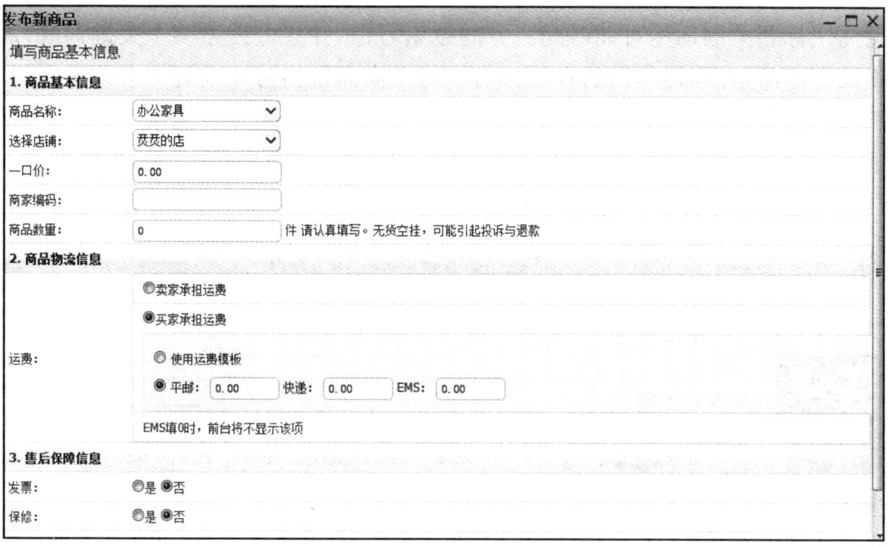

图 6-13　商品发布操作

　　若发布商品时,设为卖家承担运费,则商品价格＝商品一口价,若商品价格大于市场平均价格×(1＋不同人群价格浮动率),则为违规价格,违规价格系统不提示,但不能成交;若发布商品时,设为买家承担运费,则商品价格＝(商品一口价×购买数量＋总物流运费)/购买数量,若商品价格大于市场平均价格×(1＋不同人群价格浮动率),则为违规价格。不同人群(综合人群、低价人群、品牌人群、犹豫不定人群)价格浮动率由期初教师端设置。

　　发布商品时,不管设为卖家承担运费或者买家承担运费,卖家都是按照实际物流信息(在辅助工具菜单下面可以查询物流信息)支付物流公司实际运费。发布商品时,卖家可以选择卖家承担运费或买家承担运费。买家承担运费时,卖家可以创建运费模板或者直接输入各种物流方式的物流运费,买家会根据其选定的物流方式将商品一口价和总物流运费一同支付给卖家;但卖家可以采用任意物流方式运输(只要在买家规定的时间内到达,否则将承担退单的违约责任),配送完成后由卖家支付物流公司的实际运费。卖家承担运费时,买家只需将商品一口价支付给卖家,配送完成后由卖家支付物流公司的实际运费。创建模板时,卖家可分别设置各种物流方式的默认运费及每超过一件需要增加的运费;每超过一件需要增加的运费不能高于默认运费的 0.5;如果不创建模板,直接输入各种物流方式的物流运费时,此物流运费为整单(若干件)的物流运费。

商品发布数量=库存数量+预售数量。系统允许商品预售,但是预售数量不能超过 20件,若产生交易,必须按照买家要求的到货期限交货,否则将承担违约责任。

商品必须上架后,才可以进行销售。保修、发票会产生售后服务费用,会影响对保修、发票有要求的人群的成交和商品绩效。商品绩效与该商品的展现量、点击量、点击率、转化量、转化率、退单量、退单率、发票、保修等因素相关。

6.3　网店推广与促销

6.3.1　SEO 优化

通过优化标题关键词尽可能匹配买方的搜索习惯,在买方搜索某个关键词时,展示与该关键词相关的商品,并取得靠前的自然排名。每个商品最多可以设置 7 个关键词,如图 6-14所示,关键词分别用分别号隔开;如果所设关键词超过 7 个,则保存前 7 个;每个关键词字数不能超过 10 个字。商品标题关键词的设置是影响自然流量的关键因素,并根据以下公式计算 SEO 排名得分,SEO 排名得分高者排名列前。

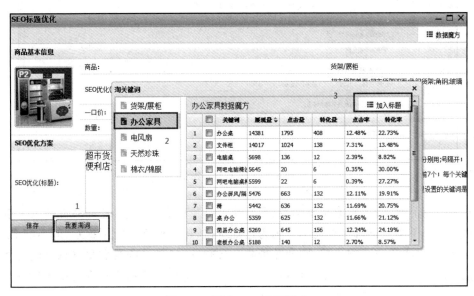

图 6-14　网店 SEO 标题优化

SEO 排名得分=SEO 关键词排名得分×0.4+商品绩效得分×0.06

SEO 关键词排名得分=关键词搜索相关性(数据魔方提供)×SEO 关键词匹配方式得分

SEO 关键词排名得分为"0",则视为卖方设置的标题关键词与买方搜索的词不匹配,不能参加 SEO 排名。

SEO 关键词匹配方式分为完全匹配、高度匹配、部分匹配。只有当买家搜索的词与卖家设置的标题关键词完全相同时称为完全匹配,SEO 关键词匹配方式得分为 1;当买家搜索的词是卖家设置的标题关键词的子集时称为高度匹配,SEO 关键词匹配方式得分为 0.5;当买家搜索的词与卖家设置的标题关键词文字部分匹配时称为部分匹配,SEO 关键词匹配方式得分为 0.2。例如,卖家标题关键词设置为"韩版 棉衣",三种匹配方式如下:买家搜索关键词为"韩版 棉衣"时,匹配方式为完全匹配;买家搜索关键词为"韩版"或"棉衣"时,匹配方式为高度匹配;买家搜索关键词为"男款 棉衣"或"韩版 外套"这一类型词时,匹配方式为部分匹配。

$$商品绩效得分(总分 100)＝商品点击率得分＋商品点击量得分＋商品转化率得分＋$$
$$商品转化量得分＋退单率得分＋保修得分$$

商品展现量:该商品被展现的次数。

商品点击量:该商品被点击的次数。

商品点击率:商品点击量/商品展现量。

商品转化量:该商品最终达成的成交单数。

商品转化率:商品转化量/商品点击量。

商品退单量:该商品累计退单的数量。

商品退单率:商品退单量/商品成交量(订单数)。

保修:售后服务类型,会产生售后服务费用。

6.3.2　SEM 推广

卖家在进行推广时需要制订推广计划,如图 6-15 所示。推广计划包含每期推广限额,每个卖家最多可以制订四个推广计划。如 SEM 推广账户余额为 0,则无法进行 SEM 推广,必须先充值,才可以进行 SEM 推广。

图 6-15　SEM 推广计划设置

根据推广计划,针对每种商品可以设计不同的推广组,每个推广组可以根据关键词制定相应的出价策略,如图 6-16 所示。每个推广计划包含若干个推广组,每个推广组对应一个商品,但是每个商品可以对应多个推广组,所以针对同一个商品的不同关键词设定不同的竞价价格可以更好地达到 SEM 推广效果。

图 6-16　SEM 推广组设置

可以统一为关键词出价及修改匹配方式,如图 6-17 所示。点击"批量出价"按钮,修改默认竞价和匹配方式。通过对自己所销售商品相关的关键词出具一定的竞价价格,在买方搜索其中某个关键词时,展示与该关键词相关的商品,并取得靠前的搜索排名。

图 6-17　SEM 关键词出价及匹配方式设置

$$SEM\text{ 排名得分}=\text{质量分}\times\text{竞价价格}$$

$$\text{质量分}=\text{关键词搜索相关性}\times0.4+\text{商品绩效}\times0.06$$

竞价价格:为取得靠前的排名为某关键词所出的一次点击的价格。

$$\text{卖家实际为某个 SEM 关键词的一次点击支付的费用}=\dfrac{\text{该关键词排名下一名的竞价价格}\times\text{下一名的质量得分}\div\text{本组的质量得分}+0.01}{}$$

例如,一个卖家 A 与卖家 B 都选取了"办公家具"这个关键词做 SEM 推广,且在该关键词的搜索排名中卖家 A 排名第一,卖家 B 排名第二。卖家 A 竞价价格为 1.5,卖家 B 竞价价格为 1。卖家 A 该词质量分为 10 分,卖家 B 该词质量分为 8 分。则卖家 A 实际为该关键词一次点击支付的费用＝1×8÷10+0.01＝0.81(元)。

SEM 关键词匹配方式分为精确匹配、中心匹配、广泛匹配。精确匹配是卖家投放的关键词与买家搜索的关键词完全相同才能被搜索到;中心匹配是指卖家投放的关键词是买家搜索的关键词的子集时也能被搜索到;广泛匹配是指卖家投放的关键词与买家搜索的关键词有一部分相同即可被搜索到。例如,设置为精确匹配时,卖家投放"棉衣",买家搜索"棉衣"时可搜索到卖家;设置为中心匹配时,卖家投放"棉衣",买家搜索"韩版 棉衣"也可搜索到卖家;设置为广泛匹配时,卖家投放"韩版 棉衣",买家搜索"韩版"或"短款 棉衣"时可搜索到卖家。

6.3.3　促销管理

1. 团购

根据经营需求,卖家组织针对某种商品的团购活动,用来吸引犹豫不定人群的购买需求,增加店铺人气、商品人气,适用于犹豫不定人群,如图 6-18 所示。

图 6-18　团购设置

$$团购价格＝商品价格×团购折扣$$

折扣额按照卖家填写折扣数值享受,如八折,就填写 8。

2. 秒杀

根据经营需求,卖家发布若干件折扣为五折的商品,用来吸引买家抢购,迅速增加店铺人气、商品人气,适用于所有人群,如图 6-19 所示。

$$秒杀价格＝商品价格×50\%$$

3. 套餐

根据经营需求,卖家对多种商品进行组合搭配销售,用来吸引买家抢购,增加店铺人气和商品人气,适用于所有人群。套餐数量未设定预售上限,不受库存数量限制。套餐商品只

图 6-19　秒杀设置

生成一个订单。

　　套餐可组合多种商品搭配出售,套餐价格是指套餐内所有商品的单价的总和。套餐内商品的单价由卖家制定,但是不能高于当地商品均价(即所有商品价格不违规的当期的卖家发布的商品一口价的平均价格)。

　　套餐的物流运费不能高于选择购买套餐中某类商品在发布商品时的物流运费的 1.5 倍(该类商品的物流运费若在发布商品时由卖家承担,物流运费为 0)。若办公家具在发布商品时制定的物流运费为 10,电风扇制定的物流运费为 5,则以办公家具需求为主购买套餐的人群接受的物流运费价格范围为 0~10×1.5,以电风扇需求为主购买套餐的人群接受的物流运费价格范围为 0~5×1.5。

4. 打折促销

　　根据经营需求,卖家对某种或某几种商品进行满就送促销、多买折扣促销、买第几件折扣促销,用来吸引买家抢购,增加店铺人气和商品人气,促销适用于所有购买人群。

　　(1) 满就送促销。满就送促销即正常购买(订单类型分为正常购买、秒杀、团购、套餐四种类型)时的成交总金额达到设定的金额就可以享受返现金的优惠活动。

　　卖家可以根据经营需求设定活动范围,选择参加活动的商品。

　　当正常购买的成交总金额大于或等于设定的金额时,成交总金额计算式如下。

$$成交总金额 = 商品价格×商品件数 - 总优惠额 = 商品一口价×商品件数 +$$
$$正常购买时总物流运费 - 总优惠额$$

　　例如,商品一口价 5,商品件数 4,总物流运费 4,满 20 送 3;此时,5×4+4＞20,所以成交总金额 = 5×4+4-3=21。

　　(2) 多买折扣促销。顾客一次性正常购买数量达到设定数量,促销后成交总金额全部按折扣后金额付款。享受折扣额按照卖家填写折扣数值享受,如八折,就填写 8。

$$成交总金额 = 商品价格×商品件数×折扣数值×0.1 = (商品一口价×商品件数 +$$
$$正常购买时总物流运费)×折扣数值×0.1$$

　　例如,商品一口价 5,商品件数 4,总物流运费 4,买 4 件八折;此时,成交总金额 = (5×4+4)×8×0.1=19.2。

　　(3) 买第几件折扣促销。设定一个第几件折扣数,当购买的商品数量达到这个数量时,本件商品即享受优惠折扣,下一件商品再重新计数,以此类推。折扣额直接填写折扣数,如八折就填写 8。

成交总金额＝商品价格×商品件数－单个优惠金额×优惠商品数量

单个优惠金额＝商品价格×（1－折扣数值×0.1）

$$优惠商品数量＝\frac{商品件数}{第几件折扣数}$$

如果优惠商品数量不是整数，则向下取整。

例如，商品一口价 5，商品件数 4，总运费 4，第三件 5 折。

计算如下：

$$成交总金额＝商品价格×商品件数－单个优惠金额×优惠商品数量$$

$$＝商品价格×商品件数－商品价格×（1－折扣数值×0.1）×\frac{商品件数}{第几件折扣数}$$

$$＝商品价格×\left[商品件数－1×（1－折扣数值×0.1）×\frac{商品件数}{第几件折扣数}\right]$$

$$＝\left(\frac{商品一口价×商品件数＋正常购买时总物流运费}{商品件数}\right)×$$

$$\left[商品件数－1×（1－折扣数值×0.1）×\frac{商品件数}{第几件折扣数}\right]$$

$$＝（商品一口价×商品件数＋正常购买时总物流运费）×$$

$$\left(1-\frac{1－折扣数值×0.1}{商品件数}×\frac{商品件数}{第几件折扣数}\right)$$

$$＝（5×4＋4）×\frac{1-（1-5×0.1）}{4×（4/3）}$$

$$＝20$$

6.3.4　站外推广

根据网店经营需求，卖家可以对已经筹建完成的 B 店发布的商品，选择电视广告、网盟、百度竞价排名等渠道进行推广，如图 6-20 所示。用来吸引品牌人群的购买需求，增加店铺人气及商品人气。

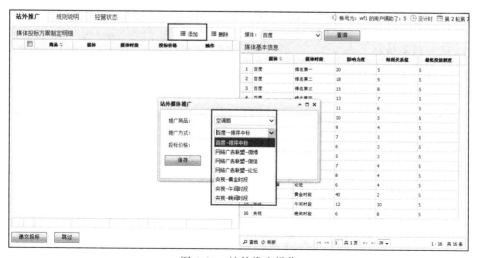

图 6-20　站外推广操作

6.4　网店销售与客户服务

6.4.1　订单成交

1. 品牌人群成交规则

通过媒体影响力、商品一口价、商品评价及城市影响力计算出品牌人群成交指数,根据买家对物流方式、发票、售后服务的要求确定具备成交资格的卖家。卖家若想具备成交资格,必须支持买家对物流方式、发票、售后服务的要求,其中有概率为15％的顾客需要发票,有概率为15％的顾客需要售后服务。在此基础上,计算出每个具备成交资格的卖家的品牌人群成交百分比(即卖家在订单交易过程中获得订单的概率),系统根据品牌人群成交百分比确定成交卖家。

$$品牌人群成交百分比 = \frac{品牌人群成交指数}{符合要求的品牌人群成交指数之和}$$

$$品牌人群成交指数 = \frac{媒体影响力}{市场总媒体影响力} \times 40 + \frac{商品一口价}{商品一口价 + 商品均价} \times 30 +$$

$$\frac{商品评价}{符合要求的卖家商品评价} \times 20 + \frac{城市影响力}{符合要求的卖家城市影响力} \times 10$$

媒体影响力是指一种商品在某个媒体的影响下所获得该媒体影响力。

$$商品评价 = \frac{所有订单商品评价之和}{订单总数量}$$

城市影响力也是动态变化的,在该城市每交货一次,城市影响力加1。

若品牌人群成交百分比相同,则继续按照以下顺序依次判断是否成交。

(1) 商品价格最低。

(2) 综合评价指数最高。

(3) 店铺视觉值最高。

(4) 店铺总媒体影响力最高。

(5) 社会慈善最高。

(6) 店铺总人气最高。

值得注意的是,综合评价指数是衡量卖家综合实力的标准,其与企业信誉度、店铺人气、媒体影响力、社会慈善、店铺视觉值、B店开设情况、办公场所所在城市影响力、员工经验值、员工业务能力相关。

$$综合评价指数 = \frac{卖家企业信誉度}{整个市场总企业信誉度} \times 100 + \frac{卖家店铺总人气}{整个市场店铺总人气} \times 100 +$$

$$\frac{卖家企业总的媒体影响力}{整个市场总媒体影响力} \times 100 + \frac{卖家社会慈善}{整个市场社会总慈善} \times 100 +$$

$$\frac{卖家店铺视觉值}{整个市场店铺总视觉值} \times 100 + 卖家B店开设情况(完成为20,未完成为0) +$$

$$卖家办公场所所在城市影响力 + 卖家员工经验值 + 卖家员工业务能力$$

$$企业信誉度 = 1 \times 履约订单数 - 2 \times 违约订单数(未发货) - 1 \times$$
$$违约订单数(已发货,超过订单要求到货期限)$$

企业的信誉度会影响企业的综合指数,同时为加慈善金额也可以提升企业综合指数。

2. 低价人群成交规则

根据买家对物流方式、发票、售后服务的要求确定具备成交资格的卖家,再根据商品价格最低顺序决定成交的卖家,若商品价格相同,则买家继续按照以下顺序依次判断是否成交。

(1) 媒体影响力最高。

(2) 综合评价指数最高。

(3) 店铺视觉值最高。

(4) 店铺总媒体影响力最高。

(5) 社会慈善最高。

(6) 店铺总人气最高。

同样,卖家若想具备成交资格,必须支持买家对物流方式、发票、售后服务的要求,其中有概率为 15% 的顾客需要发票,有概率为 15% 的顾客需要售后服务。

3. 综合人群成交规则

通过综合评价指标、商品一口价、商品评价及城市影响力计算出综合人群成交指数,根据买家对物流方式、发票、售后服务的要求确定具备成交资格的卖家,从而计算出每个具备成交资格的卖家的综合人群成交百分比(即卖家在订单交易过程中获得订单的概率),系统再根据综合人群成交百分比确定成交的卖家。

$$综合人群成交指数 = \frac{综合评价指数}{整个市场综合评价指数之和} \times 40 + \frac{商品一口价}{商品一口价 + 商品均价} \times 30 +$$
$$\frac{商品评价}{符合要求的卖家商品评价之和} \times 20 +$$
$$\frac{城市影响力}{符合要求的卖家城市影响力之和} \times 10$$

$$综合人群成交百分比 = \frac{综合人群成交指数}{符合要求的综合人群成交指数之和}$$

若综合人群成交百分比相同,则买家继续按照以下顺序依次判断是否成交。

(1) 商品价格最低。

(2) 媒体影响力最高。

(3) 店铺视觉值最高。

(4) 店铺总媒体影响力最高。

(5) 社会慈善最高。

(6) 店铺总人气最高。

卖家若想具备成交资格,必须支持买家对物流方式、发票、售后服务的要求;有概率为 15% 的顾客需要发票;有概率为 15% 的顾客需要售后服务。

4. 犹豫不定人群成交规则

犹豫不定人群分团购、秒杀和促销三部分需求,按团购、秒杀、促销的顺序独立判断成交的卖家。

卖家成交条件：组织相应团购、秒杀和促销活动，促销后价格低于所有卖家的商品一口价最低价。

（1）团购。犹豫不定的人群有 50% 的概率会参与团购活动，参与团购的买家会自动选择团购价格最低的参团；系统根据是否达到最少成团数量判断是否成团，若成团则确定买卖双方交易完成；只要有买家参团，无论最后是否成团，卖家的店铺人气和商品人气都会＋1；若成交，则店铺人气和商品人气都会＋2。

（2）秒杀。没有参与团购的犹豫不定的人群有 50% 的概率会参与秒杀活动，参与秒杀的买家会自动选择秒杀价格最低的店铺进行交易；秒杀交易达成，则卖家店铺人气和商品人气都会＋4。

（3）促销。没有参与"团购"和"秒杀"的犹豫不定人群必定会参与三种促销中的一种，并选择优惠后价格最低的促销方式完成交易。

若团购价格、秒杀价格或者促销优惠后价格相同，则买家继续按照以下顺序依次判断是否成交。

（1）媒体影响力最高。

（2）综合评价指数最高。

（3）店铺视觉值最高。

（4）店铺总媒体影响力最高。

（5）社会慈善最高。

（6）店铺总人气最高。

促销交易达成，则卖家店铺人气和商品人气都会＋2。卖家若想具备犹豫不定人群的成交资格，必须支持买家对物流方式的要求。

6.4.2　订单分发

卖家将订单进行整理、分类后，根据到达城市，选择适当的配送中心准备出库。

订单分发分为手动分发和自动分发两种方式，如图 6-21 所示。手动分发需要卖家为每张订单选择货物出库的配送中心，自动分发则按照订单的顺序，根据配送中心已设定好的配送范围内的城市，自动选择货物出库的配送中心；自动分发可以选择全部自动分发或者分批自动分发。

6.4.3　物流选择

卖家将已经指定配送中心的订单进行整理、分类，选择适当的物流方式准备出库。

物流运输方式选择快递，则运输周期为 2 期，即本期发货，下期到达；若选择 EMS，则运输周期为 3 期，即本期发货，隔一期到达；若选择平邮，则运输周期为 4 期，即本期发货，隔二期到达。

物流方式选择分为手动安排和自动安排两种，如图 6-22 所示。手动安排需要卖家为每张订单手动选择运输货物的物流方式，自动安排按照配送中心已设定好的物流方式自动安排物流方式；自动安排可以选择全部自动安排或者分批自动安排。选择同种物流方式，达到一定数量和金额，可以享受优惠。

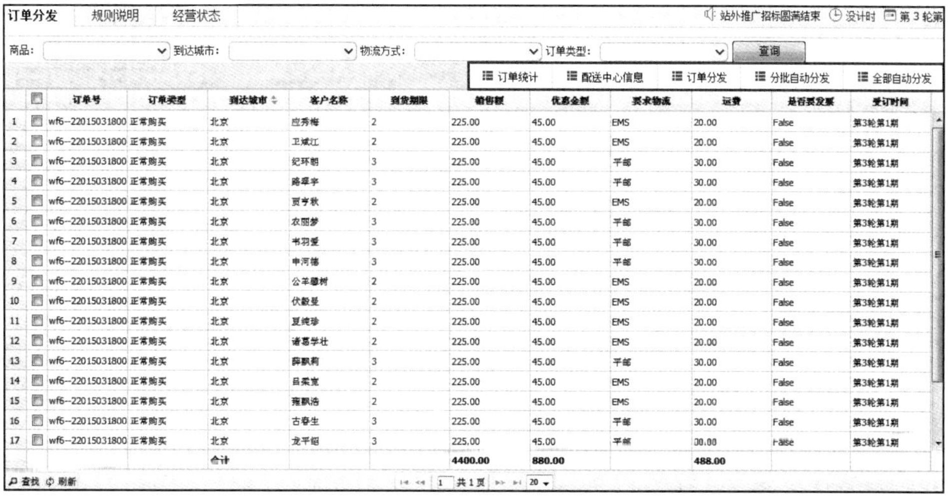

图 6-21　订单分发操作

图 6-22　物流选择操作

6.4.4　货物出库与签收

1. 货物出库

根据订单的到货期限,合理安排商品出库。卖家会按照物流路线信息自动支付物流公司实际运费。如果当前配送中心库存不足,可以进行库存调拨。

2. 货物签收

根据不同物流方式的运输周期,在订单要求的到货期限之内到达的订单,买家会直接签收,签收后货款直接到账。如图 6-23 所示,单击"确认签收"按钮,客户确认付款,执行完签收后,单击"结束签收"按钮。

如果未在订单要求到货期限之前到货,买家将拒绝签收,客户将退货,物流运费由卖方承担,并影响卖家的信誉度和商品评价;如果在买家要求的到货期限满后仍未发货,对卖家的信誉度和商品评价造成的影响更大。

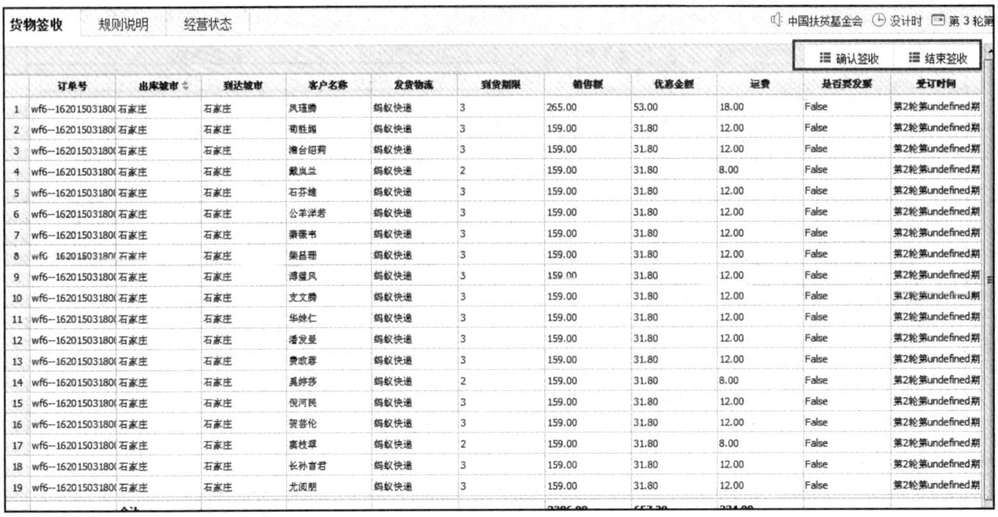

	订单号	出库城市	到达城市	客户名称	发货物流	到货期限	销售额	优惠金额	运费	是否要发票	受订时间
1	wf6--16201503180(	石家庄	石家庄	凤瑾腾	蚂蚁快递	3	265.00	53.00	18.00	False	第2轮第undefined期
2	wf6--16201503180(	石家庄	石家庄	荀胜娓	蚂蚁快递	3	159.00	31.80	12.00	False	第2轮第undefined期
3	wf6--16201503180(	石家庄	石家庄	澹台绍莉	蚂蚁快递	3	159.00	31.80	12.00	False	第2轮第undefined期
4	wf6--16201503180(	石家庄	石家庄	戴岚兰	蚂蚁快递	2	159.00	31.80	8.00	False	第2轮第undefined期
5	wf6--16201503180(	石家庄	石家庄	石芬雄	蚂蚁快递	3	159.00	31.80	12.00	False	第2轮第undefined期
6	wf6--16201503180(	石家庄	石家庄	公羊洋若	蚂蚁快递	3	159.00	31.80	12.00	False	第2轮第undefined期
7	wf6--16201503180(	石家庄	石家庄	秦薇书	蚂蚁快递	3	159.00	31.80	12.00	False	第2轮第undefined期
8	wf6--16201503180(	石家庄	石家庄	柴昌珊	蚂蚁快递	3	159.00	31.80	12.00	False	第2轮第undefined期
9	wf6--16201503180(	石家庄	石家庄	溥莹风	蚂蚁快递	3	159.00	31.80	12.00	False	第2轮第undefined期
10	wf6--16201503180(	石家庄	石家庄	支文腾	蚂蚁快递	3	159.00	31.80	12.00	False	第2轮第undefined期
11	wf6--16201503180(	石家庄	石家庄	华姝仁	蚂蚁快递	3	159.00	31.80	12.00	False	第2轮第undefined期
12	wf6--16201503180(	石家庄	石家庄	潘发曼	蚂蚁快递	3	159.00	31.80	12.00	False	第2轮第undefined期
13	wf6--16201503180(	石家庄	石家庄	费政蓉	蚂蚁快递	3	159.00	31.80	12.00	False	第2轮第undefined期
14	wf6--16201503180(	石家庄	石家庄	奚婷莎	蚂蚁快递	2	159.00	31.80	8.00	False	第2轮第undefined期
15	wf6--16201503180(	石家庄	石家庄	倪河民	蚂蚁快递	3	159.00	31.80	12.00	False	第2轮第undefined期
16	wf6--16201503180(	石家庄	石家庄	贺荟伦	蚂蚁快递	3	159.00	31.80	12.00	False	第2轮第undefined期
17	wf6--16201503180(	石家庄	石家庄	裘枝翠	蚂蚁快递	2	159.00	31.80	8.00	False	第2轮第undefined期
18	wf6--16201503180(	石家庄	石家庄	长孙言君	蚂蚁快递	3	159.00	31.80	12.00	False	第2轮第undefined期
19	wf6--16201503180(	石家庄	石家庄	尤阅朋	蚂蚁快递	3	159.00	31.80	12.00	False	第2轮第undefined期

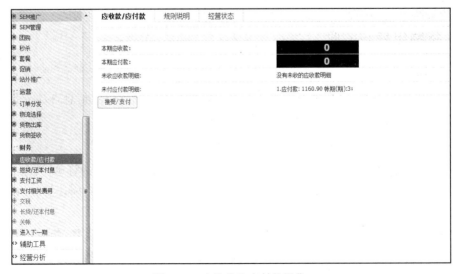

图 6-23　货物签收操作

获得订单后，在客户的需求期限内正常交货，获得 1 的信誉度。违约第 1 单，获得－1 的信誉度；违约第 2 单获得－2 的信誉度；依此类推，违约第 N 单获得－N 的信誉度。信誉度为负后，无法获得来自综合人群、品牌人群的订单。

6.5　网店绩效管理与数据分析

6.5.1　网店财务管理

1. 应收/应付款

在实训软件的“应收款/应付款”栏目，单击“接受/支付”按钮，完成应收应付款结算，如图 6-24 所示。

图 6-24　应收款和应付款操作

2. 短贷/还本付息

在图 6-25 所示界面,可以进行更新短期贷款账期、还本付息或者获得新贷款等操作。

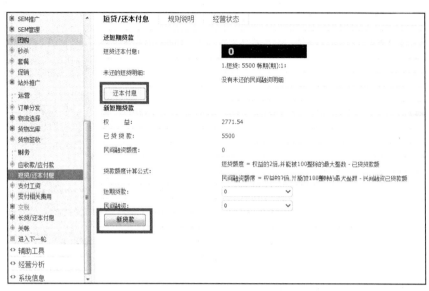

图 6-25　短贷和还本付息操作

（1）更新短期贷款。企业的短期贷款在每执行一次本项任务后账期缩短一期。

（2）还本付息。如果到期后,需要归还本金,并支付全部利息。例如,短贷 100,到期时,需要支付 100×5％＝5 的利息,因此,需要支付本金与利息共计 105。

（3）获得新贷款。短期贷款在每一期可以随时申请。可以申请的最高额度为上一轮所有者权益×2－已有短期贷款额。民间融资与短期贷款的规则类似,只是贷款的利率不同。无论短期贷款还是民间融资均以 100 为最低基本贷款单位。短期贷款及民间融资贷款期限为两期,每期内可以随时进行贷款,但是每期初如果有到期需要归还的贷款,必须首先还款后才能再贷。融资规则如表 6-1 所示。

表 6-1　融资规则

融资方式	规定贷款时间	贷款额度	还贷规定	年息/%	期限
短期贷款	每期任何时间	上年所有者权益的两倍－已贷短期贷款额,并能被 100 整除的最大整数	到期一次还本付息	5	2 期
民间融资	每期任何时间	上年所有者权益的两倍－民间融资额,并能被 100 整除的最大整数	到期一次还本付息	15	2 期

3. 支付工资

按期支付员工的工资如图 6-26 所示。不同城市的工资差不同,会影响员工的工资。

员工工资＝基本工资×(1＋工资差)×(1＋工资增长率)

4. 支付相关费用

按期支付相应的租赁费、维修费、售后服务费、库存管理费、行政管理费。办公室和配送中心的相关费用如表 6-2 和表 6-3 所示。

图 6-26　支付工资操作

表 6-2　办公室相关费用

费 用 类 型	普通办公室	豪华办公室
租赁费	96	160
行政管理费	4	8
维修费	5	26

表 6-3　配送中心相关费用

费用类型	小型配送中心	中型配送中心	大型配送中心	超级小型配送中心	超级中型配送中心	超级大型配送中心
租赁费	10	15	25	60	120	240
维修费	2	3	5	8	16	32
搬迁费	1	1	4	7	14	28

5. 缴税

每轮根据利润表缴纳相应的企业所得税。企业所得税的税率为25%。在计算企业所得税前,税前利润需先弥补前5轮的亏损,然后根据税前利润乘以25%缴纳。

增值税的税率为13%,应纳税额=(销项-进项)×13%。

城建税为增值税乘以7%取整。

教育附加税为增值税乘以3%取整。

6. 长贷/还本付息

可以进行更新长期贷款账期,支付利息或者还本付息、获得新的贷款等操作。

如果企业有长期贷款,则本任务每轮末执行一次,还贷账期缩短一轮。长期贷款的还款规则是每轮付息,到期还本付息,轮利率为10%。长期贷款只有在轮末可以申请。

额度为上一轮所有者权益×2-已有长期贷款,并且能被100整除的最大整数。

贷款期限为 3 轮。如果有到期的长期贷款,必须先还款然后才能再次贷款。

6.5.2　关账与绩效得分计算

每轮经营结束,轮末进行关账,如图 6-27 所示。系统自动提供"利润表"和"资产负债表"。

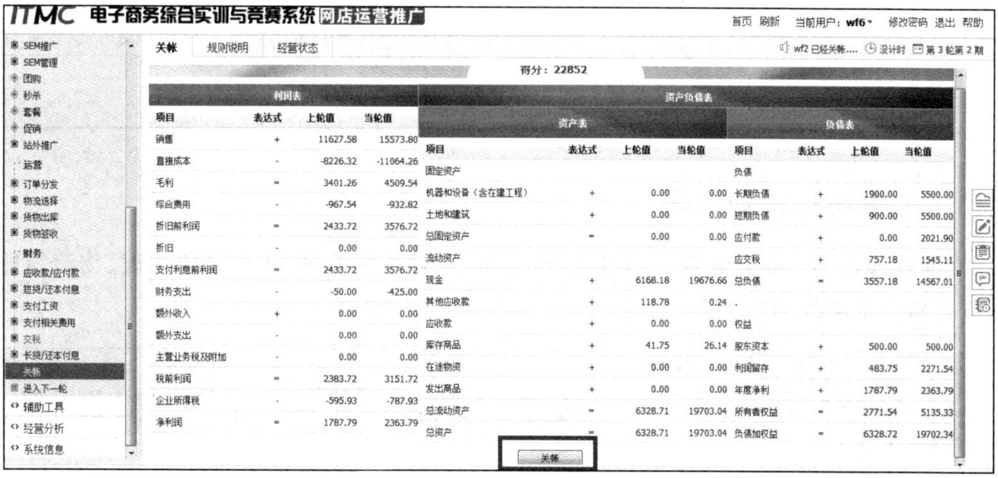

图 6-27　关账操作

系统会根据得分规则自动计算当轮每组卖家的得分,得分计算标准如表 6-4 所示。系统内所有计算均遵循四舍五入原则,并保留小数点后两位。

$$得分=(1+总分/100)\times 所有者权益合计\times 追加股东投资比例$$

表 6-4　ITMC 实训软件每轮得分计算标准

得 分 项 目	加减分标准	备　注
未借民间融资	+20	
开设 B 店	+100	
营业成本分摊得分	$+\left(1-\dfrac{营业成本}{营业收入}\right)\times 100$	
综合费用分摊得分	$+\left(1-\dfrac{销售费用+管理费用}{营业收入}\right)\times 100$	
资金周转率得分	$+\dfrac{营业收入}{资产总计}\times 100$	
净利润率得分	$+\dfrac{净利润}{营业收入}\times 100$	
资产报酬率(ROA)得分	$+\dfrac{利润总额}{资产总计}\times 100$	
权益报酬率(ROE)得分	$+\dfrac{净利润}{所有者权益合计}\times 100$	

得 分 项 目	加减分标准	备　注
资金流动性	CR<1 和 QR<0.5，资金流动性差　　　　 −10 1.5<CR<2 和 0.75<QR<1，资金流动性一般 +50 CR≥2 和 QR≥1，资金流动性好　　　　 +100 其他比例均是 0 分	速动比 QR= $\dfrac{货币资金+应收账款}{短期借款+应付账款+应交税费}$ 流动比 CR= $\dfrac{流动资产合计}{短期借款+应付账款+应交税费}$
资产负债率 得分	$+\left(1-\dfrac{负债合计}{资产总计}\right)\times100$	

6.5.3　数据统计辅助工具

实训软件提供了库存管理、ITMC 商城信息、采购中标信息、历轮订单列表、物流线路查询、排行榜等十多种辅助工具，分别如图 6-28～图 6-33 所示。

图 6-28　库存管理辅助工具

图 6-29　ITMC 商城信息查询

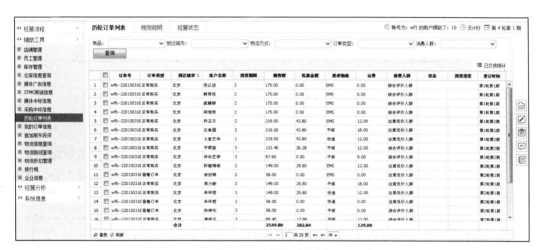

图 6-30　采购中标信息

图 6-31　历轮订单列表

图 6-32　物流线路查询

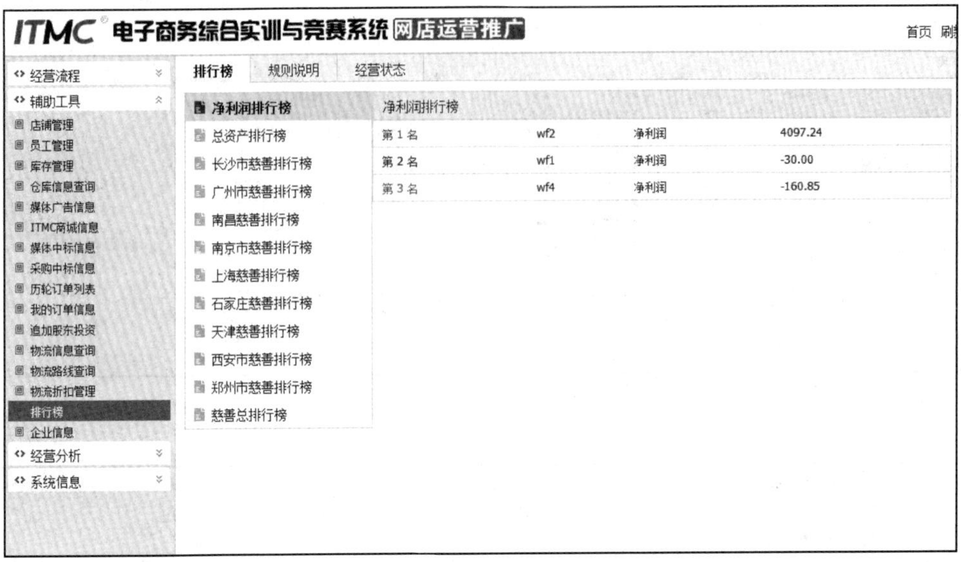

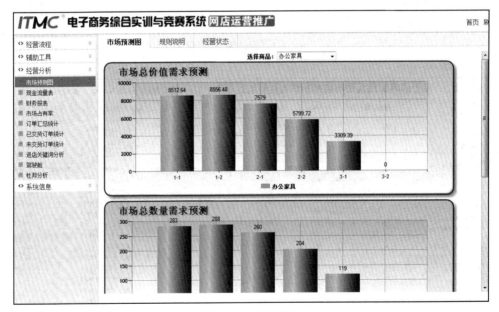

图 6-33　排行榜

6.5.4　经营绩效分析

实训软件还提供了市场预测图、现金流量表、市场占有率、进店关键词分析等多种经营分析工具以供使用,分别如图 6-34～图 6-37 所示,从而让学生充分了解电子商务企业的敏捷经营之道,实现大数据环境下网店的精准运营。

图 6-34　市场预测

图 6-35 现金流量表

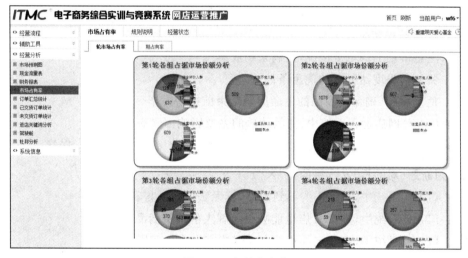

图 6-36 市场占有率

图 6-37 进店关键词分析

"岗课赛证"融通专题训练

一、单选题

1. 在 ITMC 系统中把消费人群划分为四种类型,下列选项中不属于这四种类型的是(　　)。

　　A. 品牌人群　　　　B. 固定人群　　　　C. 低价人群　　　　D. 综合人群

2. 在 ITMC 系统中每个商品最多可以设置(　　)个关键词。

　　A. 3　　　　　　　B. 5　　　　　　　C. 7　　　　　　　D. 9

3. 在 ITMC 系统中 SEM 关键词匹配方式包括(　　)。

　　A. 精准匹配　　　　B. 中心匹配　　　　C. 广泛匹配　　　　D. 以上都是

4. 在 ITMC 系统中,不属于系统提供的促销方式是(　　)。

　　A. 团购　　　　　　B. 套餐　　　　　　C. 秒杀　　　　　　D. 聚划算

二、多选题

1. 在 ITMC 网店运营系统中,科学采购应该做到(　　)。

　　A. 注意阶梯定价

　　B. 注意市场上的竞争情况,控制采购成本

　　C. 关注信誉度达标后的优惠条件

　　D. 适量采购,确保在商品的生命周期结束前销售完毕

2. 在 ITMC 网店运营系统中,商品绩效的主要影响因素有(　　)。

　　A. 展现量　　　　　B. 点击量　　　　　C. 转化量　　　　　D. 保修

三、判断题(对的打"√",错的打"×")

1. 在 ITMC 系统中,如果采购不到商品,就无法进行销售和推广。　　　　　(　　)

2. 在 ITMC 系统中,不开 B 店也能吸引品牌人群购买商品。　　　　　　(　　)

3. 在 ITMC 系统中,商品定价对综合人群成交没有任何影响。　　　　　　(　　)

四、填空题

1. 在 ITMC 系统中将消费人群分为四类,分别是品牌人群、_____、犹豫不定人群、综合人群。

2. 在 ITMC 系统中犹豫不定人群按团购、_____、促销的顺序独立判断和确定成交的卖家。

3. 在 ITMC 系统中提供了快递、EMS 和_____三种物流运输方式。

五、简答题

简要说明 SEM 推广的主要操作步骤(以 ITMC 系统为例)。

六、专项技能实训

登录"ITMC 电子商务综合实训与竞赛系统"并完成至少两轮的实训操作,每轮经营结束关账后,系统自动提供"利润表"和"资产负债表"。最后系统会以各小组"所有者权益"为

主,以可持续性经营能力为辅,自动计算各小组的最终经营得分。为提高最终经营得分和名次排序,请结合数据魔方分析思考如何做好区域、商品、人群定位? 思考如何进行 SEO 操作、关键词竞价(SEM)推广、站外推广(电视广告、网盟、百度竞价排名)才能获取尽可能多的流量? 思考如何针对不同消费人群采取不同策略,制定商品价格,促成交易,提升转化率? 思考如何规划资金需求,控制成本,调整策略,才能创造更多的利润?

参 考 文 献

[1] 北京鸿科经纬科技有限公司. 网店运营[M]. 北京：高等教育出版社,2020.

[2] 北京鸿科经纬科技有限公司. 网店推广[M]. 北京：高等教育出版社,2019.

[3] 北京博导前程信息技术股份有限公司. 电子商务数据分析概论[M]. 北京：高等教育出版社,2020.

[4] 北京博导前程信息技术股份有限公司. 电子商务数据分析导论[M]. 北京：高等教育出版社,2020.

[5] 段文忠. 网店运营管理[M]. 北京：高等教育出版社,2019.

[6] 高嗣龙. 淘宝天猫店数据化运营与实操[M]. 北京：电子工业出版社,2019.

[7] 恒盛杰电商资讯. 电商淘金：网店数据化管理与运营[M]. 北京：机械工业出版社,2015.

[8] 王超,刘立丰. 智能零售[M]. 杭州：浙江大学出版社,2019.

[9] 天下网商. 新零售全解读[M]. 北京：电子工业出版社,2017.

[10] 葛青龙. 网店运营与管理[M]. 北京：电子工业出版社,2022.

[11] 淘宝大学. 网店运营(提高版)[M]. 北京：电子工业出版社,2018.

[12] 何晓琴. 电商训练营：网店运营[M]. 北京：人民邮电出版社,2019.

[13] 陈德人. 网络零售[M]. 2版. 北京：清华大学出版社,2015.

[14] 陈道志,哈默. 内容电商[M]. 北京：人民邮电出版社,2018.

[15] 王利锋. 网店运营实务[M]. 2版. 北京：人民邮电出版社,2020.

[16] 商玮,段建. 网店数据化运营[M]. 北京：人民邮电出版社,2018.

[17] 郭毅. 市场营销学原理[M]. 北京：电子工业出版社,2008.

[18] 邵贵平. 电子商务数据分析与应用[M]. 北京：人民邮电出版社,2018.

[19] 贺辉阳. 新电商数据分析[M]. 北京：人民邮电出版社,2020.

[20] 淘宝大学. 网店视觉营销[M]. 北京：电子工业出版社,2013.

[21] 淘宝大学. 网店美工[M]. 北京：电子工业出版社,2011.

[22] 丁荣涛. 电子商务网站界面设计[M]. 北京：人民邮电出版社,2009 .

[23] 卢彰诚. 电子商务综合实践教程[M]. 北京：中国人民大学出版社,2021.

[24] 卢彰诚. 电子商务专业毕业设计指导[M]. 北京：清华大学出版社,2013.

[25] 卢彰诚. 产教深度融合的电子商务专业群人才培养体系创新研究与实践[M]. 延吉：延边大学出版社,2019.

[26] 北京鸿科经纬科技有限公司. 网店运营推广职业技能等级标准. 2021.

[27] 北京博导前程信息技术股份有限公司. 电子商务数据分析职业技能等级标准. 2021.

[28] 全国职业院校技能大赛官网,http://www.chinaskills-jsw.org/. 全国职业院校技能大赛高职组电子商务技能赛项.

[29] ITMC 电子商务综合实训与竞赛系统. http://iec.vip.itmc.org.cn.